汲取先贤智慧
铺就成功阶梯

荀 子

[战国] 荀 子 ◎ 著

曹 芳 ◎ 编译

万卷楼国学经典 升级版

北方联合出版传媒(集团)股份有限公司
万卷出版公司 2020年·沈阳

ⓒ 荀子　曹芳　2020

图书在版编目（CIP）数据

荀子／（战国）荀子著；曹芳编译. —沈阳：万卷出版公司，2020.12

（万卷楼国学经典：升级版）

ISBN 978-7-5470-5384-3

Ⅰ.①荀… Ⅱ.①荀…②曹… Ⅲ.①儒家②《荀子》—注释③《荀子》—译文　Ⅳ.① B222.6

中国版本图书馆 CIP 数据核字（2020）第 108775 号

出 品 人：王维良
出版发行：北方联合出版传媒（集团）股份有限公司
　　　　　万卷出版公司
　　　　　（地址：沈阳市和平区十一纬路 25 号　邮编：110003）
印 刷 者：辽宁新华印务有限公司
经 销 者：全国新华书店
幅面尺寸：170mm×240mm
字　　数：420 千字
印　　张：22
出版时间：2020 年 12 月第 1 版
印刷时间：2020 年 12 月第 1 次印刷
责任编辑：朱婷婷
装帧设计：范　娇
责任校对：高　辉
ISBN 978-7-5470-5384-3
定　　价：29.80 元

联系电话：024-23284090
邮购热线：024-23284050

常年法律顾问：李福　　版权所有　侵权必究　　举报电话：024-23284090
如有印装质量问题，请与印刷厂联系。　　　　　联系电话：024-31255233

出版说明

"读万卷书,行万里路"是中国古人"修身"的两条基本途径,晋代著名史学家陈寿把自己的书斋命名为"万卷楼"。此后,历代以"万卷楼"命名的书斋,由宋至清有数十家,宋代有方略、石待旦等,元代有陈杰、汪惟正等,明代有项笃寿、杨仪、范钦等,清代有孙承泽、黄彭年等。可见,"读万卷书"的理想在中国传统的知识分子当中是何等地根深蒂固。

读"万卷书"不仅是古人的理想,当我们懂得了读书的意义,都会自然而然地产生强烈的"博览群书"的愿望。然而,人类历史悠久,书籍多如汪洋大海,时代发展到今天,科技与经济的发展更使得人类的精神领域空前丰富,获取信息与知识的途径不断增加。"万卷书"早已不再是一个象征性的概念,如何从这"万卷"之中,找到最值得细细品读的作品,已经成为人们必须解决的问题。

爱因斯坦曾说过:"在阅读的书中找出可以把自己引到深处的东西,把其他一切统统抛掉。"这正是在阐述读书时选择的重要性。而他所说的把我们"引到深处的东西"无疑就是我们所需要的深度阅读的作品,也就是我们常说的经典作品。

卡尔维诺对经典做出的定义之一是:经典就是我们正在重读的。的确,在对经典作品反反复复的品味中,人们思想得到了升华,从浅薄走向思考,最后走向通达。我们都曾有这样的感触,面对海量的书籍和信息,一方面,人们在向着功利性浅阅读大张其道,另一方面,我们的精神深处又在不断地呼唤能够滋养自己内心的深度阅读。因此,经典的价值不仅没有因为浅阅读时代的到来而有所损失,反而更显示出其珍贵来。

在惜字如金的中国传统典籍当中,从来不乏这种需要反复品味的经典。从先秦诸子到历代的经史子集,这些经典为一代代的中国人提供了取之不尽的精神滋养,为中华文化的传承和发展建立了基础。我们把这种包蕴中国文化的学问称为国学。国学的范围非常广泛,它包含了文学、历史、哲学、艺术、语言、音韵等在内的一系列内容。

包罗万象的国学经典为我们提供了广泛的教育。阅读国学经典,也就是在与我们的"先圣先贤"对话和交流,一步步地搜进我们的历史和传统。这个过程可以让我们领会先贤的旨趣,把握他们的神髓,形成恢宏的历史意识,可以让我们通晓文义、熟习经史、学问通彻,让我们成为博学之士。另一方面,国学经典所代表的传统学问,更是具有极为厚重的伦理色彩。阅读国学经典的过程,不仅是增进知识的过程,而且是一个熏陶气质、改善性情、提高涵养的过程,这个过程在潜移默化中培养着行谊谨厚、品行端方、敦品厉行的谦谦君子。

当然,随着时代的发展,国学早已不再是人们追求事功的唯一法典,我们也不赞成对国学的功能无限夸大。但毫无疑问,阅读国学经典,必能促进我们对真、善、美的崇敬之心,唤起我们对伟大、深邃、美好事物的敏感和惊奇,同时也让我们了解到先贤们在探寻知识过程中思考的重大课题和运用的基本原则。这些作品体现着我们民族精神的精髓，如《周易》所阐述的"自强不息"的君子人格，《论语》所强调的"和而不同"的包容精神，《诗经》所培养的温柔敦厚的情感，《道德经》所闪耀的思辨智慧，等等，它们共同构筑了中华民族传统的精神范式。品读先贤留下的经典，恰如与他们进行一次次心灵的直接触碰，进而去审视我们自己的内心，见贤思齐，激浊扬清。

正是基于对国学经典的这种认识，我们精选了这套《万卷楼国学经典》系列丛书，以期引导步履匆匆的现代人走近国学经典、了解国学经典。在选编过程中，我们希望能够体现这样一些特点：

首先，我们希望这套丛书能够最具代表性。在选目中，我们注重于最经典、最根源的作品，在有限的时间内，把那些最具影响力、最应该知道的作品提交给读者。四书、五经、唐诗宋词等这些具有符号意义的作品无疑是最应该为我们所熟知的，因此，我们首先推出的30种作品都是这些经典中的经典。

其次，我们希望能够做出好读的经典。在面对国学作品时，佶屈的文言和生僻的字词常让普通读者望而却步。所以，我们试图用简洁易懂的形式呈现经典，使普通读者可随时随地以自己的时间、自己的速度来进入阅读。因此，我们为原著精心添加了大量的注音、注释和译文，使读者能够真正地"无障碍阅读"。需要说明的是，我们对部分作品做了一些删减，将那些专业研究者更关注的内容略去，让普通读者能够更快地了解经典概况。作为一名普通读者，也许你会常常感慨，以前没有花更多的时间去读更多的经典，如今没有机会或能力来细读，但实际上，读经典什么时间开始都不算晚，"万卷楼"就是一个极好的途径。重读或是初读这些经典，一样可以塑造我们未来的生活。

最后，我们希望呈现一套富有美感的读物。对于经典而言，内容的意义永远排在第一位，但同时，我们也希望有精彩的形式与内容相匹配，因而，我们在编辑过程中选取了大量的古代优秀版画作为本书的插图，对图片的说明也做了精心设计。此外，图书的编排、版式等细节设计都凝聚了我们大量的思索。我们希望这套经典不只是精神的食粮，拥有文本意义上的价值，更希望它能带来无限美感，成为诗意的渊薮。

"经典作品是这样一些书，我们越是道听途说，以为我们懂了，当我们实际读它们，我们就越是觉得它们独特、意想不到和新颖。"卡尔维诺经典的评论让人击节叹赏，我们也希望这套丛书能够彰显经典的价值，使读者在细细品读中真正融化经典，真正做到"开茅塞、除鄙见、得新知、增学问、广识见"。同时，经典，又是可以被享受的。当我们走进经典之时，不能只作为被动的接受者，也可用个人自我的方式进入经典，做精神的逍遥之游，对经典作品进行贴近个体生命的阅读和诠释，在现实社会之上营造自由的人生意境和精神家园，获取一种诗意盎然的人生。

怎样阅读本书

- **原文**：根据权威版本，精心核校，确保准确性，对生僻字反复注音，使读者无障碍阅读。
- **插图**：精选历代精品古版画，美妙传神，增强美感。
- **注释**：准确、简明，极具启发性。

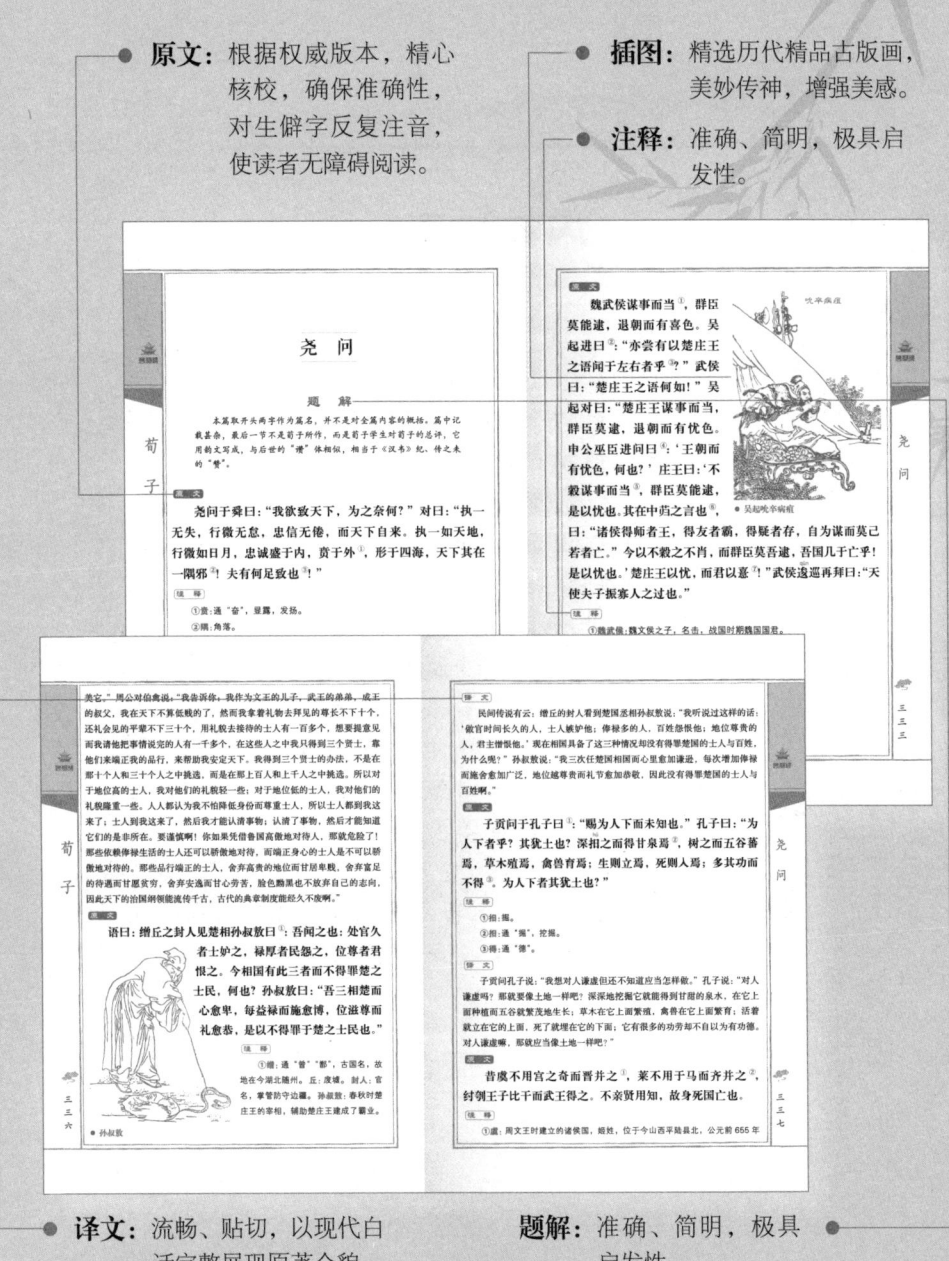

- **译文**：流畅、贴切，以现代白话完整展现原著全貌。
- **题解**：准确、简明，极具启发性。

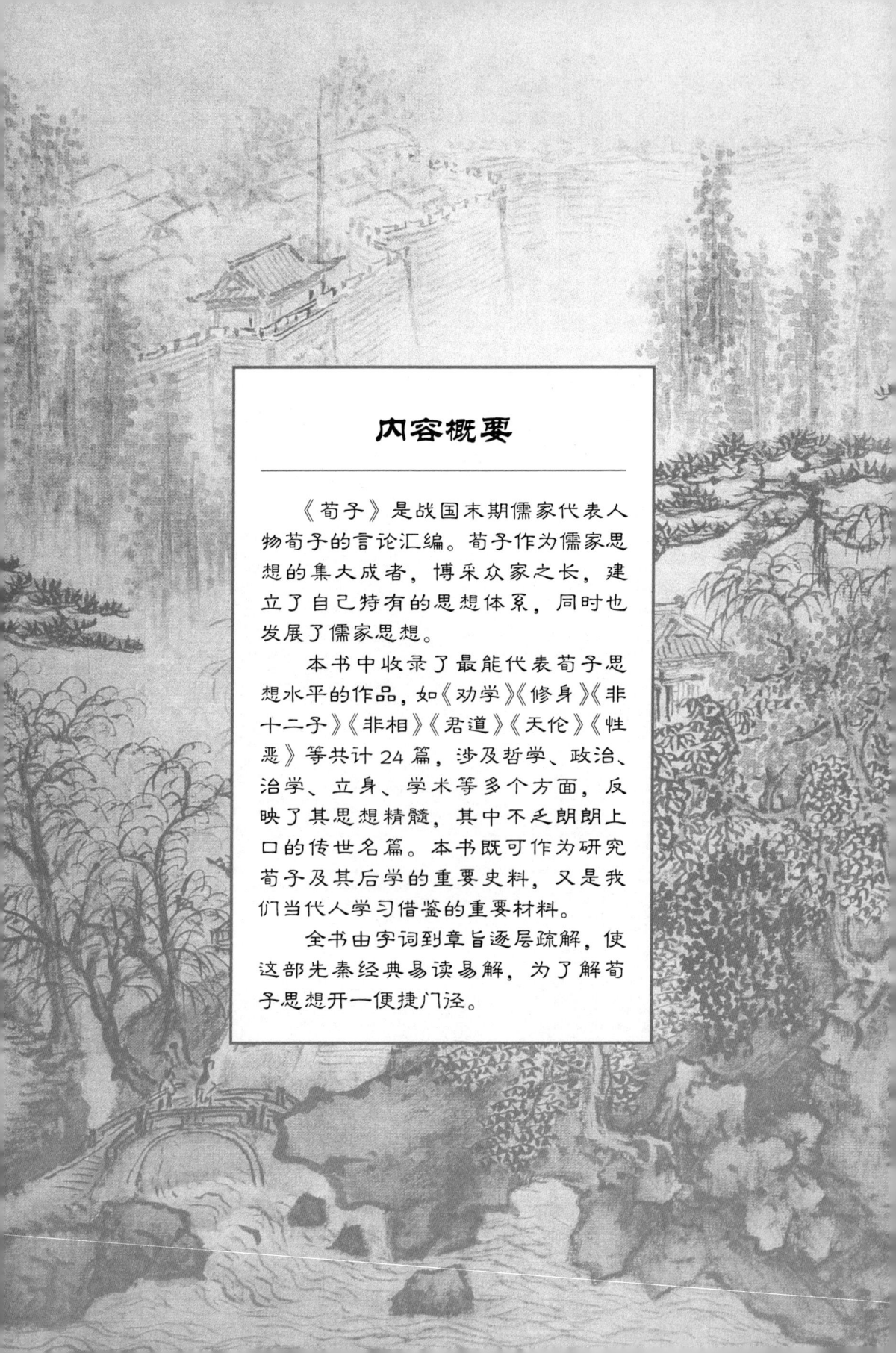

内容概要

　　《荀子》是战国末期儒家代表人物荀子的言论汇编。荀子作为儒家思想的集大成者，博采众家之长，建立了自己特有的思想体系，同时也发展了儒家思想。

　　本书中收录了最能代表荀子思想水平的作品，如《劝学》《修身》《非十二子》《非相》《君道》《天伦》《性恶》等共计24篇，涉及哲学、政治、治学、立身、学术等多个方面，反映了其思想精髓，其中不乏朗朗上口的传世名篇。本书既可作为研究荀子及其后学的重要史料，又是我们当代人学习借鉴的重要材料。

　　全书由字词到章旨逐层疏解，使这部先秦经典易读易解，为了解荀子思想开一便捷门径。

目录

劝　学…………………………………………〇〇一
修　身…………………………………………〇一四
不　苟…………………………………………〇二五
荣　辱…………………………………………〇三七
非　相…………………………………………〇五三
非十二子………………………………………〇六八
仲　尼…………………………………………〇八一
儒　效…………………………………………〇九〇
王　制…………………………………………一一七
富　国…………………………………………一四五
王　霸…………………………………………一七一

君　道………………………………	一九九
臣　道………………………………	二二二
致　士………………………………	二三三
天　论………………………………	二三九
乐　论………………………………	二五二
性　恶………………………………	二六四
君　子………………………………	二八四
赋……………………………………	二九〇
宥　坐………………………………	三〇〇
子　道………………………………	三一一
法　行………………………………	三一八
哀　公………………………………	三二三
尧　问………………………………	三三二

劝 学

题 解

本篇旨在劝勉人们努力学习。文中运用大量比喻来说明学习以及后天努力的重要性。篇中所论述的学习，不仅仅指学习书本知识，还包括学习各种其他方面的知识以及修身、养道等。文章分别从学习的重要性、学习的态度以及学习的内容和方法等方面，深刻且全面地论述了有关学习的问题。

原文

君子曰：学不可以已。青，取之于蓝而青于蓝①；冰，水为之而寒于水。木直中绳②，𫐓以为轮③，其曲中规，虽有槁暴④，不复挺者，𫐓使之然也。故木受绳则直，金就砺则利。君子博学而日参省乎己⑤，则知明而行无过矣。

注释

①青：靛青。蓝：植物名，其叶经过发酵后可以提制深蓝色的有机染料。

②绳：木匠用来测定直线的墨线。

③𫐓：指用火烤使木条弯曲，一种手工艺。

④槁暴：烤干、晒干。槁，通"熇"。

⑤参：通"三"，这里指多。省：反省、考察。

● 君子舞剑

译文

君子说：学习是不能停止的。靛青从蓝草中提取，却比蓝草的颜色更青；冰由水凝结而成，却比水更寒冷。木材笔直得合乎拉直的墨线，如果把它煣烤弯成车轮，那么木材的弯度就能够合乎圆的标准了。这样即使再风吹日晒，木材也不会再变直，原因在于被加工过了。所以木材经过墨线量过才能取直，刀剑经过磨砺才能变得锋利，君子广泛学习并且每天多加反省自己，那么他就会智慧明达而且行为没有过错了。

原文

故不登高山，不知天之高也；不临深豀①，不知地之厚也；不闻先王之遗言，不知学问之大也。干、越、夷、貉之子②，生而同声，长而异俗，教使之然也。《诗》曰："嗟尔君子，无恒安息。靖共尔位③，好是正直。神之听之，介尔景福④。"神莫大于化道，福莫长于无祸。

注释

① 豀：山涧。

② 干：同"邗"（hán），古国名，在今江苏扬州东北，春秋时被吴国所灭而成为吴邑，此指代吴国。**越**：此指代越国。**夷**：我国古代居住在东部的部族。**貉**：通"貊"（mò），我国古代居住在东北部的部族。

③ 靖：安。**共**：通"供"。

④ 景：大。

译文

所以，不登上高山，就不知天有多高；不亲临深涧，就不知道地有多厚；不懂得先代帝王的遗教，就不知道学问有多么博大。吴国、越国、东夷、北貉的孩子，刚生下来啼哭的声音都是相同的，长大后风俗习性却各不相同，这是教育使他们如此。《诗经》上说："君子啊，不要老想着贪图安逸。安心供奉你的职位，爱好正直之道。神明听到这一切，就会赐给你洪福祥瑞。"精神修养没有比受道的教化更大的，福分没有比无祸无灾更长远的。

原文

吾尝终日而思矣，不如须臾之所学也；吾尝跂而望矣①，不如登高之博见也。登高而招，臂非加长也，而见者远；顺风而呼，声非加疾也②，而闻者彰③。假舆马者④，非利足也，而致千里；假舟楫者⑤，非能水也，而绝江河。君子生非异也⑥，善假于物也。

● 登高而望

注释

① 跂：踮起脚。
② 疾：这里指声音洪大。
③ 彰：清楚。
④ 假：凭借，借用。
⑤ 楫：船桨。
⑥ 生：通"性"，本性。

译文

我曾整日思索，却不如片刻学到的知识多；我曾经踮起脚远望，却不如登到高处看得广阔。登到高处招手，手臂并没有加长，远处的人却看得到；顺着风呼喊，声音没有加大，闻者却听得很清楚。借助车马的人，并非脚走得快，却能够达到千里之外；借助舟船的人，并不是水性好，却能够横渡江河。君子的本性跟一般人没什么不同的，只是善于借助外物罢了。

原文

南方有鸟焉，名曰蒙鸠①，以羽为巢，而编之以发，系之苇苕②。风至苕折，卵破子死。巢非不完也，所系者然也。西方有木焉，名曰射干③，茎长四寸，生于高山之上，而临百仞之渊。木茎非能长也，所立者然也。蓬生麻中④，不扶

而直；白沙在涅⑤，与之俱黑。兰槐之根是为芷⑥，其渐之滫⑦，君子不近，庶人不服，其质非不美也，所渐者然也。故君子居必择乡，游必就士，所以防邪僻而近中正也。

注释

①蒙鸠：即鹪鹩，俗称黄脰鸟，又称巧妇鸟，全身灰色。

②苕、菩：皆为植物名称，属芦茅之类。

③射干：又名乌扇，一种草本植物，可入药。

④蓬：一种草，秋天干枯后，随风飘飞，故又称飞蓬。

⑤涅：黑泥，黑色染料。

⑥兰槐：香草名，又叫白芷。

⑦渐：浸泡，浸渍。滫：尿。

● 白芷

译文

南方有一种名为"蒙鸠"的鸟，它们用羽毛做巢，还用毛发把窝细细编结，把窝系在嫩芦苇之上，大风一来，苇秆折断，鸟蛋摔破了，幼鸟也死了。这不是因为鸟巢做得不完美，而是它所依托的东西使它这样的。西方有一种名叫"射干"的草，只有四寸高，生长在高山之上，俯对着百丈深渊；不是因为它的秆长，而是因为它长在了高山之巅。飞蓬生长在麻地中，不用扶持自然就能长直，白沙混杂在黑泥里，自然也会和它一起变黑。兰槐的根叫白芷，如果用酸臭的脏水浸泡它，君子下人都会避之不及，这不是因为它的本质不美好，而是因为被浸泡臭了。因此君子居住一定要选择乡邻，出游时一定要亲近有品学之士，才能够防止沾染邪恶的东西，接近正确恰当的思想。

原文

物类之起，必有所始。荣辱之来，必象其德①。肉腐出虫，鱼枯生蠹。怠慢忘身，祸灾乃作。强自取柱②，柔自取束③。

邪秽在身，怨之所构④。施薪若一，火就燥也；平地若一，水就湿也。草木畴生⑤，禽兽群焉，物各从其类也。是故质的张而弓矢至焉，林木茂而斧斤至焉，树成阴而众鸟息焉，醯酸而蚋聚焉⑥。故言有招祸也；行有招辱也。君子慎其所立乎！

注释

① 象：接近，相应。
② 柱：通"祝"，折断。
③ 束：束缚。
④ 构：集结。
⑤ 畴：通"俦"，同类。
⑥ 醯：醋。蚋：蚊子。

译文

凡一种事物的兴起，一定有它的根源。荣耀和屈辱的到来，一定同一个人的思想品德有对应的关系。肉腐烂后就会生蛆，鱼枯死后就会生虫，懈怠疏忽忘记了做人准则就会招来祸患。刚强自取摧折，柔弱自取束缚。自己身上有邪恶污秽，就会招致怨恨。同样是柴草放在地上，干燥的柴最先燃烧；同样是平地，水必然流往潮湿低洼处。草木丛生，野兽成群，万物都各从其类。所以靶子设置好了就会射来弓箭，树木长成了森林就会引来斧头砍伐，树林繁茂阴凉众鸟就会来栖居，醋变酸了就会聚生蚊虫，所以言语可能招来祸患，行为可能招致侮辱，君子为人处世不能不保持谨慎！

原文

积土成山，风雨兴焉；积水成渊，蛟龙生焉；积善成德，而神明自得，圣心备焉。故不积跬步①，无以至千里；不积小流，无以成江海。骐骥一跃②，不能十步；驽马十驾③，功在不舍。锲而舍之④，朽木不折；锲而不舍，金石可镂。

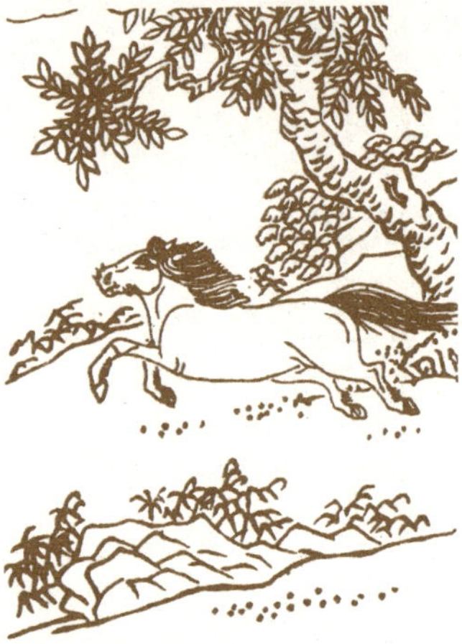

● 骐骥一跃

螾(yǐn)无爪牙之利⑤，筋骨之强，上食埃土，下饮黄泉，用心一也；蟹六跪而二螯⑥，非蛇蟺(shàn)之穴无可寄托者，用心躁也。是故无冥冥之志者⑦，无昭昭之明；无惛惛之事者，无赫赫之功。行衢道者不至⑧，事两君者不容。目不能两视而明；耳不能两听而聪。螣(téng)蛇无足而飞⑨，鼫(shí)鼠五技而穷⑩。《诗》曰:“尸鸠在桑，其子七兮。淑人君子，其仪一兮。其仪一兮，心如结兮。”故君子结于一也。

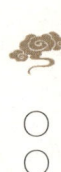

注　释

①**跬步**：半步，行走时两脚之间的距离，等于现在所说的一步。

②**骐骥**：骏马，千里马。

③**十驾**：十日之程也。驾，马行一日，夜则休驾，故以一日为一驾。

④**锲**：和下文的“镂”都是刻的意思。木谓之锲，金谓之镂。

⑤**螾**：蚯蚓。

⑥**跪**：足。**螯**：蟹头上的二爪，形似钳子。

⑦**冥冥**：与下文的“惛惛”皆指专一，精诚之貌。

⑧**衢道**：歧路。

⑨**螣蛇**：古代传说中一种能穿云驾雾的蛇。

⑩**鼫鼠**：一种危害农作物的老鼠。

译　文

土石堆积起来成了高山，风雨就从这里兴起；水流汇积成为深渊，蛟龙就从这里诞生；积累善行养成高尚的道德，自然就会达到最高的智慧，具备圣人的心境。所以不积累一步半步的行程，就没有办法达到千里之远；不积累细小的流水，就没有办法汇成江河大海。骏马一跨越，也不足十步远；劣马连走十天，它的成功在于不停止。如果刻几下就停下来，腐朽的木头也刻不断。坚持不断地刻下去，那么金石也能雕刻成形。蚯蚓没有锐利的爪子和牙齿，强健的筋骨，却向上能吃到泥土，向下能喝到地下的泉水，原因就在于它用心专一；螃蟹有六条腿，两个大蟹钳，离开了蛇、鳝的洞穴却无处藏身，这是因为它用心浮躁。因此没有专一精诚的精神，就没有清明的智慧；没有坚定不移的行为，就不会有巨大的成就。彷徨于歧路上的人达不到目的地，同时事奉两个君主的人，两方都不会容他。眼睛不能同时看清楚两样东西，耳朵不能同时听清楚两种声音。螣蛇没有脚但却能飞，鼫鼠有五种本领却常常处于穷境。《诗经》上说："布谷鸟在桑树上筑巢，公平如一地养育它的七只幼鸟。善良的君子们，他们的行为仪态多么坚定专一。行为专一不偏邪，意志才会坚如磐石。"所以君子的意志坚定专一啊。

原文

昔者瓠(hù)巴鼓瑟而流鱼出听①，伯牙鼓琴而六马仰秣②。故声无小而不闻，行无隐而不形③。玉在山而草木润；渊生珠而崖不枯。为善不积邪？安有不闻者乎！

注释

① **瓠巴**：古代传说中善鼓琴瑟者。

② **伯牙**：古代善于弹琴的人。**六马**：古代天子之车驾用六匹马拉，此处指拉车之马。**仰秣**：形容马仰首而听之状。

③ **形**：有形可见。

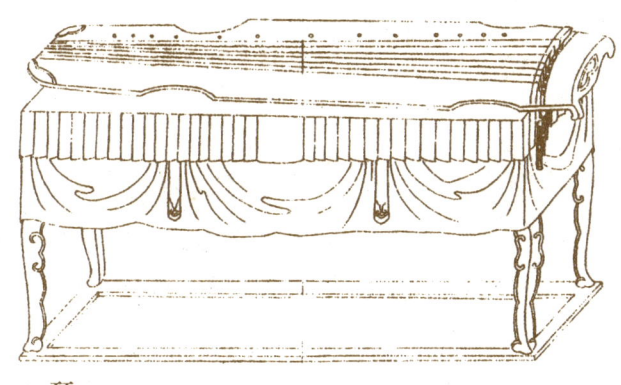

● 琴

译文

古有瓠巴弹瑟，水中鱼儿也会浮出水面来倾听；伯牙弹琴，拉车的马也会停食仰首而倾听。所以声音不会因为小而不被听见，行为不会因为隐蔽而不被看见。宝玉埋在深山，草木都会润泽，珍珠掉进深渊，而四周的崖岸也不会干枯。是没有坚持积累善行吧，若积善，哪里有不被人知道的呢？

学恶乎始①？恶乎终？曰：其数则始乎诵经②，终乎读礼；其义则始乎为士③，终乎为圣人。真积力久则入，学至乎没而后止也④。故学数有终，若其义则不可须臾舍也。为之人也；舍之禽兽也。故《书》者，政事之纪也；《诗》者，中声之所止也⑤；《礼》者，法之大分类之纲纪也⑥。故学至乎《礼》而止矣。夫是之谓道德之极。《礼》之敬文也⑦，《乐》之中和也，《诗》《书》之博也，《春秋》之微也，在天地之间者毕矣。

注 释

①**恶**：哪里，何处。

②**数**：方法，办法。

③**义**：意义。**士**：志道之士。

④**没**：通"殁"，死。

⑤**中声**：中和之声。

⑥**大分**：大要，要领。

⑦**文**：文明，礼仪。

译 文

学习从哪里开始？在哪里结束？答曰：学习的方法，应该从诵读《诗经》《尚书》等经文起始，以研究《仪礼》等典籍为目的。学习的意义，以做有志之士为起始，以成为圣人为目标。真诚力行，这样长期积累，必能深入体会到其中的乐趣，学到死方能后已。所以学习的教程虽有尽头，但成为圣人的追求却不可以有片刻的停止。毕生好学才称其为人，放弃学习又与禽兽何异？《尚书》是古代政事的记录；《诗经》是中和之声的极致；《仪礼》是法制的根本、万事万物的纲要，所以要学到《仪礼》才算结束，才算达到了最终目的。《仪礼》之敬重文明礼仪，《乐经》之中和，《诗经》《尚书》之博大广阔，《春秋》之微言大义，它们已经将天地间的大学问都囊括其中了。

原文

君子之学也，入乎耳，箸乎心①，布乎四体，形乎动静。端而言，蠕而动，一可以为法则。小人之学也，入乎耳，出乎口。口耳之间则四寸耳，曷足以美七尺之躯哉！古之学者为己；今之学者为人。君子之学也以美其身；小人之学也以为禽犊②。故不问而告谓之傲③，问一而告二谓之囋④。傲，非也，囋，非也；君子如向矣⑤。

注释

① **箸**：刻。指心中领会得十分深刻。
② **禽犊**：赠献之物。这里比喻卖弄。
③ **傲**：急躁。
④ **囋**：唠叨。
⑤ **向**：通"响"，回响。

译文

君子学习，听在耳里，记在心上，外散于身体仪态之中，而表现于一举一动之间。哪怕是极细小的言行，都可以作为人的楷模。小人学习，从耳朵听入，从嘴巴出，口耳之间相距不过四寸，怎么能够对七尺之躯有所补益呢！古人学习是为了修养自身道德，现在的人学习则只是为了炫耀于人。君子学习是为了完善自我身心，小人学习只是为了卖弄和哗众取宠，所以，别人不问而你去教导别人叫作急躁，问一答二的叫啰唆。急躁和啰唆都是不对的。君子当如钟的回响，不多不少、恰到好处。

原文

学莫便乎近其人。《礼》《乐》法而不说①，《诗》《书》故而不切②，《春秋》约而不速。方其人之习君子之说③，则尊以遍矣④，周于世矣⑤！故曰：学莫便乎近其人。

注释

①**不说**：没有说明、解说。
②**不切**：不切合于时世。
③**方**：通"仿"，效仿。
④**尊以遍**：养成崇高的品格，习得全面的知识。
⑤**周**：周到，通达。

译文

学习没有比亲近贤师更便捷的了。《仪礼》《乐经》有法度但没有详细的解说，《诗经》《尚书》记载了古代的故事但不切于时世，《春秋》文辞简约但意义高深而难以速解，效仿贤师学习君子的学说，就能养成崇高的品格，还可以通达世理。所以说：学习没有比亲近贤师更便捷的了。

原文

学之经莫速乎好其人①。隆礼次之，上不能好其人，下不能隆礼，安特将学杂识志顺《诗》《书》而已耳②！则末世穷年，不免为陋儒而已！将原先王，本仁义，则礼正其经纬蹊径也③。若挈裘领，诎五指而顿之④，顺者不可胜数也。不道礼宪⑤；以《诗》《书》为之，譬之犹以指测河也，以戈舂黍也，以锥餐壶也，不可以得之矣。故隆礼，虽未明，法士也；不隆礼，虽察辩，散儒也⑥。

注释

①**经**：通"径"，道。
②**安**：语助词"则"。
③**经纬蹊径**：指四通八达的道路。
④**诎**：同"屈"。**顿**：抖动而使整齐。
⑤**道**：由。
⑥**散儒**：不守礼法的儒士。

● 舂米

译文

崇敬良师是最为便捷的学习途径，其次才是崇尚礼仪。若不能师法有道君子，又不能尊崇礼法，仅是学习些杂书，记诵一下《诗经》《尚书》的条文之类，那么就算学到老，也不免只是浅薄的儒生而已。如果能穷究圣人的智慧，寻求仁义之根本，那么从礼法入手则是能够融会贯通的捷径。就好像用手提起皮袍的领子，用力抖动，毛就自然都顺了。如果不由礼法，只致力于《诗经》《尚书》，就无异于用手指测量河水，用戈舂黍米，用锥子到饭壶里取东西进食一样，是不可能达到目的的。所以，尊崇礼法，即使不十分明察善辩，也不失为有道德有修养之士；不尚礼法，即使聪明善辩，终究也不过是不守礼法的浅陋儒生。

原文

问楛者勿告也①。告楛者勿问也。说楛者勿听也。有争气者勿与辩也。故必由其道至，然后接之，非其道则避之。故礼恭而后可与言道之方②；辞顺而后可与言道之理；色从而后可与言道之致。故未可与言而言谓之傲；可与言而不言谓之隐；不观气色而言谓瞽。故君子不傲、不隐、不瞽③，谨顺其身。《诗》曰："匪交匪舒④，天子所予。"此之谓也。

注释

① 楛：恶也，此指粗野恶劣而不合礼法之事。
② 方：方法。
③ 瞽：盲人。
④ 匪：非。交：急迫。

译文

凡所问非关礼者，不要回答他。所告非关礼者，不要再多追问。在你面前谈论与礼无关之事，也不必听。有意气求胜而无益者，别同他争辩。所以，抱着求道之心而来的，才予以接待。不合乎礼义之道的，就回避他。对于恭谦有礼的人，才可与之谈道的方法；言辞和顺的人，才可与之谈道的极致；

态度诚恳的,才可与之论及道的精深意蕴。所以,跟不可以与之交谈却交谈的叫急躁,跟可与之交谈的却不谈那叫隐瞒;不看脸色而随便谈话叫盲目。因此,君子不急躁,不隐瞒,不盲目,要谨慎地对待每位前来求教的人。《诗经》说:"不急躁,不怠慢,就会受到天子的赏赐。"说的就是这个道理。

原 文

百发失一,不足谓善射;千里跬步不至,不足谓善御;伦类不通,仁义不一①,不足谓善学。学也者,固学一之也。一出焉,一入焉,涂巷之人也②。其善者少,不善者多,桀、纣、盗跖也③。全之尽之,然后学者也。

注 释

① 一:专一。
② 涂:通"途",道路。
③ 桀、纣:桀和纣,相传都是暴君,桀纣后泛指暴君。盗跖:传说是春秋战国时期的一个大盗。

译 文

射出的百支箭当中有一支不中靶,就不能叫善射;驾驭车行千里,只差半步而没能走完,就不能叫善御;对伦理规范不能融会贯通、不能专一与仁义,就不能叫善学。学习就是求其专一。学一阵又停一阵那是市井中的普通人。好的行为少而坏的行为多,就是桀、纣、盗跖之流。全面彻底地把握所学的知识,才称得上是个学者。

原 文

君子知夫不全不粹之不足以为美也,故诵数以贯之①;思索以通之;为其人以处之②;除其害者以持养之③。使目非是无欲见也,使耳非是无欲闻也,使口非是无欲言也,使心非是无欲虑也。及至其致好之也,目好之五色,耳好之五声,口好之五味,心利之有天下。是故权利不能倾也,

群众不能移也,天下不能荡也。生乎由是,死乎由是,夫是之谓德操。德操然后能定,能定然后能应。能定能应,夫是之谓成人④。天见其明,地见其光,君子贵其全也。

注释

①**诵数**:反复诵读。
②**处**:立身处世。
③**持养**:保持修养。
④**成人**:真正有成就之人。

● 脯林酒池

译文

　　君子知道学得不纯不全就不算是完美,所以诵说经典以求融会贯通,研读思索去理解,设身处地以古人所做的事情为楷模,去掉自己错误的习惯性情来保持学之所得。使眼睛非所学不想看,耳朵非所学不想听,嘴巴非所学不想说,心非所学不愿去思虑。等喜爱到顶点的时候,就如同眼好五色,耳好五声,嘴好五味那样,心里贪图拥有天下一样。如果做到了这般地步,那么,权力私欲不能打动他,众人不能改变他,天下万物也不能动摇他。活着是如此,到死也如此。这就叫作有道德操守。有道德操守就有定力,坚定不移才能应变外来事物。内有定,外有应,才可称为成熟完美的人。天之所贵在其大,地之所贵在其广,君子所贵就在其全。

修　身

题　解

　　本篇专门对修养身心，即提高自己的品德修养之术以达到最高境界进行论述，其中的根本在于礼义的遵循。

原文

　　见善，修然必以自存也①；见不善，愀然必以自省也②。善在身，介然必以自好也③；不善在身，菑然必以自恶也④。故非我而当者，吾师也；是我而当者，吾友也；谄谀我者，吾贼也。故君子隆师而亲友，以致恶其贼。好善无厌，受谏而能诫，虽欲无进，得乎哉！小人反是，致乱而恶人之非己也，致不肖而欲人之贤己也，心如虎狼、行如禽兽而又恶人之贼己也。谄谀者亲，谏争者疏，修正为笑，至忠为贼；虽欲无灭亡，得乎哉！《诗》曰："噏噏呰呰⑤，亦孔之哀⑥。谋之其臧，则具是违；谋之不臧，则具是依。"此之谓也。

注释

① **修然**：整饬。**存**：审查。
② **愀然**：忧虑恐惧的样子。
③ **介然**：意志坚定的样子。
④ **菑然**：仿佛灾害在身的样子。菑，通"灾"。
⑤ **噏噏**：相附和。**呰呰**：相诋毁。

⑥孔：很。

译文

见到善良的行为，一定认真检查自己是否有这种行为；见到不善的行为，一定严肃地检讨自己是否有这种不善的行为；自己身上有善行，就要坚定不移地珍视它；自己身上有不良的品行，就如会因此而被害似的痛恨自己。所以，批评我而又中肯的人，就是我的老师；赞赏我而又恰当的人，就是我的朋友；谄媚阿谀我的人，就是害我的贼人。所以君子尊重老师，亲近朋友，而对那些谄媚自己的贼人深恶痛绝。追求善行永不满足，受到劝告能够警惕戒备，这样的话即使不想进步，可能吗？小人则正与此相反，自己胡作非为，却厌恶别人批评自己；自己极其无能，却期望别人认为自己贤能；自己心狠歹毒，行为如禽兽一般，却又厌恶别人把自己当成贼人。他们亲近奉承与阿谀自己的人，疏远直言相劝自己改正的人，把修正自己错误的话当成讥笑，把极其忠诚的行为当成损害，这样的人即使不想灭亡，可能吗？《诗经》云："胡乱附和，乱加诋毁，实在是十分可悲啊。好的意见全都不听，坏的意见却统统吸取。"就是说的这样的人。

原文

扁善之度①，以治气养生则身后彭祖②，以修身自名则配尧、禹。宜于时通，利以处穷，礼信是也。凡用血气、志意、知虑，由礼则治通，不由礼则勃乱提僈③；食饮、衣服、居处、动静，由礼则和节，不由礼则触陷生疾；容貌、态度、进退、趋行，由礼则雅，不由礼则夷固僻违④，庸众而野。故人无礼则不生，事无礼则不成，国家无礼则不宁。《诗》曰："礼仪卒度，笑语卒获。"此之谓也。

● 帝尧

注释

①扁：通"遍"，全面。

②彭祖：传说中活了八百岁的寿星。

③勃：通"悖"。提：通"偍""媞"，意为舒缓。僈：通"慢"。

④夷固：傲慢。

译文

使人无往而不善的法则是：以调理血气来保养身体，使自己的寿命仅次于彭祖；用善行来修养品德，那么自己的名声则可与尧、禹媲美。既适宜于通达的顺境，也有利于困窘之时的，只有礼和义。凡是使用血气、意志、智慧和思虑之时，遵礼则通达顺利，不遵礼则谬误错乱，行为则迟缓怠惰；在吃饭、穿衣、居处及活动之时，遵礼则和谐适当，不遵礼则犯忌而生病；在容貌、态度、进退、行走方面，遵礼则温雅可亲，不遵礼则傲慢邪僻，庸俗粗野。所以，人无礼就不能生存，做事不讲礼，事情就无法办成，国家没有礼就不能够安宁。《诗经》说："若是礼仪完全符合法度，一言一笑就会完全得当。"说的就是这种道理。

原文

以善先人者谓之教，以善和人者谓之顺①；以不善先人者谓之谄，以不善和人者谓之谀。是是、非非谓之知，非是、是非谓之愚。伤良曰谗，害良曰贼。是谓是、非谓非曰直。窃货曰盗，匿行曰诈，易言曰诞。趣舍无定谓之无常②，保利弃义谓之至贼。多闻曰博，少闻曰浅；多见曰闲，少见曰陋。难进曰偍（tí）③。易忘曰漏。少而理曰治，多而乱曰秏（mào）④。

注释

①和：附和。

②趣：前往。

③偍：缓慢。

④秏：通"眊"，不明，昏乱。

译 文

　　用善行来引导别人称为教导,用善行去附和别人称为顺应,用不良的言行引导别人称为谄媚,用不好的言行去附和别人称为阿谀。以是当是,以非当非,就叫作明智,以是为非,以非为是,就称为愚蠢。用言论中伤善良,就称为谗言,用言论陷害良士,就称为虐害。以是为是,以非为非,就是正直。窃取财物,就称为偷窃,隐瞒自己的行为,就称为欺骗,信口开河,就称为虚妄,对追求是进取还是放弃犹豫不决,就称为无常,为了保住利益而背信弃义,就称为大贼。听到的事情多称为广博,听到的事情少称为浅薄,见多识广称为广博,见识少称为孤陋寡闻。难于进取称为废弛,学过的经常遗忘称为遗漏。事情少而井井有条称为治理、管理,事情多而杂乱无章称为昏乱不明。

原 文

　　治气养心之术：血气刚强,则柔之以调和;知虑渐深①,则一之以易良;勇胆猛戾,则辅之以道顺②;齐给便利③,则节之以动止;狭隘褊小,则廓之以广大;卑湿、重迟、贪利,则抗之以高志;庸众驽散,则劫之以师友④;怠慢僄弃⑤,则炤之以祸灾⑥;愚款端悫⑦,则合之以礼乐,通之以思索。凡治气养心之术,莫径由礼,莫要得师,莫神一好。夫是之谓治气养心之术也。

注 释

①**渐**：通"潜",沉潜。

②**道顺**：导训,即训导。

③**齐给便利**：这四个字都是敏捷快速的意思。

④**劫**：夺去。

⑤**僄**：轻薄。

⑥**炤**：通"昭",使明白,直白。

⑦**悫**：朴实忠厚。

译文

　　调理血气，修养身心的方法是：对于血气刚强的，就用心平气和来调和他；对于思想过于深沉的，就用温良平易的方法去同化他；对于勇猛乖戾的，就用辅助疏导的方式顺和他；对于性情急躁的，就用适宜的方式去节制他；对于心胸狭隘的，就用宽宏大量来扩大他；对于卑下、迟钝、贪图小利的，就用高尚的志向去提升他；对于散漫庸俗的，就用良师益友去帮助他；对于懒散轻薄、自暴自弃的，就用招致灾祸后果告诫他；对于过于愚钝拘谨的，就用礼乐去协调他，用深思熟虑去理顺他。凡是调理血气、修养身心的方法，没有什么比遵循礼义更直接的了，没有什么比得到老师的指导更重要的了，没有什么比专心致志更神妙的了。这就是所说的调理血气、修养身心的方法。

原文

　　志意修则骄富贵，道义重则轻王公，内省而外物轻矣。传曰："君子役物，小人役于物。"此之谓矣。身劳而心安，为之；利少而义多，为之；事乱君而通，不如事穷君而顺焉。故良农不为水旱不耕，良贾不为折阅不市①，士君子不为贫穷怠乎道。

注释

　　①折阅：损亏售卖。

译文

　　志向美好就可以傲视富贵，重视道义就可以轻视王侯；内心自省就觉得身外之物轻微了。古书上说："君子役使外界事物，小人则被外物所役使。"说的就是这个道理。身体劳累但内心感到安定的事，就去做它；利益少但是意义重大的事，就去做它；侍奉昏君违背礼而显达，不如侍奉穷困的君主而按礼来治理国家。所以好的农民不会因遭到洪涝与干旱就不再耕种，好的商人不会因亏损就不再经商，有志向和学问的人不会因贫穷而怠慢道义。

原文

体恭敬而心忠信，术礼义而情爱人，横行天下，虽困四夷，人莫不贵。劳苦之事则争先，饶乐之事则能让，端悫(què)诚信，拘守而详，横行天下，虽困四夷，人莫不任。体倨固而心执诈，术顺、墨而精杂污①，横行天下，虽达四方，人莫不贱。劳苦之事则偷儒转脱②，饶乐之事则佞兑而不曲③，辟违而不悫，程役而不录④，横行天下，虽达四方，人莫不弃。

注释

①**顺**：当为"慎"字，指慎到，战国中期人，早期的法家人物。**墨**：指墨翟，春秋战国时期鲁国人，墨家学派的创始人。**精**：当为"情"字，指性情。

②**儒**：通"懦"，懦弱。

③**兑**：通"锐"，锐利。

④**程役**：通"逞欲"。**录**：谨慎。

译文

外貌恭敬且内心忠诚，遵循礼义且性情仁爱，这样的人走遍全天下，即使在边远地区困顿，也没有人不去敬重他；劳累辛苦的事抢先去做，享乐安逸的事却让给别人，端正朴实诚实守信，谨守法度而又明察事理，这样的人走遍全天下，即使在边远地区困顿，也没有人不去信任他。外表固执傲慢，内心狡诈阴险，遵循慎到和墨翟的学说，而内心肮脏，这样的人走遍全天下，即使四方显达，也没有人不去轻视他；遇到劳累辛苦的事就推托逃避，遇到安逸享乐的事就用花言巧语谄媚，毫不谦让地快速抢夺，邪僻恶劣而无诚信，轻贱而不善良，这样的人走遍全天下，即使四方显达，也没有人不去摒弃他。

原文

行而供冀①，非渍淖也②；行而俯项，非击戾也；偶视而先俯，非恐惧也。然夫士欲独修其身，不以得罪于比俗之人也。

注释

①**供**：通"恭"，恭敬。**翼**：当为"翼"字，敬。
②**渍淖**：陷于烂泥之中。

译文

走路时小心恭敬，不是因为怕陷于烂泥之中；走路时低头向下看，不是因为害怕碰撞东西；与别人对视时先低头行礼，不是因为畏惧对方。君子这样做，只是想独自修养自己的身心，不想因此而得罪世俗之人。

原文

夫骥一日而千里，驽马十驾则亦及之矣。将以穷无穷，逐无极与？其折骨绝筋，终身不可以相及也。将有所止之，则千里虽远，亦或迟或速、或先或后，胡为乎其不可以相及也？不识步道者，将以穷无穷逐无极与？意亦有所止之与？夫坚白、同异、有厚无厚之察①，非不察也，然而君子不辩，止之也；倚魁之行②，非不难也，然而君子不行，止之也。故学曰："迟彼止而待我，我行而就之，则亦或迟或速，或先或后，胡为乎其不可以同至也？"故跬步而不休，跛鳖千里；累土而不辍，丘山崇成③；厌其源，开其渎，江河可竭；一进一退，一左一右，六骥不致。彼人之才性之相县也，岂若跛鳖之与六骥足哉？然而跛鳖致之，六骥不致，是无它故焉，或为之，或不为尔。

注释

①**坚白**：即"离坚白"，战国时名家公孙龙提出的一个命题，认为"坚"和"白"是事物的两种各自独立的属性。**同异**：战国时名家惠施提出的一个命题，认为事物之间的同异是相对的。**有厚无厚**：同为惠施提出的一个命题，认为没有厚度的东西，是不能累积起来的，但面积仍可大至千里。

②**倚魁**：怪异。

③ 崇：终究。

译文

千里马一天可跑千里，劣马跑十天也能达到。你想用有限的气力去走完无尽的路途，追赶没有终点的所在吗？那么即使劣马跑到筋断骨折，这一辈子也赶不上千里马啊！如果有个终点，那么千里的路程虽远，也不过是快点慢点，早点晚点而已，怎么可能到达不了目的地呢？不认识道路的人，是用有限的力量去追逐无限的目标呢，还是有所止境呢？对那些"坚白""同异""有厚无厚"等命题的辨析，不是不精察，然而君子不去争辩它们，是因为君子有所节制啊。那些怪异的行为，不是不难做，但是君子不去做，也是因为君子有所节制啊。所以古语说："当别人停下来等我时，我便努力追赶上去，这样或慢或快，或早或晚，怎么不能到达同样的目的地呢？"因此只要一步一步不停地行走，即使是瘸了腿的甲鱼也能抵达千里；一层一层积累沙土，山丘也终究能够堆成；堵塞水的源头，开通沟渠，即便长江、黄河也终会枯竭；一会儿前进，一会儿后退，一会儿向左，一会儿向右，就算有六匹千里马拉车也无法到达目的地。至于人与人之间的资质，即使相距悬殊，难道会像瘸腿的甲鱼和六匹千里马一样悬殊吗？然而瘸腿的甲鱼能够到达，六匹千里马拉的车却无法到达，这并没有其他的原因，只不过是因为有的去做，有的不去做罢了！

原文

道虽迩，不行不至；事虽小，不为不成。其为人也多暇日者，其出入不远矣①。好法而行，士也；笃志而体②，君子也；齐明而不竭，圣人也。人无法，则伥伥然；有法而无志其义，则渠渠然③；依乎法而又深其类，然后温温然。

注释

① 入：疑误，应为"人"字。
② 体：实行。
③ 渠渠然：局促不安的样子。渠，通"遽"，匆忙。

译文

路程虽然很近,但是不走就无法到达;事情虽然很小,但不做就无法完成。那些整日无所事事的人,他们是不可能超越别人的。遵守法度而行事的,是士;意志坚定而能身体力行的,是君子;思虑敏捷而智慧不枯竭的,是圣人。人没有礼法,则会无所适从;有了礼法却不知其深义,就会局促不安,遵循礼法而又深明统类,然后才能温和可亲,从容不迫。

原文

礼者,所以正身也;师者,所以正礼也。无礼何以正身?无师,吾安知礼之为是也?礼然而然,则是情安礼也;师云而云,则是知若师也。情安礼,知若师,则是圣人也。故非礼,是无法也;非师,是无师也。不是师法而好自用,譬之是犹以盲辨色,以聋辨声也,舍乱妄无为也①。故学也者,礼法也。夫师,以身为正仪而贵自安者也。《诗》云:"不识不知,顺帝之则。"此之谓也。

注释

① 舍:除了。

译文

礼法,是用来端正自身行为的;老师,是用来端正礼法的。没有礼法,如何来端正身心呢?没有老师,又怎么才能知道礼义是正确的呢?礼法是怎样规定的就怎样去做,这就是性情习惯于礼;老师怎样说的就怎样去做,这就是理智顺从于老师。能够做到性情习惯于礼,理智顺从于老师,这就是圣人。所以,违背礼法,就是无视法度;违背了老师,就是无视老师。不遵照老师的教导和规定,违背礼法,喜欢自以为是,这就如同让盲人去辨别颜色,用聋子去辨别声音,除了悖乱狂妄之事干不出别的了。所以学习就是学习礼法,老师要以身作则,可贵的是教人们安心去这么做。《诗经》说:"不知为何要这么做,然而这样是顺应天帝法则的。"就是说的这种意思。

原文

端悫顺弟①，则可谓善少者矣；加好学逊敏焉，则有钧无上②，可以为君子者矣。偷儒惮事，无廉耻而嗜乎饮食，则可谓恶少者矣；加惕悍而不顺③，险贼而不弟焉，则可谓不详少者矣，虽陷刑戮可也。老老而壮者归焉，不穷穷而通者积焉，行乎冥冥而施乎无报而贤不肖一焉。人有此三行，虽有大过，天其不遂乎。

注释

① 弟：通"悌"，尊敬兄长。
② 钧：通"均"，相等。
③ 惕：通"荡"，放荡。

译文

端正谨慎而尊敬兄长，可以称得上是好少年了；如果加以好学谦敏，那就只有与他相等的人，而没人能超过他了，这样的人则可称为君子了。苟且怠惰，怕事胆小，没有廉耻而又贪图吃食，则可以称之为坏少年了；如果加以放荡凶悍，目无尊长，险恶害人，这是做凶险的少年了，即使遭受刑杀也是不可惜的。尊敬老人，那么青壮年就会归附于他；不轻视处境艰难的人，那么明通事理的人就会聚集过来；暗中做好事而施惠不图回报，这样贤人和不贤的人都会归向于他，人有上面这三种好德行，纵使有天大的过失，上天也不会让他陷于大祸吧。

原文

君子之求利也略，其远害也早，其避辱也惧，其行道理也勇。君子贫穷而志广，富贵而体恭，安燕而血气不惰①，劳勤而容貌不枯②，怒不过夺，喜不过予。君子贫穷而志广，隆仁也；富贵而体恭，杀势也；安燕而血气不惰，柬理也；劳勤而容貌不枯，好交也③。怒不过夺，喜不过予，是法胜私也。《书》曰："无有作好，遵王之道；无有作恶，遵王之路。"此言君子之能以公义胜私欲也。

注释

①安燕：安闲。

②勉：通"倦"，困倦。

③交：当为"文"，礼仪。

译文

君子追求利益而不斤斤计较，他可以早早地把祸患避开，谨慎地避开灾祸，对于奉行道义是勇往直前的。君子虽然贫困但志向是远大的，虽然富贵却非常恭敬，虽然安逸却不松懈懒惰，虽然劳累依然端庄，发怒时也不过分处罚，高兴时也不过分奖赏。君子虽然贫穷但志向是远大的，因为他要尊重仁德；虽然富贵却非常恭敬，因为他不依势作威；虽然安逸却不松懈懒惰，这是因为他明通道理；虽然身体劳累，但容貌依然端庄，这是因为他注重礼仪，发怒时也不过分处罚，高兴时也不过分奖赏，因为礼法能够克制私情。《尚书》说："不要凭借个人的偏好做事，要循古代圣王的正道；不要凭借个人的厌恶做事，要遵循古代圣王的正路。"说的正是君子能用公理正义战胜私人的欲望。

不 苟

题 解

不苟，指不马虎、不随便。君子以礼义治国，以诚信养心，以自律而求同志。极力表彰君子的种种可贵品格，揭露和批判了小人的不良行径。

原文

君子行不贵苟难，说不贵苟察，名不贵苟传，唯其当之为贵。故怀负石而赴河，是行之难为者也，而申徒狄能之①；然而君子不贵者，非礼义之中也。山渊平，天地比②，齐、秦袭，入乎耳，出乎口③，钩有须④，卵有毛，是说之难持者也，而惠施、邓析能之⑤；然而君子不贵者，非礼义之中也。盗跖吟口⑥，名声若日月，与舜、禹俱传而不息；然而君子不贵者，非礼义之中也。故曰：君子行不贵苟难，说不贵苟察，名不贵苟传，唯其当之为贵。《诗》曰："物其有矣，惟其时矣。"此之谓也。

● 帝舜

● 庄子

注释

①**申徒狄**：相传为殷末人，因恨道不行而怀抱石头投河自杀。

②**山渊平，天地比**：此是名家人物惠施的命题。这一命题是这样论证的：天是无形之物，地面之上的空虚部分即是天。所以在高山，天也高；在深渊，天也低。因此天与地的高低是一样的。又因为高山、深渊与天的距离一样，所以它们的高低便是相等的。

③**入乎耳，出乎口**：这两句文意不明，有人说是指山有耳、口，人站在山上呼喊，群山都回荡他的声音，这就好似山听到了人的声音，又回答了人的呼喊。

④**钩有须**：妇女生出来的儿子长胡须，说明她体内也有胡须的基因，所以说妇女有胡须。钩，通"姁"（xū），妇女。

⑤**惠施**：战国时宋国人，曾任梁相，名家的代表人物之一，与庄子为好友，事见《庄子》。**邓析**：春秋时郑国人，刑名学家。

⑥**吟口**：传颂于众人之口。

译文

君子的行为不以不正当的难能为可贵，君子的学说不以不正当的明察为宝贵，君子的名声，不以不正当的流传为珍贵，只有行为、学说、名声合乎礼义才是可贵的。所以怀抱着石头而投河自杀，这是一般人难以做到的，但申徒狄却能够做到，然而君子并不认为这种行为可贵，是因为它不符合礼义的中正之道。高山和深渊高低相等，天和地相接，齐国与秦国相连接，从耳朵中听进去，从嘴巴里说出来，妇人有胡须，蛋有羽毛，这些都是难以把握的学说，但惠施、邓析却能够这样主张；然而君子并不认为这种行为可贵，是因为它们不合礼义的中正之道。盗跖的名字常挂在人们嘴边，名声就像太阳、月亮一样无人不知，和舜、禹等一起流传而永不磨灭；然而君子并不认为这种行为可贵，是因为它不合礼义的中正之道。所以说：君子对于行为，不以不合乎礼义的难能为贵；对于学说，不以不合乎礼义的明察为贵；对于名声，不以不合乎礼义的流传为贵；只有行为、学说、名声合乎了礼义才是宝贵的。《诗经》云："丰盛的物产，得其时为贵。"说的就是这个道理。

原文

君子易知而难狎①，易惧而难胁，畏患而不避义死，欲利而不为所非，交亲而不比②，言辩而不辞，荡荡乎！其有以殊于世也！

注释

①知：交接。狎：不合乎礼义的亲近。
②比：结党。

译文

君子容易结交，却难以亵渎，容易恐惧，却难以胁迫，害怕祸患，却不逃避为正义而牺牲；希望得到利益，却不做不该做的事，与人结交很亲密，却不结党营私，言谈雄辩，却不玩弄辞藻。胸怀是多么的开阔啊！他不同于一般的世俗之人！

原文

君子能亦好，不能亦好。小人能亦丑，不能亦丑。君子能则宽容易直以开道人①，不能则恭敬繜绌以畏事人②。小人能则倨傲僻违以骄溢人③，不能则妒嫉怨诽以倾覆人。故曰：君子能则人荣学焉，不能则人乐告之；小人能则人贱学焉，不能则人羞告之。是君子、小人之分也。

注释

①道：通"导"，引导，开导。
②繜：通"撙"，抑制。绌：通"黜"，减损，贬低。
③溢：满，引申指盛气凌人。

译文

君子有才能品行也是美好的，没有才能品行也是美好的；小人有才能品行也是丑恶的，没有才能品行也是丑恶的。君子有才能，就宽大容忍、平易正直地来启发开导别人，没有才能，就恭恭敬敬、谦逊地来对待别人。小人有才能，就骄傲自大邪僻悖理地来盛气凌人，没有才能就嫉妒、怨恨、诽谤来排挤别人。所以说：君子有才能，那么别人就会以向他学习为光荣；没有才能，那么别人就会乐意地告诉他知识；小人有才能，那么别人就会以向他学习为耻辱，没有才能，那么别人就以向他传授为羞耻。这就是君子和小人之间的区别。

原文

君子宽而不僈①，廉而不刿②，辩而不争，察而不激，寡立而不胜③，坚强而不暴，柔从而不流，恭敬谨慎而容。夫是之谓至文。《诗》曰："温温恭人，惟德之基。"此之谓矣。

注释

①僈：通"慢"，懈怠。
②廉：棱角。刿：尖刻伤人。
③寡立：鹤立鸡群。

译文

君子宽宏大量，却不怠慢马虎，方正守节，却不尖刻伤人；能言善辩，却不去争吵，洞察一切，却不过于激切，卓尔不群，却不盛气凌人，坚定刚强，却不凶暴粗鲁，宽柔和顺，却不随波逐流，恭敬谨慎，却宽容大度。这可以称为德行完备。《诗经》云："温柔谦恭的人们，是以道德为基础。"说的就是这个道理。

原文

君子崇人之德，扬人之美，非谄谀也；正义直指①，举人之过，非毁疵也；言己之光美拟于舜、禹，参于天地，非夸诞也；与时屈伸，柔从若蒲苇，非慑怯也；刚强猛毅，靡所不信②，非骄暴也。以义变应，知当曲直故也。《诗》曰："左之左之，君子宜之；右之右之，君子有之。"此言君子能以义屈信变应故也。

注　释

①**义**：通"议"，议论。
②**信**：通"伸"，不屈。下同。

译　文

君子推崇别人的德行，称赞别人的优点，并不是出于阿谀奉承；公正地议论、直接地指出别人的过错，并不是出于挑剔诋毁；说自己正大光明的美德，可以和舜、禹相比拟，和天地相匹配，并不是出于浮夸虚妄；随着时势能屈能伸，柔顺得就像香蒲和芦苇可卷可张，并不是出于懦弱胆怯；刚强坚毅，没有什么地方不挺直，并不是出于骄傲凶暴。这些都是根据道义来随机应变，知道什么时候该屈曲什么时候不该屈曲的缘故。《诗经》云："该在左就在左，君子应付自如；该在右就在右，君子拥有一切。"这说的是君子能够以礼义为原则，屈伸进退随机应变的事。

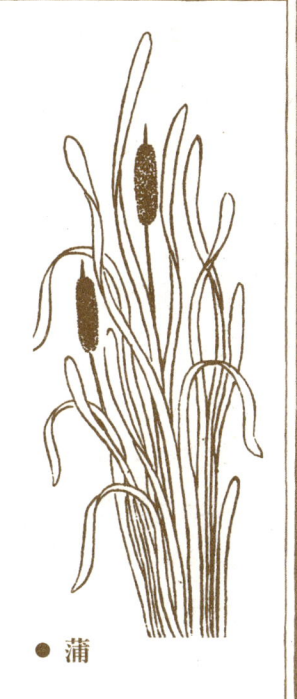

●蒲

原　文

　　君子小人之反也。君子大心则天而道①，小心则畏义而节；知则明通而类，愚则端悫而法，见由则恭而止。见闭则敬而齐，喜则和而理，忧则静而理，通则文而明，穷则约而详。小人则不然：大心则慢而暴，小心则淫而倾，知则攫盗而渐②，愚则毒贼而乱，见由则兑而倨③，见闭则怨而险，喜则轻而翾④，忧则挫而慑，通则骄而偏，穷则弃而儑⑤。传曰："君子两进，小人两废。"此之谓也。

注　释

①**天而道**：前当补一"敬"字。
②**攫**：夺。**渐**：奸诈。

③兑：通"悦"，高兴。

④翾：通"儇"（xuān），轻佻。一说通"懁"（juàn），急。

⑤隰：通"隰"，卑下的样子。

译文

君子与小人相反。如果君子志向远大，就会敬奉自然而遵循规律，如果没有远大志向，就会敬畏礼义而有所节制，聪明就会精明通达而触类旁通，愚钝就会端正诚笃而遵守法度，被起用就会处世恭谦而不放纵，不被重用就会戒慎而整治自己，高兴就会平和地去治理，忧愁就会冷静地去处理，通达显贵就会文雅而明智，处境困窘就会自我约束而明察事理。小人就不是这样：志向远大就会傲慢而粗暴，没有远大志向就会邪恶而倾轧别人，聪明就会巧取豪夺而用尽心机，愚钝就会狠毒残忍而作乱，被起用就会高兴而傲慢，不被任用就会怨恨而险恶，高兴就会轻浮而急躁，忧愁就会垂头丧气而心惊胆战，显贵就会骄横而偏激，困窘就会自暴自弃而志趣卑下。古书上说："君子在相对的两种情况下都在进步，小人在相对的两种情况下都在堕落。"说的就是这种情况。

原文

君子治治，非治乱也。曷谓邪？曰：礼义之谓治，非礼义之谓乱也。故君子者，治礼义者也，非治非礼义者也。然则国乱将弗治与？曰：国乱而治之者，非案乱而治之之谓也①，去乱而被之以治。人污而修之者，非案污而修之之谓也，去污而易之以修。故去乱而非治乱也，去污而非修污也。治之为名，犹曰君子为治而不为乱，为修而不为污也。

注释

①案：通"按"，按照。

译文

君子整治安定的国家，而不整治混乱的国家。这是为什么呢？这是说：合乎礼义叫作有秩序，违背礼义叫作混乱。所以君子整治合乎礼义的国家，而不整治违背礼义的国家。这样的话，那么国家混乱了就不整治了吗？回答说：国家混乱而去整治它，并不是说在那混乱的基础上去整治它，而是要除去混乱，再给它加上秩序。就像人的外表或思想肮脏了而去整治他一样，并不是说在那肮脏的基础上去整治他，而是要除去肮脏而换上美好的外表或思想。除去混乱并不等于按照混乱整治混乱，除去肮脏并不等于按照肮脏整治肮脏。整治作为一个概念，就好比说，君子做安定的事而不做混乱的事，做整治肮脏的事而不做肮脏的事。

原文

君子絜其辩而同焉者合矣①，善其言而类焉者应矣。故马鸣而马应之②，非知也，其势然也。故新浴者振其衣，新沐者弹其冠，人之情也。其谁能以己之皭皭(jiǎo)受人之掝掝(huò)者哉③！

注释

①絜：同"洁"，整洁。辩：当为"身"字。
②故马鸣而马应之：此句应补"牛鸣而牛应之"六字（据《韩诗外传》）。
③皭皭：明亮洁白。掝掝：混浊肮脏。

译文

君子能够洁身自好，那么和他志同道合的人就会来聚合。完善自己的言语，因而和他有相同观点的人就会来响应了。所以马鸣叫就有别的马来应和它，牛鸣叫就有别的牛来应和它，这并不是因为它们有智慧，而是那自然情势就是这样的。所以刚洗过澡的人会抖一抖自己的衣服，刚洗过头的人会弹一弹自己的帽子，这是人之常情啊。有谁愿意让自己的洁白蒙受别人的玷污呢？

● 牛鸣相应

原文

君子养心莫善于诚；致诚则无它事矣；唯仁之为守，唯义之为行。诚心守仁则形，形则神，神则能化矣。诚心行义则理，理则明，明则能变矣。变化代兴①，谓之天德②。天不言而人推高焉；地不言而人推厚焉；四时不言而百姓期焉；夫此有常，以至其诚者也。君子至德，嘿然而喻③，未施而亲，不怒而威；夫此顺命，以慎其独者也。善之为道者，不诚则不独，不独则不形，不形则虽作于心，见于色，出于言，民犹若未从也；虽从必疑。天地为大矣，不诚则不能化万物。圣人为知矣，不诚则不能化万民。父子为亲矣，不诚则疏。君上为尊矣，不诚则卑。夫诚者，君子之所守也，而政事之本也；唯所居以其类至。操之则得之，舍之则失之。操而得之则轻，轻则独行，独行而不舍，则济矣。济而材尽，长迁而不反其初，则化矣。

注释

①**变**：改变旧质叫作变。**化**：使人向善叫作化。
②**天德**：合乎自然规律的德行。
③**嘿**：通"默"，不说话。

译文

君子修养心境没有比真诚更好的了，做到了真诚，那就用不着从事其他修养心境的事情了。只要坚守仁爱，只要奉行礼义就行了。真心实意地坚持仁爱，仁爱就会表现在行为上，一言一行都表现着仁爱，各方面都会得到很好的治理。各方面得到很好的治理，就能感化天下了；真心实意地奉行礼义，做事就会变得条理清晰，做事条理清晰了，就能明察事理，明察事理，就能使那些不懂礼义的人改变他们的恶习。改造感化交替起作用，这叫作德同于天。上天不讲话人们也都推崇它的高远，大地不讲话人们也都推崇它的深厚，四季不讲话而百姓都知道春、夏、秋、冬变化的时期：这些都是真诚的表现。君子有了极其高尚的德行，虽然默不作声，人们也都明白；没有施舍，人们却亲近他；不用发怒，就很威严：这是因为他顺从了天道因而能在独自一人时也专心一志于仁义。君子改造感化人之道是这样的：如果不真诚，就不能慎独；不能慎独，道义就不能表现在日常行动中；道义不能表现在日常行动中，那么即使产生于内心，显露在脸色上，发表在言论中，百姓仍然不会顺从他；即使顺从他，也肯定会迟疑不决。天地是最大的了，不真诚就无法化育万物；圣人是最明智的了，不真诚就无法感化万民；父子之间是最亲密的了，不真诚就会导致疏远；君主是最尊贵的了，不真诚就会遭受鄙视。真诚，是君子必须保持的操守，是国家政治的根本。只有立足于真诚，同类才会聚拢而来；保持真诚，才会获得同类；丢掉真诚，就会失去同类。保持真诚而获得了同类，那么就容易感化他们了；感化他们容易了，那么慎独的作风就能流行了；慎独的作风流行了再紧抓不放，那么人们的真诚就养成了。人们的真诚养成了，他们的才能就会完全发挥出来，永远前进而不半途而废，那么仁义就能化成。

原　文

　　君子位尊而志恭，心小而道大；所听视者近，而所闻见者远；是何邪？则操术然也。故千人万人之情，一人之情是也。天地始者，今日是也。百王之道，后王是也。君子审后王之道，而论于百王之前，若端拜而议①。推礼义之统，分是非之分，总天下之要，治海内之众，若使一人。故操弥约，而事弥大。五寸之矩，尽天下之方也。故君子不下室堂而海内之情举积此者②，则操术然也。

注　释

①**拜**：当为"拱"字。
②**举**：都。

译　文

　　君子地位尊贵了，而内心仍很恭敬；心只有方寸之地，但心怀的理想却很远大；能听到、能看到的很近，而听见、看见的东西却很远。这是为什么呢？是君子掌握了一定的方法才能这样。因为那千千万万个人的心情，和一个人的心情是一样的；天地开辟时的情况，和今天是一样的；上百代帝王的统治之道，和后代帝王是一样的。君子审察了当代帝王的统治之道，从而再去考察上百代帝王之前的政治措施，就像端正身体拱着手来议论一样从容不迫。推究礼义的纲领，分清是非的界限，总揽天下的要领，用来治理海内的民众，就像役使一个人一样。所以掌握的方法越简约，能办成的事业就越大；就像五寸长的曲尺，能够画出天下所有的方形一样。所以君子不用走出内室厅堂而天下的情况就都聚集在他这里了，这是因为掌握了一定的方法才使他这样的啊。

原 文

有通士者，有公士者，有直士者，有悫士者，有小人者。上则能尊君，下则能爱民，物至而应，事起而辨①，若是则可谓通士矣。不下比以暗上，不上同以疾下②，分争于中，不以私害之，若是则可谓公士矣。身之所长，上虽不知，不以悖君③；身之所短，上虽不知，不以取赏；长短不饰，以情自竭；若是则可谓直士矣。庸言必信之，庸行必慎之，畏法流俗，而不敢以其所独甚④，若是则可谓悫士矣。言无常信，行无常贞，唯利所在，无所不倾，若是则可谓小人矣。

注 释

① 辨：正确处理。
② 疾：伤害。
③ 悖：隐瞒。
④ 甚：当为"是"字。

译 文

有通达事理的士人，有公正无私的士人，有爽快耿直的士人，有老实拘谨的士人，还有小人。对上能够尊敬君主，对下能够爱抚民众，事情来了能应付自如，事件发生了能正确处理，像这样就可以称为通达事理的士人了。不在下面互相勾结去愚弄君主，不向上迎合君主去残害臣民，在一些事情中有了分歧争执，不因为个人的利益去陷害对方，像这样就可以称为公正无私的士人了。本身的长处，君主即使不知道，也不将它瞒过君主；本身的短处，君主即使不知道，也不靠它骗取奖赏；长处短处都毫不掩饰，将真实的情况主动地如实告诉，像这样就可以称为爽快耿直的士人了。说一句平常的话也一定是诚实可信的，做一件平常的事也一定是小心谨慎的，不敢效法流行的习俗，也不敢自以为是，像这样就可以称为老实拘谨的士人了。说话经常不老实，行为经常不忠贞，凡是有利可图的地方，任何事情都可以使它动摇失去原则，像这样的就可以称为小人了。

原文

公生明，偏生暗，端悫生通，诈伪生塞，诚信生神，夸诞生惑。此六生者，君子慎之，而禹、桀所以分也。

欲恶取舍之权：见其可欲也，则必前后虑其可恶也者；见其可利也，则必前后虑其可害也者；而兼权之，孰计之①，然后定其欲恶取舍；如是则常不失陷矣。凡人之患，偏伤之也：见其可欲也，则不虑其可恶也者；见其可利也，则不顾其可害也者。是以动则必陷，为则必辱，是偏伤之患也。

注释

① 孰：同"熟"，深思熟虑。

译文

公正产生聪明，偏私产生愚昧，端正谨慎产生通达，欺诈虚伪产生闭塞，真诚老实产生神明，虚妄夸诞产生惑乱。这六种情况的相生，君子必须要谨慎对待，也是禹之所以成为圣王，桀之所以成为暴君所不同的地方。

衡量追求还是厌恶，是获取还是舍弃的标准是：看见那可以追求的东西，就必须前前后后考虑一下它令人憎恶的一面；看到那有利可图的东西，就必须思前想后去考虑它可能造成的危害；兼顾两方面权衡，深思熟虑，然后决定是追求还是厌恶，是获取还是舍弃。像这样就没有过错与失误了。大凡人们的祸患，都是片面性所害：看见那可以追求的东西，就不考虑它可恶的一面;看到那有利可图的东西,就不去考虑它可能造成的危害。因此行动起来就必然失败,做事就必然遭受耻辱,这是片面性所造成的危害啊。

原文

人之所恶者,吾亦恶之。夫富贵者,则类傲之①;夫贫贱者,则求柔之②;是非仁人之情也,是奸人将以盗名于晻世者也③,险莫大焉。故曰:盗名不如盗货。田仲史鰌(qiū)不如盗也④。

注释

①**类**:都。

②**求**:务。

③**晻**:同"暗"。

④**田仲**:又叫陈仲子,战国时齐国人,不食兄禄,以清高著称。**史鰌**:字子鱼,又叫史鱼,春秋时卫国大夫,屡谏卫灵公不听,死时叫儿子不要入殓,后人称之为"尸谏",孔子称其正直。

● 史鰌

译文

别人所憎恶的,我也憎恶它。对那富贵的人,统统傲视;对那贫贱的人,则委曲相求;这并不是仁人的性情,这是奸邪的人用来在黑暗的社会里盗取名誉的一种手段,用心再险恶不过了。所以说:欺世盗名比偷窃财物的更加可恶。田仲、史鰌这样欺世盗名的人还不如一个小偷。

荣　辱

题　解

　　本篇对于有关光荣与耻辱的问题进行了一系列论述，体现了荀子的荣辱观。《劝学》所云"荣辱之来，必象其德"，本文对这一思想进行了深刻具体的阐释。"先义而后利者荣，先利而后义者辱"是本篇的中心论点，荀子从分析国家与个人安危的角度出发，深刻分析了荣辱观，认为如何处理义与利的关系是"荣辱之大分，安危利害之常体"。

原　文

　　憍泄者①，人之殃也。恭俭者，偋五兵也②。虽有戈矛之刺，不如恭俭之利也。故与人善言，暖于布帛③；伤人之言④，深于矛戟。故薄薄之地⑤，不得履之。非地不安也；危足无所履者⑥，凡在言也。巨涂则让⑦，小涂则殆，虽欲不谨，若云不使。

注　释

①**憍**：同"骄"，自大。**泄**：同"媟"，傲慢，轻慢。
②**偋**：同"屏"，屏除。**五兵**：古代的五种兵器：刀、剑、矛、戟、矢。
③**布帛**：衣服。
④**之**：当作"以"。
⑤**薄薄**：磅礴。
⑥**危足**：跷脚。

⑦**涂**：道路。**让**：通"攘"，拥挤。

译文

傲慢自大，是人的祸患。恭敬谦逊，可以屏除各种兵器的杀身之祸。即使有戈矛的尖刺可以防身，也不如恭敬谦逊的作用之大。所以对别人说善意的话，比给他穿件衣服还要使人温暖；用恶语伤害别人，比矛戟刺得还要深。所以在宽广磅礴的大地而不能立足，并不是因为地面不平坦；踮着脚无法立足的原因，都在于说话伤了人所致。大路很拥挤，小路又很危险，即使想不谨慎，也非得谨慎不可。

原文

快快而亡者怒也，察察而残者忮(zhì)也①，博而穷者訾(zǐ)也②，清之而俞浊者口也③，豢之而俞瘠者交也，辩而不说者争也④，直立而不见知者胜也，廉而不见贵者刿也，勇而不见惮者贪也，信而不见敬者好剸行也⑤，此小人之所务，而君子之所不为也。

注释

①**忮**：忌恨。
②**訾**：诋毁。
③**俞**：同"愈"，更加。
④**说**：通"悦"，喜欢。
⑤**剸行**：独断专行。剸，同"专"。

译文

凭一时痛快而导致死亡的，是由于愤怒，洞察精明而遭到残害的，是由于嫉妒，知识渊博而处境穷困的，是由于诋毁，想要澄清而愈发混沌，是由于口舌，酒肉款待别人而交情愈发淡薄，是由于结交原则不当，能言善辩而不被人喜欢，是由于好胜所致，立身正直而不被人理解，是由于盛气凌人，方正守信而不受人尊重，是由于尖刻伤人，勇猛无比而不受人敬畏，是由于贪婪，恪守信用而不被人尊敬，是由于喜欢独断专行。这些都是小人所做的，而君子不会这样做的。

原文

斗者，忘其身者也，忘其亲者也，忘其君者也。行其少顷之怒而丧终身之躯，然且为之，是忘其身也。室家立残，亲戚不免乎刑戮，然且为之，是忘其亲也。君上之所恶也，刑法之所大禁也，然且为之，是忘其君也。忧忘其身，内忘其亲，上忘其君，是刑法之所不舍也，圣王之所不畜也①。乳彘不触虎②，乳狗不远游③，不忘其亲也。人也，忧忘其身，内忘其亲，上忘其君，则是人也，而曾狗彘之不若也。

注释

①畜：容纳，容留。

②乳彘：哺乳的母猪。

③乳狗：喂奶的母狗。

译文

斗殴的人，是忘记了自己身体的人，是忘记了自己亲人的人，是忘记了自己君主的人。他的行为发泄了他一时的愤怒，却丧失了终身的躯体，可还是去这样做，这便是忘记了自己的身体。家庭立即会遭到摧残，亲戚也不免遭受刑罚被杀，可还是去这样做，这便是忘记了自己的亲人。斗殴是君主所憎恶的，是刑法严令禁止的，可还是去这样做，这便是忘记了自己的君主。在下忘记了自身，对内忘记了亲人，对上忘记了君主，这种人是刑法所不能赦免的，也是圣明的君主所不容的。哺乳的母猪不去触犯老虎，喂奶的母狗不到远处游逛，这是因为它们没忘记自己的亲人。作为一个人，在下忘记了自身，对内忘记了亲人，对上忘记了君主，那么这种人，就连猪狗都不如了。

原文

凡斗者，必自以为是而以人为非也。己诚是也，人诚非也，则是己君子而人小人也；以君子与小人相贼害也，忧以忘其身，内以忘其亲，上以忘其君，岂不过甚矣哉！是人也，所谓以狐父之戈钃牛矢也①。将以为智邪？则愚莫大焉。将以为利邪？则害莫大焉。将以为荣邪？则辱莫大焉。将以为安邪？则危莫大焉。人之有斗，何哉？我欲属之狂惑疾病邪？则不可，圣王又诛之。我欲属之鸟鼠禽兽邪？则不可，其形体又人，而好恶多同。人之有斗，何哉？我甚丑之。

注释

①**狐父**：古代地名，今安徽砀山附近，以生产优质的戈而闻名。**钃**：斩，砍。

译文

　　凡是斗殴的人，必定认为自己是对的而认为别人是错的。自己如果确实是对的，别人确实是错的，那么自己就是君子而别人就是小人；以君子的身份去同小人互相残害，在下是忘记了自己的身体，对内忘记了亲人，对上忘记了君主，这难道不是极大的错误吗！这样的人，就好比是用狐父出产的利戈来斩牛屎。能看作聪明吗？没有比这更愚蠢的了。要是看作有利吗？没有比这更有害的了。能看作光荣吗？没有比这更耻辱的了。能看作安全吗？没有比这更危险的了。人们有斗殴这样的行为，是为了什么呢？我想把这种行为归属于疯狂惑乱等精神疾病？但又不可以，因为圣明的帝王还是要处罚这样的人。我想把他们归到鸟鼠禽兽中去？但也不可以，因为他们的形体还是人的形体，并且喜好和厌恶也大多和别人相同。人们有斗殴这样的行为，是为了什么呢？我十分憎恶这种行为。

原文

　　有狗彘之勇者，有贾盗之勇者，有小人之勇者，有士君子之勇者。争饮食，无廉耻，不知是非，不辟死伤①，不畏众强，恈恈然唯利饮食之见②，是狗彘之勇也。为事利，争货财，无辞让，果敢而振，猛贪而戾，恈恈然唯利之见，是贾盗之勇也。轻死而暴，是小人之勇也。义之所在，不倾于权，不顾其利，举国而与之不为改视，重死、持义而不桡③，是士君子之勇也。

注释

①辟：同"避"，回避。

②悙悙然：形容非常贪婪的样子。利：疑为衍文，当删。

③桡：同"挠"，屈服，屈从。

译文

有狗和猪的勇敢，有商人和盗贼的勇敢，有小人的勇敢，有士君子的勇敢。抢夺吃喝，没有廉耻，不懂是非，不躲避死伤，不怕众多的强者，贪婪地只看到吃的与喝的，这是狗和猪的勇敢。做事谋利，争夺财物，毫不谦让，行动果断大胆而狠心，十分贪婪与暴戾，贪婪地只看见利益，这是商人和盗贼的勇敢。不在乎死亡而行为残暴，是小人的勇敢。合乎仁义，不屈服于权势，不考虑自己的利益，把整个国家都给他也不改变观点，爱惜生命，但坚持正义而不屈不挠，这是士君子的勇敢。

原文

鯈䱁者①，浮阳之鱼也；胠于沙而思水②，则无逮矣。挂于患而欲谨，则无益矣。自知者不怨人。知命者不怨天。怨人者穷。怨天者无志。失之己，反之人，岂不迂乎哉！

注释

①鯈䱁：鱼名。

②胠：通"阹"（qū），阻隔。

译文

白鯈是喜欢浮在水面上晒太阳的鱼儿；一旦搁浅在沙滩上再想回到水中，就没办法了。因于灾祸之后才想到小心谨慎，就没有用了。有自知之明的人不埋怨别人。懂得命运的

人不埋怨上天。埋怨别人的人就会走投无路，埋怨老天的人是没有见识。错误在自己身上，反而去责怪别人，岂不是绕远了吗！

原　文

荣辱之大分，安危利害之常体：先义而后利者荣，先利而后义者辱；荣者常通，辱者常穷；通者常制人，穷者常制于人：是荣辱之大分也。材悫者常安利①，荡悍者常危害；安利者常乐易，危害者常忧险；乐易者常寿长，忧险者常夭折；是安危利害之常体也。

注　释

①材：通"才"，有才能的人。

译　文

光荣和耻辱的主要区别，安危利害的一般情况是：先考虑仁义而后考虑利益就会得到光荣，先考虑利益而后考虑仁义的就会遭到耻辱；得到光荣的人常常通达，遭到耻辱的人常常穷困；通达的人常常统治人，穷困的人常常被人统治：这就是光荣和耻辱的主要区别。有才能而又谨慎的人常常安全得利，放荡凶悍的人常常危险受害；安全得利的人常常快乐舒心，危险受害的人常常忧愁害怕危险；快乐舒心的人常常长寿；忧愁害怕危险的人常常夭亡；这就是安危利害的一般情况。

原　文

夫天生蒸民，有所以取之。志意致修，德行致厚，智虑致明，是天子之所以取天下也。政令法，举措时，听断公，上则能顺天子之命，下则能保百姓，是诸侯之所以取国家也。志行修，临官治，上则能顺上，下则能保其职，是士大夫之所以取田邑也。循法则、度量、刑辟图籍，不知其义，谨守其数，慎不敢损益也；父子相传，以持王公，是故三代虽亡，治法犹存，是官人百吏之所以取禄秩也。孝弟原悫①，䖏(qū)录疾力②，以敦比其事业③，而不敢怠傲，是庶人之所以取暖衣饱食，长生久视，以免于刑戮也。饰邪说，文奸言，为倚事，陶诞、突盗④，愓、悍、骄、暴，以偷生反侧于乱世之间，是奸人之所以取危辱死刑也；其虑之不深，其择之不谨，其定取舍楛(kǔ)僈⑤，是其所以危也。

注释

① **弟**：通"悌"，孝顺。**原**：通"愿"，诚实。
② **䖏**：通"劬"，勤劳。
③ **敦**：治，从事。**比**：通"庀"(pǐ)，治。
④ **诞**：通"谄"，夸诞，怪诞。
⑤ **僈**：通"慢"，怠慢，不在乎。

译文

自然界造就了万民，都有取得自己生存条件的道理。思想极其美好，德行极其宽厚，谋虑极其英明，这是天子取得天下的道理。政令合乎法度，措施合乎时宜，处理政事公正，上能顺依天子的命令，下能保护百姓，这是诸侯获取国家的缘由。思想行为美好，当官善于管理，上能顺从上司，下能保住自己的职位，这是士大夫取得封地的道理。遵循法律准则、度量衡、刑法、地图户籍来办事，即使不懂它们的含义，也严格地遵守具体条文，小心谨慎地不敢删减或增加；父亲将其传给儿子，用来扶助王公，所以夏商周三代虽已灭亡，但政策法制仍然保存着，这是各级官吏获取俸禄的道理。孝顺父母，敬爱兄长，老实谨慎，勤劳努力，尽力从事自己的事业，而不敢懈怠轻慢，这是平民百姓获取丰衣足食、健康长寿而免受刑罚杀戮的道理。粉饰邪恶的学说，美化奸诈的言论，做怪诞的事，招摇撞骗且强取豪夺，放荡凶悍且骄横残暴，靠这些乱世之中苟且偷生，不安其位，这是奸邪的人

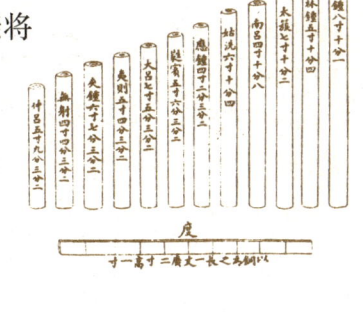

● 度量衡

自取危险、耻辱、死亡、刑罚的道理。他们考虑问题肤浅，他们选择人生道路不谨慎，他们确定自己的取舍时轻率，这就是他们危亡的道理。

原文

　　材性知能，君子小人一也；好荣恶辱，好利恶害，是君子小人之所同也；若其所以求之之道则异矣。小人也者，疾为诞而欲人之信己也①，疾为诈而欲人之亲己也，禽兽之行而欲人之善己也，虑之难知也，行之难安也，持之难立也，成则必不得其所好②，必遇其所恶焉。故君子者，信矣，而亦欲人之信己也；忠矣，而亦欲人之亲己也；修正治辨矣，而亦欲人之善己也；虑之易知也，行之易安也，持之易立也，成则必得其所好，必不遇其所恶焉；是故穷则不隐，通则大明，身死而名弥白；小人莫不延颈举踵而愿曰："知虑材性，固有以贤人矣！"夫不知其与己无以异也。则君子注错之当③，而小人注错之过也。故孰察小人之知能，足以知其有余可以为君子之所为也；譬之越人安越，楚人安楚，君子安雅④。是非知能材性然也，是注错习俗之节异也。

　　仁义德行，常安之术也，然而未必不危也。污僈、突盗⑤，常危之术也，然而未必不安也。故君子道其常而小人道其怪。

注释

①疾：极力，竭力。
②成：最终。
③注错：措置，安排处理。
④雅：通"夏"，华夏，中国（指中原地区）。
⑤污僈：污秽奸诈。僈，通"漫"。

译 文

人的资质、本性、智慧、才能,君子和小人是一样的;喜爱荣誉而厌恶耻辱,爱好利益而憎恶祸害,这是君子与小人所相同的;至于他们用来求取荣誉和利益的途径就不同了。那些小人,肆意做荒诞的事却还希望别人相信自己,竭力欺诈却还希望别人亲近自己,禽兽一般的行为却还希望别人赞美自己,他们考虑问题难以明智,做起事来难以稳妥,坚持的主张不能成立,结果就一定得不到他们所喜欢的荣誉和利益,且必然会遭受他们所憎恶的耻辱和祸害。至于君子,诚实待人,也希望别人相信自己;对别人忠诚,也希望别人亲近自己;善良正直而处理事务合宜,也希望别人赞美自己;他们考虑问题容易明智,做起事来容易稳妥,坚持的主张容易成立,结果就肯定能得到他们所喜欢的光荣和利益,必然不会遭受他们所厌恶的耻辱和祸害;所以君子即使穷困名声也不会被埋没,而通达时名声就会十分显赫,死后名声则会更加辉煌;小人没有不伸长了脖子踮起了脚跟羡慕地说:"这些人的智慧、思虑、资质、秉性,本来就胜过别人!"他们不知道君子的资质才能和自己并没有什么不同,只不过是君子将它措置恰当,而小人将它措置错误。所以仔细考察小人的智慧才能,就能够知道它们是有充分能力可以做君子所做的一切的;譬如越国人安居于越国,楚国人安居于楚国,君子安居于华夏;这并不是智慧、才能、资质、本性造成的,这是由于他们对资质才能的措置以及习俗不同所造成的。

奉行仁义道德,是使国家恒常安定的办法,但不一定就不会发生危险。污秽卑鄙、强取豪夺是使国家恒常危险的办法,但是不一定就得不到安全。君子遵循常规途径行事,而小人遵循怪僻途径行事。

原 文

凡人有所一同:饥而欲食,寒而欲暖,劳而欲息,好利而恶害,是人之所生而有也,是无待而然者也,是禹、桀之所同也。目辨白黑美恶,耳辨音声清浊,口辨酸咸甘苦,鼻辨芬芳腥臊,骨体肤理辨寒暑疾养①,是又人之所常生而有也,是无待而然者也,是禹、桀之所同也。可以为尧、禹,可以为桀、跖，可以为工匠，可以为农贾，在势注错习俗之所积耳②！是又人之所生而有也，是无待而然者也，是禹、桀之所同也。则尧、禹则常安荣，为桀、跖则常危辱，为尧、禹则常愉佚，为工匠、农贾则常烦劳。然而人力为此而寡为彼，何也？曰：陋也。尧、禹者，非生而具者也，夫起于变故，成乎修修之为③，待尽而后备者也。

注释

①养：通"痒"，痛痒。
②势：疑为衍文，删去。
③修之：疑为衍文，删去。

译文

凡是人都有一致的地方：饿了就想吃东西，冷了就想得到温暖，累了就想休息，喜欢得利而厌恶祸患，这是人生来具有的本性，它是无须学习就已经具备的，它是圣君禹和昏君桀都具备的。眼睛能辨别白黑与美丑，耳朵能辨别声音的清浊，口舌能辨别酸、咸、甜、苦，鼻子能辨别芳香与腥臭，身体皮肤能辨别冷、热、痛、痒，这也是人生下来就具有的资质，它是无须学习就已经具备的，它是圣君禹和昏君桀都具备的。人们可以凭借这些本性和资质成为尧、禹那样的贤君，可以凭借它成为桀、跖那样的坏人，可以凭借它成为工匠，可以凭借它成为农夫与商人，这都在于举止以及习俗的积累罢了！这也是人生下来就具有的资质，它是无须学习就已经具备的，它是圣君禹和昏君桀都具

● 大禹会见诸侯

备的。做尧、禹那样的圣人则常常安全而光荣，做桀、跖那样的人则常常危险而耻辱，做尧、禹那样的人常常愉快安逸，做工匠、农夫、商人常常麻烦而劳碌，但是人们尽力做这种危辱烦劳的事而很少去做那种愉快悦逸的事，是为什么呢？这是浅陋无知的缘故。尧、禹这样的圣人，并不是生下来就具有当圣贤的条件，而是从改变他原有的本性开始，是由于修炼身心品行才成功的，是等到原有的恶劣本性都除去了而后才具备的。

原 文

人之生固小人，无师无法则唯利之见耳！人之生固小人，又以遇乱世得乱俗，是以小重小也，以乱得乱也。君子非得势以临之，则无由得开内焉。今是人之口腹，安知礼义？安知辞让？安知廉耻隅积①？亦呥呥而噍②，乡乡而饱已矣。人无师无法，则其心正其口腹也。今使人生而未尝睹刍豢稻粱也③，惟菽藿糟糠之为睹④，则以至足为在此也，俄而粲然有秉刍豢稻粱而至者，则瞲然视之曰⑤："此何怪也？"彼臭之而无嗛于鼻⑥，尝之而甘于口，食之而安于体，则莫不弃此而取彼矣。今以夫先王之道，仁义之统，以相群居，以相持养，以相藩饰，以相安固耶？以夫桀、跖之道；是其为相县也⑦，几直夫刍豢稻粱之县糟糠尔哉！然而人力为此而寡为彼，何也？曰：陋也。陋也者，天下之公患也，人之大殃大害也。故曰：仁者好告示人。告之示之，靡之儇之⑧，铃之重之⑨，则夫塞者俄且通也，陋者俄且俔也⑩，愚者俄且知也。是若不行，则汤、武在上曷益⑪？桀纣在上曷损？汤、武存，则天下从而治，桀、纣存则天下从而乱；如是者，岂非人之情固可与如此，可与如彼也哉！

● 成汤

荀子

注 释

① **隅积**：指大道的局部和整体。
② **呻呻**：慢慢地。**嚅**：咀嚼。
③ **刍豢**：牛羊猪狗等家畜。刍，吃草的家畜；豢，吃粮食的家畜。**粱**：谷子。
④ **菽藿**：豆和豆叶。
⑤ **瞲然**：吃惊的样子。
⑥ **无**：疑为衍字，删去。**嗛**：满足。
⑦ **县**：同"悬"，悬殊。
⑧ **靡**：顺从。**儇**：明智。
⑨ **铅**：通"沿"，遵循。
⑩ **倜**：胸襟开阔的样子。
⑪ **汤**：商汤，姓子，名履，又称成汤，率部灭掉夏桀，建立商朝。**武**：周武王，姓姬，名发，周文王之子，后打败商纣，建立周朝。

译 文

人生下来的时候，本来就是小人，若是没有老师的教导，没有法度的约束，就只会看到财利罢了！人生下来的时候，本来就是小人，又因为遭遇了混乱的社会，接触了昏乱的习俗，这是在渺小卑鄙的本性上又加上了渺小卑鄙，使昏乱的资质又沾染了昏乱的习俗。君子如果不能得到权势来统治他们，那就没有办法打开他们的心窍，来向他们灌输优质思想。当今人们只顾吃喝，哪里懂得礼节道义？哪里懂得谦让推辞？哪里懂得廉洁羞耻，局部的小道理和综合的大道理？只知道慢吞吞地嚼东西，香喷喷地吃到饱罢了。人若是没有老师教导，没有法度约束，那么他的心灵也就完全和他们的嘴和肚一样只知吃喝了。现在假使人生下来后从来没有看见过牛羊猪狗等肉食和稻米谷子等细粮，只看到过豆叶之类的蔬菜和糟糠之类的粗食，就会认为这些东西就是最满意的食物了，但一会儿如果有个显眼地拿着肉食和细粮的人来，他就会瞪着眼惊奇地看着它们说：这是什么奇怪的东西！他用鼻子闻闻，味道很好闻，尝一尝，嘴巴里甜甜的，吃了它，身体感到很舒服，那就没有不抛弃这豆叶糟糠之类而求取那肉食细粮的了。现在是用古代帝王的原则，仁义的纲领，来协调人们合群居住，使他们互帮互助，可以使人们得到安全和稳定吗？还是用桀和跖的办法；这两种办法相差的悬殊岂止只是那肉食细粮和糟糠的悬殊！然而人们力行桀和跖的原则，而很少去实行古代帝王的原则，这是为什么呢？回答说：这是浅陋无知的结果。浅陋无知，是天下人的通病，是人们的大灾大难。所以说：讲究仁德的人喜欢把道理告诉别人并做榜样给别人看。告诉道理并做榜样给他们看，使他们顺从，使他们明智，使他们遵循仁义，向他们反复重申，那么那些闭塞的人很快就会明白了，孤陋寡闻的人很快就会眼界开阔，愚蠢的人很快就会变得智慧了。这些事情如果不行，那么商汤、周武王这样的贤君处在君位又有什么好处？夏桀、商纣王这样的暴君处在君位又有什么损害？商汤、周武王在位，那么天下随之而安定，夏桀、商纣王在位，那么天下便跟着混乱。出现这样的情况，难道不是因为人们的性情原来就可以像这样，又可以像那样的吗？

原　文

人之情，食欲有刍豢，衣欲有文绣，行欲有舆马，又欲夫余财蓄积之富也；然而穷年累世不知不足①，是人之情也。今人之生也，方知畜鸡狗猪彘，又畜牛羊，然而食不敢有酒肉；余刀布，有囷窌（qūn jiào）②，然而衣不敢有丝帛；约者有筐箧之藏，然而行不敢有舆马。是何也？非不欲也，几不长虑顾后而恐无以继之故也③？于是又节用御欲，收敛蓄藏以继之也；是于己长虑顾后，几不甚善矣哉！今夫偷生浅知之属，曾此而不知也，粮食大侈，不顾其后，俄则屈安穷矣；是其所以不免于冻饿，操瓢囊为沟壑中瘠（zī）者也④；况夫先王之道，仁义之统，《诗》《书》《礼》《乐》之分乎！彼固天下之大虑也，将为天下生民之属长虑顾后而保万世也。其渐长矣⑤，其温厚矣⑥，其功盛姚远矣⑦，非孰修为之君子⑧，莫之能知也。故曰：短绠不可以汲深井之泉，知不几者不可与及圣人之言。夫《诗》《书》《礼》《乐》之分，固非庸人之所知也。故曰：一之而可再也，有之而可久也，广之而可通也，虑之而可安也，反铅察之而俞可好也⑨。以治情则利，以为名则荣，以群则和，以独则足，乐意者其是邪？

● 临井汲水

注释

① **不知不足**：应为"知不足"。
② **囷**：圆形粮仓。**窌**：地窖。
③ **几不**：疑为衍文，删去。
④ **胔**：通"骴"，未完全腐烂的尸体。
⑤ **汓**：古"流"字。
⑥ **温**：通"蕴"，蕴积。
⑦ **姚**：通"遥"，遥远。
⑧ **孰**：通"熟"，精通。**修**：学习研究。
⑨ **铅**：同"沿"，遵循。**俞**：同"愈"。

译文

　　人们的欲求是，吃饭希望有美味佳肴；穿衣希望有绣着彩色花纹的绸缎，出行希望有车马，还希望富裕得拥有多余的财产积蓄；然而他们年复一年世世代代都知道财物不足，这就是人的欲求。所以现在人们活着，才知道畜养鸡狗猪，又畜养牛羊，但吃饭时不敢有酒肉；钱币有余，又有粮仓地窖，但是穿衣却不敢穿绸缎；节约的人拥有积蓄，可是出行不敢用车马。这是为什么呢？并不是不想要享用这些东西，难道不是他们作长远打算，顾及今后而担心无法继续维持生活的缘故吗？于是他们又节约费用，抑制欲望，聚集财物，贮藏粮食以便接济今后生活之用；这种为了自己的长远考虑，顾及今后生活，岂不是很好吗！现在那些苟且偷生，浅陋无知之辈，竟连这种道理都不懂，他们过分地挥霍粮食，不顾自己以后的生活，不久就会陷于困境；这就是他们不免受冻挨饿，拿着讨饭的瓢和布袋而饿死在山沟中的原因；更何况是那些先王的思想原则，仁义的纲领，《诗经》《尚书》《仪礼》《乐经》的道理呢！那些原则与纲领本来就是治理天下的重大谋略，是为天下所有的人民从长考虑、照顾到以后的生计从而保住子孙万代的。它们源远流长，它们蕴积深厚，它们的丰功伟绩传之无穷，如果不是谨慎精熟修身养性的君子，是不能够理解其中的精义的。所以说：短绳不可能汲取深井中的泉水，知识不到家的人就不能和他议论圣人的言论。那《诗经》《尚书》《仪礼》《乐经》的道理，本来就不是普通人所能理解的。所以说：精通了其一，就可以继续实行下去，掌握了它们，就可以长期运用，将它们推而广之，就可以触类旁通，经常想想它们，就可以使国家安固，反复遵循它们弄清楚它们，就可以把各种事情办得更好。用它们来陶冶性情，就能得到好处，用它们来成就名声，就可以得到荣耀，用它们来和众人相处，就能和睦融洽，用它们来独善其身，那就能心情快乐，是不是这样呢？

原　文

夫贵为天子，富有天下，是人情之所同欲也；然则从人之欲，则势不能容，物不能赡也。故先王案为之制礼义以分之，使有贵贱之等，长幼之差，知愚能不能之分，皆使人载其事而各得其宜，然后使悫禄多少厚薄之称①，是夫群居和一之道也。

故仁人在上，则农以力尽田，贾以察尽财，百工以巧尽械器，士大夫以上至于公侯，莫不以仁厚知能尽官职，夫是之谓至平。故或禄天下而不自以为多，或监门御旅②，抱关击柝(tuò)③，而不自以为寡。故曰："斩而齐④，枉而顺，不同而一。"夫是之谓人伦。《诗》曰："受小共大共⑤，为下国骏蒙⑥。"此之谓也。

注释

① 悫禄：俸禄。
② 御：通"迓"，迎接，侍奉。
③ 柝：巡夜时打更所用梆子。
④ 斩：通"儳"，参差不齐。
⑤ 共：同"拱"，法度。
⑥ 骏：通"徇"，庇护，庇佑。

● 更夫

译文

像天子一样高贵，拥有天下的财富，这是人的欲求所共同希望的；但如果顺从人们的欲望，那么是不被容许的，从物质上来说是无法满足的。所以先王给人们制定礼义来分别高下，使人们有高贵与低贱的等级，有年长与年幼的差别，有聪明与愚蠢、贤能与无能的分别，使每人都承担自己的工作而各得其所，然后使俸禄的多少厚薄与他们的地位和工作相平衡，这就是使社会上下之间协调一致的办法。

所以仁人处在君位，那么农民就尽心尽力种地，商人就把自己的精明用于理财，各种工匠就精心制造器械，士大夫以上直到公侯没有不将自己的仁慈宽厚聪明才能都尽力用在履行公职上的，这种情况叫作最公平。所以享受天下供奉的天子，也不认为自己拥有的过多，看管城门的人、招待旅客的人、守卫关卡的人、巡逻打更的人，也不认为自己所得的太少。所以说："有了参差才能达到整齐，有了枉曲才能归于顺直，有了不同才能统于一。"这就叫作人的等级秩序。《诗经》说："帝王承受小法与大法的法度，庇护各国安天下。"说的就是这个道理。

非 相

题 解

本文旨在批判迷信的相人之术，认为"相形不如论心，论心不如择术"。还论述了道德修养、"法后王"以及辩说的重要性与方法。

原文

相人，古之人无有也，学者不道也。

古者有姑布子卿①，今之世，梁有唐举②，相人之形状颜色而知其吉凶妖祥，世俗称之；古之人无有也，学者不道也。

故相形不如论心；论心不如择术。形不胜心；心不胜术。术正而心顺之，则形相虽恶而心术善，无害为君子也。形相虽善而心术恶，无害为小人也。君子之谓吉，小人之谓凶。故长短、小大、善恶形相，非吉凶也；古之人无有也，学者不道也。

注释

①**姑布子卿**：春秋时郑国人，曾给孔子和赵襄子看过相。
②**梁**：即魏国。**唐举**：战国时魏国人，曾给李锐和蔡泽看过相。

译文

观察人的相貌来判断他的祸福，古代人没有这种事，有学识的人也不去谈论这种事。

古时候有个姑布子卿，当今世上魏国有个名为唐举的，他们观察人的面色、容貌就能知道人的吉凶、祸福，世俗之人都称赞他们；古代人没有这种事，有学识的人也不去谈论这种事。

所以观看人的相貌不如考察他的思想；考察他的思想不如鉴别他立身处世的方法。相貌比不上思想重要，思想比不上立身处世方法重要。立身处世方法正确并且思想又顺应了它，那么体态相貌即使丑陋，思想和立身处世方法也是好的，这样并不会妨碍他成为君子；体态相貌即使漂亮，但思想与立身处世方法丑恶，这样也免不了成为小人。君子可以说是吉，小人可以说是凶。所以身体的高矮、大小、容貌的美丑等特点，并不决定吉凶。古代人没有这种事，有学识的人也不去谈论这种事。

原文

盖帝尧长，帝舜短；文王长①，周公短②；仲尼长，子弓短③。昔者卫灵公有臣曰公孙吕④，身长七尺，面长三尺，焉广三寸，鼻目耳具，而名动天下。楚之孙叔敖⑤，期思之鄙人也⑥，突秃长左，轩较之下⑦，而以楚霸。叶公子高⑧，微小短瘠，行若将不胜其衣然；白公之乱也⑨，令尹子西、司马子期皆死焉⑩，叶公子高入据楚，诛白公，定楚国，如反手尔，仁义功名善于后世。故事不揣长，不揳(xié)大⑪，不权轻重，亦将志乎尔；长短、小大、美恶形相，岂论也哉！

注释

①**文王**：周文王，姓姬，名昌，商朝时周部落的领袖，周武王之父，以贤明著称。

②**周公**：周文王的儿子，武王的弟弟，

● 周公

名旦。他曾辅助武王灭商,是著名的贤臣。

③**子弓**:孔子的弟子,姓冉,名雍,字仲弓。

④**卫灵公**:春秋时卫国的国君。

⑤**孙叔敖**:春秋时楚庄王之相,辅助庄王成就了霸业。

⑥**期思**:楚国邑名,在今河南淮滨。

⑦**轩较**:古代士大夫以上级别乘坐的车。轩,车前的直木;较,车前的横木。

⑧**叶公子高**:春秋时楚国大夫,姓沈,名诸梁,字子高。因封地在叶(今河南叶县),故称叶公。

⑨**白公**:名胜,楚平王之孙。因避难逃到吴国,后被召回,留在白邑(今河南息县东北),号白公。

⑩**令尹**:古时掌管行政的最高长官。**子西**:公子申,楚平王之子。**司马**:古时掌管军事的最高长官。**子期**:公子结,楚平王之子。

⑪**揳**:通"絜",约计,估计。

译 文

据说帝王尧个子高,帝王舜个子矮;周文王个子高,周公旦个子矮;孔子个子高;冉雍个子矮。从前卫灵公有个臣子叫公孙吕,身七尺高,脸三尺长,额三寸宽,但鼻子、眼睛、耳朵样样具备,而他的名声惊动天下人。楚国的孙叔敖,是期思地方的一名乡下人,头发短而稀疏,左手比右手长,站在轩车上个子比车厢的横木还矮,但他却能使楚国称霸诸侯。叶公子高,瘦弱矮小,走起路来好像还撑不住自己的衣服似的;但是白公兴兵作乱的时候,令尹子西、司马子期都死在白公手中,叶公子高却率兵入楚,杀掉白公,使楚国安定,就像翻手掌一样容易,他的仁义功名被后世人们所赞美。所以对于士人,不是去看个子的高矮,身材的大小,身体的轻重,而是看他的志向。体态的高矮、大小、美丑等方面,哪里值得讨论呢?

原 文

且徐偃王之状①,目可瞻马。仲尼之状,面如蒙倛②。周公之状,身如断菑③。皋陶之状④,色如削瓜。闳夭之状⑤,面无见肤。傅说之状⑥,身如植鳍⑦。伊尹之状⑧,面无须麋⑨。

禹跳，汤偏。尧、舜参牟子⑩。从者将论志意比类文学邪？直将差长短，辨美恶，而相欺傲邪？

注释

①徐偃王：西周时徐国国君，其人偃仰而不能俯，故谓之偃王。

②蒙倛：古时驱疫避邪时所用的一种假面具。

③笛：立着的枯树。

④皋陶：舜时主管刑法的官。

⑤闳夭：周文王的大臣。

⑥傅说：商王武丁的相。

⑦植鳍：竖起的鱼鳍，指驼背。植，立。

⑧伊尹：商汤王的相。

⑨麋：通"眉"，须眉。

⑩参：通"三"。牟：通"眸"，瞳仁。传说尧舜都有一只眼睛"重瞳"，因此，有三个瞳仁。

译文

徐偃王的相貌，眼睛可以向上看到自己的前额。孔子的相貌，脸好像蒙上了一个丑恶难看的驱邪鬼面具。周公旦的相貌，身体好像一棵折断的枯树。皋陶的相貌，脸色就像去皮的瓜那样的青绿色。闳夭的相貌，脸上的鬓须多得看不见皮肤。傅说的相貌，背上好像长了鱼鳍一般。伊尹的相貌，脸上没有胡须眉毛。禹是瘸子，汤是跛子。尧和舜的眼睛里有两个并列的瞳仁。信从相面的人是考察他们的意志，比较他们的学问呢？还是区别他们的高矮，分辨他们的美丑来互相欺骗、互相傲视呢？

原文

古者桀、纣长巨姣美，天下之杰也，筋力越劲①，百人之敌也。然而身死国亡，为天下大僇②，后世言恶，则必稽焉③。是非容貌之患也，闻见之不众，论议之卑尔！

今世俗之乱君④，乡曲之儇子⑤，莫不美丽姚冶，奇衣妇饰，血气态度拟于女子；妇人莫不愿得以为夫，处女莫不愿得以为士，弃其亲家而欲奔之者，比肩并起，然而中君羞以为臣，中父羞以为子，中兄羞以为弟，中人羞以为友；俄则束乎有司而戮乎大市，莫不呼天啼哭，苦伤其今，而后悔其始。是非容貌之患也，闻见之不众，论议之卑尔！然则从者将孰可也？

注释

① 越劲：敏捷有力。
② 僇：同"戮"，耻辱。
③ 稽：考，引证。
④ 乱君：疑当为"乱民"。
⑤ 儇子：轻薄巧慧的人。

● 商纣暴虐

译文

古时候，夏桀、商纣两人魁梧英俊，是天下出众超群的人；他们的体魄强壮敏捷，足可抵御上百人；但是他们却落得家破人亡，成为天下最可耻的人，后世凡是谈论到坏人，就一定会拿他们为借鉴。这并非是容貌造成的祸患啊，信从相面的人知识浅陋，所以谈论起来才会是这样不高明！

现在社会上犯上作乱的人，乡里的轻薄少年，无不美丽妖艳，他们穿着奇装异服，像妇女那样装饰打扮自己，神情态度都和妇人相似；妇女没有谁不想得到这样的人做她们的丈夫，姑娘没有谁不想得到这样的人做她们的未婚夫，抛弃了自己的亲人、家庭而想与他们私奔的女人，比比皆是。但是普通的国君也耻辱于把这种人当作臣子，普通的父亲耻辱于把这种人当作儿子，普通的哥哥耻辱于把这种人当作弟弟，普通的人耻辱于把这种人当作朋友。不久，这种人就会被官吏逮捕而在大街闹市被处死，那些私奔的少妇少女无不呼天喊地号啕痛哭，悲痛自己今天的遭遇而后悔自己当初的行为。这并不是容貌不美造成的祸患啊。信从相面的人知识浅陋，所以谈论起来才是这样不高明！那么在以相貌论人与以思想论人两者之间你们将赞同哪一种意见呢？

原文

人有三不祥：幼而不肯事长，贱而不肯事贵，不肖而不肯事贤：是人之三不祥也。人有三必穷：为上则不能爱下，为下则好非其上，是人之一必穷也；乡则不若①，偝则谩之②，是人之二必穷也；知行浅薄，曲直有以相县矣③，然而仁人不能推，知士不能明④，是人之三必穷也。人有此三数行者⑤，以为上则必危，为下则必灭。《诗》曰："雨雪瀌瀌⑥，宴然聿消⑦。莫肯下隧⑧，式居屡骄。"此之谓也。

注释

①乡：通"向"，当面。若：顺，顺从。

②偝：通"背"，私下，背地里。谩：诬蔑，诽谤。

③有：通"又"。县：同"悬"，悬殊。

④明：尊崇。

⑤三：疑为衍文。

⑥瀌瀌：雪下得大的样子。

⑦宴然：通"晏""曣"，日出天晴的样子。聿：语助词。

⑧隧：通"堕"。

译文

人有三种不吉利的事：年幼的人不肯侍奉年长的人，卑贱的人不肯侍奉尊贵的人，没有德才的人不肯侍奉贤能的人：这是人的三种祸害啊。人有三种必然会陷于困厄的事：做了君

● 雪中行

主不能爱护臣民，做了臣民喜欢反对君主，这是人使自己的处境必然困厄的第一种情况；当面顶撞，背后又毁谤，这是人使自己的处境必然困厄的第二种情况；知识浅陋，德行卑劣，辨别是非曲直的能力又与别人相距悬殊，不能推崇仁爱之人，尊重明智之士，这是人使自己的处境必然困厄的第三种情况。人有了这三不祥、三必穷的行为，做君主就必然危险，做臣民就必然灭亡。《诗经》云："雪花纷纷满天飘，阳光灿烂便消融。小人对下不谦虚，在位经常要骄傲。"说的就是这种情况啊。

● 猩猩

原　文

人之所以为人者何已也①？曰：以其有辨也。饥而欲食，寒而欲暖，劳而欲息，好利而恶害，是人之所生而有也，是无待而然者也，是禹、桀之所同也。然则人之所以为人者，非特以二足而无毛也，以其有辨也。今夫狌狌形笑亦二足而毛也②，然而君子啜其羹，食其胾(zì)③。故人之所以为人者，非特以其二足而无毛也，以其有辨也。夫禽兽有父子而无父子之亲，有牝牡(pìn mǔ)而无男女之别④。故人道莫不有辨。

注　释

① 已：通"以"，原因，缘故。
② 狌狌：即猩猩。笑：通"肖"，似。
③ 胾：大块的肉。
④ 牝牡：雌雄。

译文

人之所以成为人,是由于什么缘故呢?回答说:因为人对各种事物的界限都有所区别。饿了就想吃东西,冷了就想取暖,疲劳了就想休息,喜欢利益而憎恶受害,这是人生来就具有的本性,它是不需要学习就具有的,它是圣人禹与桀所具备的。然而人之所以成为人,并不仅仅因为有两只脚而身上没有毛的原因,而是因为对各种事物的界限都有所分别。现在那猩猩的形状也是有两只脚且脸上无毛,可是君子却喝它的肉羹,吃它的肉块。所以人之所以成为人,并不只是因为他们有两只脚而身上无毛,而是因为对各种事物的界限都有所区别。那禽兽有父有子,但没有父子之间的亲情,有雌雄但无男女之间的界限。所以作为人类社会的基本道德规范,对所有的事物界限必须要有所区别。

原文

辨莫大于分,分莫大于礼,礼莫大于圣王。圣王有百,吾孰法焉?故曰:文久而息,节族(zòu)久而绝①,守法数之有司极礼而褫(chǐ)②。故曰:欲观圣王之迹,则于其粲然者矣,后王是也。彼后王者,天下之君也;舍后王而道上古,譬之是犹舍己之君而事人之君也。故曰:欲观千岁,则数今日;欲知亿万,则审一二;欲知上世,则审周道;欲审周道,则审其人,所贵君子。故曰:以近知远,以一知万,以微知明。此之谓也。

注释

① **族**:通"奏",节奏。

② **极礼**:远于礼。**褫**:脱。

译文

对各种事物界限的区别没有比等级名分更重要的了,等级名分没有比礼法更重要的了,礼法没有比制定它的帝王更重要的了。圣明的帝王超过百个之多，我们效法哪个呢？回答说：礼法制度因为年代久远而消失了，乐的节奏因为年代久远而失传了，主管礼法条文的有关官吏也因时间久了而废弛了。所以说：想要考察圣王的事迹，就得考察其中清楚明白的人物，后代的帝王便是。后代的帝王，是统治天下的君王；舍弃后代的帝王而去称颂远古的帝王，就好像舍弃了自己的君主而去侍奉别国的君主。所以说：要想观察千年的往事，那就要仔细审视现在；要想知道亿万件事物，那就要分析一两件事物；要想知道上古的治国原则，那就要审察周王朝的治国之道；要想知道周王朝的治国之道，那就要审察周王朝的人们所尊重的君子。所以说：根据近世可以了解远古；从一件事物可以了解上万件事物，由隐微的东西可以了解明显的东西。说的就是这个道理。

原 文

夫妄人曰："古今异情，其所以治乱者异道①。"而众人惑焉。彼众人者，愚而无说，陋而无度者也。其所见焉，犹可欺也，而况于千世之传也！妄人者，门庭之间，犹可诬欺也，而况于千世之上乎！

圣人何以不可欺②？曰：圣人者，以己度者也。故以人度人，以情度情，以类度类，以说度功，以道观尽，古今一度也③。类不悖，虽久同理，故乡乎邪曲而不迷④，观乎杂物而不惑，以此度之，五帝之外无传人⑤，非无贤人也，久故也。五帝之中无传政，非无善政也，久故也。禹、汤有传政而不若周之察也，非无善政也，久故也。传者久则论略，近则论详；略则举大，详则举小。愚者闻其略而不知其详，闻其详而不知其大也⑥。是以文久而灭，节族久而绝。

注 释

① "以"前：当脱一"所"字。其：指代"古今"。
② "欺"前：当脱一"可"字。

③**度**：疑为衍文，删去。
④**乡**：通"向"。
⑤**五帝**：传说中的黄帝、颛顼、帝喾、唐尧、虞舜。
⑥**详**：疑当为"小"字。

译　文

　　那些胡言乱语的人说："古今的情况不同，古时之所以安定，今之所以混乱者，其道不同。"于是群众就被他们迷惑了。那所谓一般群众，是才性愚昧而不会辩说，见识浅陋而不会思虑的人。人们亲眼看见的东西，尚且可以被欺骗，更何况发生在几千年前的传闻呢！那些胡言乱语的人，就是发生在眼前的事，尚且可以欺骗人，更何况是几千年之前的事呢！

　　圣人为什么不会受到欺骗呢？这是因为：圣人这类人，是根据自己的经验来衡量事物的人。所以，他根据人的一般状态去衡量个别的人，根据人的共情去衡量其中的个别情感，根据言论衡量古人的功业，根据事物的普遍原则去观察所有事物，因为古今的情况是一样的。事物只要是同类而不互相违背，那么即使相隔很久，它们的规律总是相同的，所以圣人面对各种邪说歪理也不受迷惑，看到复杂的事物也不受困惑，这是因为他能按照这种道理去衡量它们的缘故。后世没有五帝之前的人的事迹，并不是那时没有贤能的人，而是因为时间太久难以知道的缘故；后世没有五帝政绩的传说，并不是他们没有好的政绩，而是因为时间太久难以知道的缘故；禹和汤的政绩虽然有传说，但不及周代的清楚，并不是他们没有好的政绩，而是因为时间太久难以知道的缘故。流传的东西时间若是久远，那么讲起来就简略了；发生时间近的事情，谈起来才详尽。简略的，只能列举它的大概；详尽的，才能列举出它的细节。愚蠢的人听到了大概就不去了解那详尽的情况，听到了细节就不去了解它的重要。因此礼仪制度便因年代久远而消失，音乐的节奏便因为年代久远而失传。

原　文

　　凡言不合先王，不顺礼义，谓之奸言；虽辩，君子不听。法先王，顺礼义，党学者①，然而不好言，不乐言，则必非诚士也。故君子之于言也②，志好之，行安之，乐言之。故君子必辩：凡人莫不好言其所善，而君子为甚。故赠人以言，重于金石珠玉；观人以言③，美于黼黻文章④；听人以言，乐于钟鼓琴瑟。故君子之于言无厌。鄙夫反是：好其实不恤其文，是以终身不免埤污佣俗⑤。故《易》曰："括囊无咎无誉⑥。"腐儒之谓也。

注 释

① 党：亲近。
② 言：一说当为"善"字。
③ 观：当为"劝"字。
④ 黼黻：古代礼服上所绣的花纹。
⑤ 埤：通"卑"，低下。佣：通"庸"。
⑥ 括：扎结。

● 玉如意

译 文

凡是言语不符合古代圣王的道德原则，不遵循礼义的，就叫作奸言；即使说得动听有条理，君子也不听。效法先王，遵循礼义，亲近有学识的人，但是不喜欢谈论，不乐意讨论，那就一定不是个真诚的学者。君子对于正确的学说，心里喜欢它，行动遵循它，乐意谈论它。所以君子必然是能言善辩的：凡是人没有不喜欢谈论自己崇尚的东西的，而君子更是如此。所以君子把好的话语赠送给别人，觉得比赠送金石珠玉更加贵重；以善言勉励别人，觉得比礼服上的彩色花纹更加华美；把善言讲给其他人听，觉得比让他听钟鼓琴瑟更加快乐。所以君子对于善言的宣传永远不会厌倦。鄙陋的小人则与此相反：他们只注重实际利益而不顾及文采，所以一辈子也免不了卑贱与庸俗。所以《周易》说："就像扎住了口的袋子一样，既没有过错，也没有赞誉。"说的就是这种陈腐的儒生。

原 文

凡说之难①：以至高遇至卑，以至治接至乱。未可直至

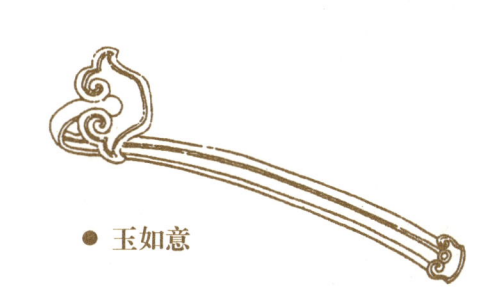

也，远举则病缪②，近世则病佣③。善者于是间也，亦必远举而不缪，近世而不佣，与时迁徙，与世偃仰，缓急、嬴绌④，府然若渠匽、檃栝之于己也⑤，曲得所谓焉，然而不折伤。

故君子之度己则以绳，接人则用抴⑥。度己以绳，故足以为天下法则矣；接人用抴，故能宽容，因求以成天下之大事矣⑦。故君子贤而能容罢⑧，知而能容愚，博而能容浅，粹而能容杂，夫是之谓兼术。《诗》曰："徐方既同，天子之功。"此之谓也。

● 行舟

注释

① 说：劝说。
② 缪：通"谬"。
③ 世：当为"举"字，下同。
④ 嬴：通"赢"，盈余。绌：不足。
⑤ 府：通"俯"。渠匽：拦水坝。匽，通"堰"。檃栝：矫正曲木的工具。
⑥ 抴：通"枻"，短桨，这里指船。
⑦ 求：当为"众"字。
⑧ 罢：与"贤"相对，指不具备好的品质的人，不能干的人。

译文

大凡劝说的难处在于：用最高的道理去劝说那些极其卑鄙的人，用最好的治世之道去劝说那些最能把国家搞乱的人。这不是能直截了当达到目的的，举远古的事例容易产生谬误，举近代的事例容易庸俗化。善于劝说的人在这种情况下，必定能够列举远古的事例而不谬误，举近代的事例又不庸俗，说话内容能够随着时代的变迁而变迁，随着世俗的变化而变化；是和缓地说还是急切地说，是多说还是少说，都能像阻拦流水的渠坝控制着水流，矫正弯木的工具那样控制自己，婉转地把所要说的话都说给了对方听，但是又不会损伤他的原则。

所以君子像木工用墨线取直一样要求自己，像艄公用舟船接客一样引导他人。用墨线似的准则要求自己，所以可以使自己成为天下人效法的榜样；用舟船接客一样引导别人，所以能够做到宽容，因此能依靠众人的力量来成就治理天下的大业。君子贤能而能宽容品德不好的人，聪慧而能宽容愚昧无知的人，见识广博而能宽容见识浅陋的人，品行纯洁而能宽容品行驳杂的人，这就是兼容并蓄之法。《诗经》云："徐国已经顺从，这是天子的大功。"说的就是这个道理啊。

原 文

谈说之术：矜庄以莅之，端诚以处之，坚强以持之，分别以喻之①，譬称以明之，欣驩芬芗以送之②，宝之，珍之，贵之，神之；如是则说常无不受③；虽不说人，人莫不贵。夫是之谓能贵其所贵。传曰："唯君子为能贵其所贵。"此之谓也。

注 释

① **分别**："应与下文的"譬称"互换。
② **驩**：同"欢"，欢喜，高兴。**芬芗**：芳香，引申指和气。芗，通"香"。
③ **说**：通"悦"，使……喜悦。

译 文

谈话劝说的方法是：以严肃庄重的态度去对待他，以端正真诚的心地去和他相处，以坚定刚强的意志去帮助他，用比喻称引的方法来启发他，用条分缕析的方法来使他明晓，热情、和气地向他传输自己的话语，使自己的话语显得宝贵、珍异、重视、神奇。若是这样，那么劝说起来就没有不被接受的，即使不讨人喜欢，别人也没有不尊重的。这叫作能使自己所珍重的东西也得到别人的珍重。古书上说:"只有君子才能使自己所珍重的东西得到别人的珍重。"说的就是这种情况啊。

原 文

君子必辩。凡人莫不好言其所善,而君子为甚焉。是以小人辩言险,而君子辩言仁也。言而非仁之中也,则其言不若其默也,其辩不若其呐也①。言而仁之中也,则好言者上矣,不好言者下也。故仁言大矣:起于上所以道于下,政令是也;起于下所以忠于上,谋救是也。故君子之行仁也无厌。志好之,行安之,乐言之;故言君子必辩。小辩不如见端,见端不如见本分②。小辩而察,见端而明,本分而理,圣人、士君子之分具矣。

注 释

①呐:同"讷",不善于讲话,言语迟钝。
②见:同"现",显示。端:端倪,头绪。

译 文

君子必定善于谈论。凡是人没有不喜欢谈论自己认为是好的东西的,而君子更胜过一般人。小人能说会道,是宣扬险恶之术;而君子能说会道,是宣扬仁爱之道。说起话来如果不符合仁爱之道,那么他开口说话还不如沉默不语,他能说会道还不如笨嘴拙舌;说起话来如果符合仁爱之道,那么喜欢谈说的人就是高尚的人,而不喜欢谈说的人就是下等的人。所以合乎仁爱之道的言论意义重大:产生于君主而用来指导臣民的,就是政策与命令;产生于臣民而用来效忠于君主的,就是建议与劝阻。所以君子奉行仁爱之道从不厌倦,心里喜欢它,行动上一心遵循它,乐意谈论它,所以说君子一定是能说会道的。辩论细节不如揭示头绪,揭示头绪不如揭示事情本身具有的名分。辩论细节能发现问题,揭示头绪能明白清楚,固有的名分能治理好,那么圣人与士君子的身份就具备了。

原文

有小人之辩者；有士君子之辩者；有圣人之辩者。不先虑，不早谋，发之而当，成文而类，居错迁徙①，应变不穷，是圣人之辩者也。先虑之，早谋之，斯须之言而足听，文而致实②，博而党正③，是士君子之辩者也。听其言则辞辩而无统，用其身则多诈而无功，上不足以顺明王，下不足以和齐百姓；然而口舌之均，噡唯则节④，足以为奇伟偃却之属⑤；夫是之谓奸人之雄。圣王起，所以先诛也，然后盗贼次之。盗贼得变，此不得变也。

注释

① 居：通"举"，举措，安置。迁徙：变动。
② 致：同"质"，信。
③ 党：通"谠"，直言。
④ 噡：同"谵""詹"，多言。节：有节制，适度。
⑤ 偃却：同"偃蹇"，傲慢，骄傲，引申为出众。

译文

有小人的辩说；有士君子的辩说；有圣人的辩说。不事先考虑，不提早谋划，发言就很恰当，既富有条理，类别清晰，又能做到随机应变而应答自如，这是圣人式的辩说。预先谋虑好，提早谋划好，发言虽不多但也值得一听，既有文采又符合实际，知识渊博又公正，这是士君子式的辩说。听他说的话则言辞动听而没有要领，任用他做事则诡诈多端而没有成效；上不能顺应英明的帝王，下不能使老百姓和谐一致；但是他巧舌如簧，或夸夸其谈，或唯唯诺诺，调节得宜；这类人足以靠口才而自夸自傲，可称为奸人中的奸雄。圣明的帝王一上台，应当先杀掉这种人，然后把盗贼放在他们的后面进行惩罚处置。盗贼还能够得以转变，而这种人是不可能转变的。

非十二子

题 解

本篇主要评述了道、墨、名、法及儒家各流派的思想学说。其所说的十二子是指它嚣、魏牟、陈仲、史鳅、墨翟、宋钘、慎到、田骈、惠施、邓析、子思、孟轲。荀子依据"礼"的标准指出了这些名士大家身上及其思想体系存在的问题。

原文

假今之世，饰邪说，文奸言，以枭乱天下①，矞宇嵬琐②，使天下混然不知是非治乱之所存者有人矣。

注释

①枭：通"挠"，扰。
②矞：同"谲"，诡诈，欺诈。宇：通"訏"，虚夸。嵬：通"傀"，怪诞、怪异。琐：卑微。

译文

利用当今这个时代，粉饰邪说，文说妖言来扰乱天下，用那些诡诈、夸大、怪异、委琐的言论，使天下人混混沌沌地不知道是非标准，治乱原因的大有人在。

原文

纵情性，安恣睢①，禽兽行，不足以合文通治；然而其持之有故，其言之成理，足以欺惑愚众。是它嚣、魏牟也②。

注释

① 恣睢：放纵。
② 它嚣：人名，生平不详。**魏牟**：战国时魏国公子。

译文

纵情任性，习惯于放荡恣肆，行为如同禽兽一样，谈不上和礼典法、和正确的政治原则相明通；然而他们立论时却以为有根有据，他们解说论点时却以为有条理，足以欺骗蒙蔽愚昧的民众。它嚣、魏牟就是这样的人。

原文

忍情性，綦qí谿xī利跂qǐ①，苟以分异人为高，不足以合大众，明大分；然而其持之有故，其言之成理，足以欺惑愚众。是陈仲、史䲡也。

注释

① **綦谿**：指在人生的道路上节制自己而只在小路上行走。綦，即一条腿瘸了而踮着走路。谿，通"蹊"，小路。**利跂**：背离世俗而独行。利，通"离"；跂，通"企"，立，踮起脚跟。

译文

违反本性人情，陷入邪道，离世独行，不循礼法，以与众不同为高尚，不能和广大民众打成一片，不能彰明忠孝的大义；然而他们立论时却以为有根有据，他们解说论点时却以为有条理，足以欺骗蒙蔽愚昧的民众。陈仲、史䲡就是这样的人。

原文

不知壹天下、建国家之权称①，上功用②，大俭约而僈差等③，曾不足以容辨异，县君臣④；然而其持之有故，其言之成理，足以欺惑愚众。是墨翟、宋钘jiān也⑤。

注释

① **权称**：即权衡。称，通"秤"，喻指法度。
② **上**：同"尚"。

非十二子

〇六九

③ **大**：重视。**僈**：轻慢。

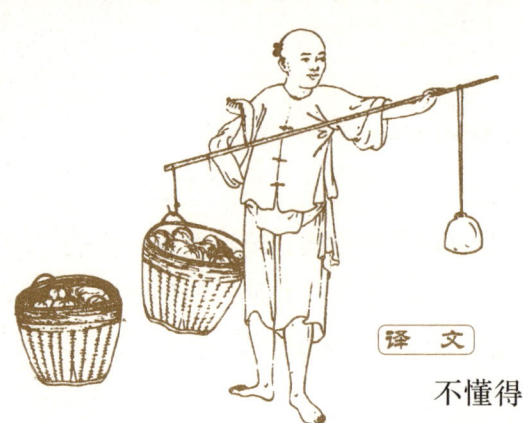

④ **县**：通"悬",悬殊。

⑤ **墨翟**：战国初鲁国人,一说宋国人,墨家学派的创始人,主张"节用""节葬",反对礼乐,主张兼爱、平等。**宋钘**：战国时宋国人,主张禁欲。

● 秤

译 文

不懂得统一天下、建立国家的法度,只知道崇尚功利实用,重视节俭而轻慢等级差别,甚至不容许人与人间有分别和差异的存在,也不让君臣之间存在悬殊;然而他们立论时却以为有根有据,他们解说论点时却以为有条理,足以欺骗蒙蔽愚昧的民众。墨翟、宋钘就是这样的人。

原 文

尚法而无法,下修而好作①,上则取听于上,下则取从于俗,终日言成文典,反紃察之②,则倜然无所归宿③,不可以经国定分;然而其持之有故,其言之成理,足以欺惑愚众。是慎到、田骈也④。

注 释

① **下修**：当作"不循"。

② **反紃**：反复。紃,通"循",顺着。

③ **倜然**：远离的样子。迂阔而远离实际。

④ **田骈**：战国时齐国人,早期法家的代表人物。

译 文

推崇法治而没有法度,鄙视贤能的人而喜欢自作聪明,上则听从君王,下则依从世俗,整天谈论制定礼义法典,但反复考察这些典制,就会发现它们脱离实际而无所归依,不可以用来治理国家、确定名分;但是他们立论时却有根有据,他们解说论点时又有条有理,足够用来欺骗蒙蔽愚昧的民众。慎到、田骈就是这样的人。

原文

　　不法先王，不是礼义，而好治怪说，玩琦辞①，甚察而不惠②，辩而无用，多事而寡功，不可以为治纲纪；然而其持之有故，其言之成理，足以欺惑愚众。是惠施、邓析也。

注释

①琦：通"奇"，奇异。
②惠：恩惠，好处。

译文

　　不效法古代圣明的帝王，不遵从礼义，而喜欢钻研奇谈怪论，玩弄奇异的词语，非常明察但毫无用处，雄辩动听但不实用，做了很多事但功效甚微，不可以作为治国的纲领；但是他们立论时却有根有据，他们解说论点时又有条有理，足够用来欺骗蒙蔽愚昧的民众。惠施、邓析就是这样的人。

原文

　　略法先王而不知其统，犹然而材剧志大①，闻见杂博。案往旧造说②，谓之五行③，甚僻违而无类④，幽隐而无说，闭约而无解。案饰其辞而祗敬之曰⑤：此真先君子之言也。子思唱之⑥，孟轲和之⑦，世俗之沟犹瞀儒嚾嚾然不知其所非也⑧，遂受而传之，以为仲尼、子游为兹厚于后世⑨。是则子思、孟轲之罪也。

注释

①材：通"才"。剧：繁多。
②案：通"按"，按照。
③五行：即五常：仁、义、礼、智、信。
④僻违：邪僻。类：法。
⑤案：语助词。祗：恭敬。

● 子思

⑥ **子思**：战国时鲁国人，姓孔，名伋，孔子的孙子，儒家的代表人物之一。**唱**：同"倡"。

⑦ **孟轲**：即孟子，战国中期邹国人，儒家的重要代表人物之一，著有《孟子》。

⑧ **沟犹瞀**：都为愚昧的意思。**嚾嚾然**：喧嚣的样子。

⑨ **子游**：当为"子弓"之误。

译 文

粗略地效法古代圣明的帝王而不得他们的要领，自以为雄才大志、见闻丰富广博。根据以往的旧说来创建新异学说，把它称为五行，十分邪僻悖理而不合礼法，幽深隐微而没有说辞，晦涩缠结而无从解释，却花言巧语粉饰他们的言论而郑重其事地说："这真正是先师孔子的言论啊。"子思倡导，孟轲应和，世上那些愚昧无知的儒生七嘴八舌地不知道他们的错误所在，于是就接受了这种学说并向后徒们传授它，以为是孔子、子弓立此学说来而见重于后代。这就是子思、孟子的罪过了。

● 孟子

原 文

若夫总方略，齐言行，壹统类，而群天下之英杰而告之以大古①，教之以至顺，奥窔之间②，簟席之上③，敛然圣王之文章具焉④，佛然平世之俗起焉⑤；六说者不能入也，十二子者不能亲也；无置锥之地，而王公不能与之争名；在一大夫之位，则一君不能独畜⑥，一国不能独容；成名况乎诸侯⑦，莫不愿以为臣；是圣人之不得势者也，仲尼、子弓是也。

注 释

① **大古**：即太古。

② **奥窔**：此处指堂室之内。奥，屋子的西南角；窔，屋子的东南角。

③ **簟席**：竹编席子。

④ **敛然**：聚集的样子。

⑤**佛然**：兴起的样子。佛，通"勃"。**平世**：政治清明的时代。
⑥**畜**：养，任用。
⑦**成**：通"盛"。**况**：比。

译文

至于总括方术策略，端正言论行动，统一纲纪法度，从而汇聚天下的英杰，告之以天下大道，教之以天下至理；在室堂之内，竹席之上，浩繁的圣明帝王礼义制度在具备，蓬勃的太平时代风俗在兴起。上述六种学说是不能侵入这讲堂的，那十二个人是不能接近这讲席的。他们虽然没有立锥之地，但天子诸侯不能与之竞争名望；他们虽然只是处在一个大夫的职位上，但一个诸侯国的国君不能单独任用他，一个诸侯国不能单独容纳他，他们盛大的名誉比同于诸侯，各国诸侯无不愿意让他们来当自己的臣子。这是圣人中没有得到权势的人啊，孔子、子弓就是这种人。

原文

一天下，财万物①，长养人民，兼利天下，通达之属，莫不从服，六说者立息，十二子者迁化，则圣人之得势者，舜、禹是也。

今夫仁人也，将何务哉？上则法舜、禹之制，下则法仲尼、子弓之义，以务息十二子之说，如是则天下之害除，仁人之事毕，圣王之迹著矣。

注释

①**财**：通"裁"，控制，安排。

译文

统一天下，管理万物，养育人民，兼利天下，凡能到达的地方，没有人不顺从，上述六种学说立刻销声匿迹，十二个人也弃邪从正。这是圣人中得到了权势的人啊，舜、禹就是这样的人。

当今讲究仁德的人应当致力于什么呢？在上应效法舜、禹的政治制度，在下应效法仲尼、子弓的道义，务求消除上述十二个人的学说。像这样，那么天下的祸害除去了，仁人的任务就完成了，圣明帝王的事迹也就得以彰明了。

原文

信信、信也，疑疑、亦信也。贵贤、仁也；贱不肖、亦仁也。言而当、知也，默而当、亦知也；故知默犹知言也。故多言而类圣人也；少言而法君子也；多少无法，而流湎然①，虽辩小人也。故劳力而不当民务，谓之奸事；劳知而不律先王，谓之奸心；辩说譬谕，齐给便利，而不顺礼义，谓之奸说；此三奸者，圣王之所禁也。知而险，贼而神，为诈而巧②，言"无用"而辩，辩"不惠"而察③，治之大殃也。行辟而坚④，饰非而好，玩奸而泽，言辩而逆，古之大禁也。知而无法，勇而无惮，察辩而操僻，淫大而用之⑤，好奸而与众，利足而迷，负石而坠，是天下之所弃也。

注释

①**流湎**：沉湎。
②**为**：通"伪"，虚伪，诡诈。
③**惠**：当为"急"字。
④**辟**：通"僻"，邪僻，邪恶。
⑤**大**：同"汰"，骄奢。**之**：指代自己。

译文

相信可信的东西，是确信；怀疑可疑的东西，也是确信。尊重贤能的人，是仁爱；鄙视不贤的人，也是仁爱。说得恰当，是明智；沉默得恰当，也是明智。所以懂得在什么场合下沉默不言等于懂得如何来说话。话说得多而合乎法度，便是圣人；话说得少而合乎法度，就是君子；说多说少都不合法度而沉湎其中，即使能言善辩，也是个小人。用尽力气而不合于人民的需求，就叫作奸邪的政务；费尽心思而不效法古代圣王的法度，就叫作奸邪的心机；嘴尖舌快而不遵循礼义，就叫作奸邪的辩说。这三种奸邪的东西，是圣明的帝王所要禁止的。聪明而险恶，手段狠毒而高明，行为诡诈而巧妙，言论"不切实际"而雄辩动听，辩说"毫无用处"而明察入微，这些是政治方面的大灾祸。为非作歹而又很坚决，文过饰非而似很完美，玩弄奸计而似有恩泽，能言善辩而违反常理，这些是古代以来最禁止的。聪明而不守法度，勇敢而肆无忌惮，明察善辩而操行邪僻，荒淫骄奢而刚愎自用，喜欢搞阴谋诡计而同党众多，行动便利而走入迷途，身负重任而陷于困境，这些都是天下人所抛弃的啊。

原文

兼服天下之心：高上尊贵不以骄人；聪明圣知不以穷人，齐给速通不争先人；刚毅勇敢不以伤人；不知则问，不能则学，虽能必让，然后为德。遇君则修臣下之义，遇乡则修长幼之义，遇长则修子弟之义，遇友则修礼节辞让之义，遇贱而少者则修告导宽容之义。无不爱也，无不敬也，无与人争也，恢然如天地之苞万物①。如是则贤者贵之，不肖者亲之，如是而不服者，则可谓讹怪狡猾之人矣②；虽则子弟之中，刑及之而宜。诗云："匪上帝不时，殷不用旧；虽无老成人，尚有典刑；曾是莫听，大命以倾。③"此之谓也。

注释

① **恢然**：广大的样子。**苞**：通"包"，包括，包容。
② **讹**：通"妖"，怪异，邪恶。
③ **匪**：通"非"。**时**：通"是"。**大命**：指国家的命运，政权。**倾**：倾覆。

译文

使天下人对自己心悦诚服的办法是：高尚尊贵，但不因此而傲视人；聪明睿智、通达事理，但不因此而让人难堪；才思敏捷、迅速领悟，但不抢先逞能于人；刚强坚毅、勇敢大胆，但不因此而伤害人。不懂就请教，不会就学习，虽然能干也一定谦让，然后以此为自己的道德。面对君主就奉行臣子之道，面对同乡就修行长幼之道，面对父母兄长就遵行子弟之道，面对朋友就讲求礼节谦让之道，面对地位卑贱而年纪又小的人就实行教导宽容之道。没有不爱护的，没有不尊重的，没有同人争斗的，心胸宽广如同天地包容万物。像这样的话，贤能的人就会尊重你，不贤的人也会亲近你。像这样如果还不对你心悦诚服的，那就可以称之为怪异奸猾的人了，即使他在你的子弟之中，刑罚加到他身上也是应该的。《诗经》云："并非上帝不善良，是纣王不用旧典章。虽然没有老成之臣，还有法典存在。竟连这个也不听，王朝因此而倾覆。"说的就是这个道理。

原文

古之所谓士仕者①，厚敦者也，合群者也，乐富贵者也，乐分施者也，远罪过者也，务事理者也，羞独富者也。今之所谓士仕者，污漫者也，贼乱者也，恣睢者也，贪利者也，触抵者也，无礼义而唯权势之嗜者也。

古之所谓处士者，德盛者也，能静者也，修正者也，知命者也，著是者也。今之所谓处士者，无能而云能者也，无知而云知者也，利心无足而佯无欲者也，行伪险秽而强高言谨悫者也，以不俗为俗，离纵而跂訾者也②。

注释

① **士仕**：当为"仕士"，下同。
② **纵**：通"踪"，踪迹。**訾**：通"跐"，走路。

译文

古代所谓的出仕之士，是朴实敦厚的人，是和群众打成一片的人，是乐于富贵的人，是乐意施舍的人，是远离罪过的人，是努力追求事理的人，是以独自富裕为羞耻的人。现在所说的出仕之士，是污秽卑鄙的人，是破坏捣乱的人，是恣肆放荡的人，是贪图私利的人，是触犯法令的人，是不顾礼义而只知道把持权势的人。

古代所说的不仕之士，是品德高尚的人，是能静处安分的人，是善良正派的人，是知道天命的人，是彰明正道的人。现在所说的不仕之士，是没有才能而自以为有才能的人，是没有智慧而自以为有智慧的人，是贪得之心永不能满足而又伪装成没有贪欲的人，是行为阴险肮脏而又硬要吹嘘自己谨慎老实的人，是把不同于世俗作为自己的习俗、背离世俗而独行自高的人。

原文

士君子之所能不能为：君子能为可贵，不能使人必贵己；能为可信，不能使人必信己；能为可用，不能使人必用己。故君子耻不修，不耻见污；耻不信，不耻不见信；耻不能，不耻不见用。是以不诱于誉，不恐于诽，率道而行①，端然正己，不为物倾侧，夫是之谓诚君子。《诗》云："温温恭人，维德之基。"此之谓也。

注释

①率：循，依照。

译文

士君子所能做到的和不能做到的：君子能够做到品德高尚而可以被人尊重，但不能使别人一定尊重自己；能够做到忠诚老实而可被人相信，但不能使别人一定相信自己；能够做到多才多艺而可被人任用，但不能使别人一定任用自己。所以君子以自己的品德不好为耻辱，而不以被人污蔑为耻辱；以自己不诚实为耻辱，而不以不被信任为耻辱；以自己无能为耻辱，而不以不被任用为耻辱。因此，君子不被赞扬所诱惑，也不被诽谤所吓退，遵循道义来做事，严肃地端正自己，不被外界事物所颠覆，这叫作真正的君子。《诗经》说："温柔谦恭的人们，是以道德为根本。"说的就是这种人啊。

原文

士君子之容：其冠进①，其衣逢②，其容良，俨然，壮然，祺然，蕼然③，恢恢然，广广然，昭昭然，荡荡然，是父兄之容也。其冠进，其衣逢，其容悫；俭然，恀然④，辅然，端然，訾然⑤，洞然，缀缀然，瞀瞀然⑥，是子弟之容也。

注释

①进：通"峻"，高。

②逢：宽大。

③蕼然：宽舒的样子。

④恈然：温顺的样子。

⑤訾然：勤勉的样子。

⑥瞀瞀然：不敢正视的样子。

译文

士君子的仪容：帽子高立，衣服很宽大，面容和蔼可亲，庄重，伟岸，安泰，洒脱，宽宏，开阔，明朗，坦荡，这是做父兄的仪容。帽子高立，衣服宽大，面容谨慎诚恳，谦虚，温顺，亲热，端正，勤勉，恭敬，追随左右，不敢正视的样子，这是做子弟的仪容。

原文

吾语汝学者之嵬容：其冠绕①，其缨禁缓②，其容简连；填填然，狄狄然③，莫莫然，瞡瞡然④，瞿瞿然，尽尽然，盱盱然，酒食声色之中则瞒瞒然，瞑瞑然；礼节之中则疾疾然，訾訾然，劳苦事业之中则儢儢然⑤，离离然，偷儒而罔⑥，无廉耻而忍谇诟⑦，是学者之嵬也。

注释

①绕：当为"俛"，俯。

②缨：帽带。禁：通"襟"，腰带。

③狄狄然：跳跃的样子。狄，通"趯"。

④瞡瞡然：见识短浅的样子。瞡，同"规"。

⑤儢儢然：懈怠的样子。

⑥罔：不怕别人议论。

⑦谇诟：辱骂之意。

译 文

我告诉你们那些学者的怪容：他的帽子向前而低俯，他的帽带束得很松，他的面容傲慢自大，自满自足，时而跳来跳去，时而一言不发，或眯起眼睛东张西望，或睁大眼睛盯住不放，似乎要一览无余的样子。在酒食声色之中，就神情迷乱，沉溺其中；在行礼节之中，就面有怨色，口出怨言；在劳苦的工作之中，就懒懒散散的，躲躲闪闪的，苟且偷安而无所顾忌，无廉耻之心而能忍受污辱谩骂。这就是那些学者的怪容。

原 文

弟佗其冠①，神禫其辞②，禹行而舜趋，是子张氏之贱儒也③。正其衣冠，齐其颜色，嗛然而终日不言④，是子夏氏之贱儒也⑤。偷儒惮事，无廉耻而耆饮食⑥，必曰君子固不用力，是子游氏之贱儒也⑦。

彼君子则不然：佚而不惰⑧，劳而不僈⑨，宗原应变，曲得其宜，如是然后圣人也。

注 释

① 弟佗：颓唐，形容帽子歪斜。
② 神禫：通"冲淡"，淡薄，平淡。
③ 子张：姓颛孙，名师，春秋时陈国人，孔子的弟子。
④ 嗛然：口中衔着东西的样子。
⑤ 子夏：即卜商，春秋时卫国人，孔子的学生。
⑥ 耆：通"嗜"，爱好。
⑦ 子游：即言偃，春秋时吴国人，孔子的弟子。
⑧ 佚：安逸。
⑨ 僈：通"慢"，懈怠，怠惰。

● 圣门四科

> **译　文**
>
> 　　帽子戴得歪斜，话说得平淡无味，学禹的跛行，学舜的步伐，这是子张一派的贱儒。衣冠整齐，面色严肃庄重，整天不说话，这是子夏一派的贱儒。苟且怕事，没有廉耻之心而热衷于吃喝，常说"君子原本就不用从事体力劳动"，这是子游一派的贱儒。
>
> 　　那君子就不是这样。虽然安逸却不懒惰，即使劳苦也不懈怠，尊奉那根本的原则来应付各种事变，各方面处理得都很恰当适宜，只有做到这样，然后才可以成为圣人。

仲 尼

题 解

本篇承接前文中齐桓公对管仲的任用,加以深化和发展,提出了一些用以取得君主的信任、巩固自己的地位,从而担任重要职位的方法,最后作者提出了君子应与时屈伸,不去做违背规律事情的观点。

原文

仲尼之门人①,五尺之竖子言羞称乎五伯②。是何也?曰:然,彼诚可羞称也。齐桓五伯之盛者也③,前事则杀兄而争国④,内行则姑姊妹之不嫁者七人,闺门之内,般乐奢汰⑤,以齐之分奉之而不足;外事则诈邾,袭莒⑥,并国三十五;其事行也若是其险污淫汰也!彼固曷足称乎大君子之门哉!

注释

①**人**:当为衍文。下同。

②**五伯**:即春秋五霸。荀况以齐桓公、晋文公、楚庄王、吴王阖闾、越王勾践为五伯。

③**齐桓**:齐桓公,姓姜,名小白,齐国国君,以管仲为相,成为春秋时代的第一个霸主。

● 齐桓公

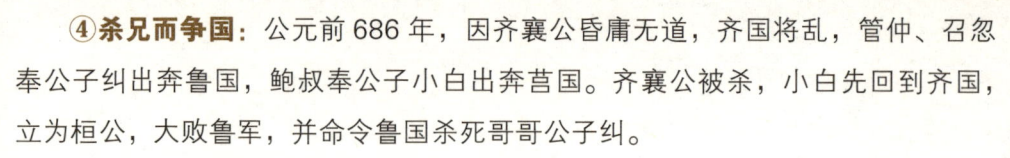

④**杀兄而争国**：公元前686年，因齐襄公昏庸无道，齐国将乱，管仲、召忽奉公子纠出奔鲁国，鲍叔奉公子小白出奔莒国。齐襄公被杀，小白先回到齐国，立为桓公，大败鲁军，并命令鲁国杀死哥哥公子纠。

⑤**般乐**：过度玩乐。

⑥**郑**：古国名，在今山东邹县一带。**袭莒**：指桓公与管仲谋划攻打莒国一事。莒，古国名，在今山东莒县一带。

译文

孔子门下，即使身高只有五尺的童子，言谈中也耻于谈论春秋五霸。这是为什么呢？回答说：这是因为他们的确有不值得称道的地方。齐桓公是五霸之中最负盛名的，但为了争夺国家的政权，他杀死了自己的哥哥；现在在家庭内部，姑姑、姐姐、妹妹中共有七个没出嫁的，在宫廷之内，他更是尽情享乐，奢侈放纵，齐国收入的一半来供养他都不够；对外他欺骗邾国，袭击莒国，吞并了三十五个国家。他的所作所为是这样肮脏险恶、奢侈骄淫，他哪里有资格被孔子的门下所称道呢！

原文

若是而不亡，乃霸；何也？曰：於乎①！夫齐桓公有天下之大节焉，夫孰能亡之！倓然见管仲之能足以托国也②，是天下之大知也。安忘其怒，出忘其仇③，遂立以为仲父，是天下之大决也。立以为仲父，而贵戚莫之敢妒也；与之高、国之位④，而本朝之臣莫之敢恶也；与之书社三百⑤，而富人莫之敢距也⑥；贵贱长少，秩秩焉，莫不从桓公而贵敬之，是天下之大节也。诸侯有一节如是，则莫之能亡也；桓公兼此数节者而尽有之，夫又何可亡也？其霸也，宜哉！非幸也，数也。

注释

①於乎：同"呜呼"。

②倓然：安然不疑的样子。**管仲**：名夷吾，字仲，春秋时著名的政治家，起初辅助公子纠，纠被杀后，经鲍叔推荐做了齐相，帮助桓公成就了霸业，桓公尊之为"仲父"。

③"安忘"二句：公元前686年齐襄公被杀后，小白（齐桓公）于次年自莒回国，鲁国也派兵送公子纠回国争位，并派管仲带兵去拦击小白，管仲射中小白的带钩，小白假装死去而逃脱回国，但小白立为桓公后不记此仇，仍任用管仲为相。

④高、国：指高氏和国氏，均是齐国世袭贵族，位列上卿。

⑤书社：按社登记入册的土地与人口。古代二十五家为一个里，每个里分别立社。把社内人口登录在簿册上，称为书社。

⑥距：通"拒"。

译文

像齐桓公这样，齐国没灭亡反而称霸诸侯，这是为什么呢？答道："呜呼！齐桓公掌握了治理天下的基本准则，谁能够使他灭亡呢？他毫不怀疑管仲的治国才能，坚定不移地把整个国家托付给他，这是天下最大的明智。齐桓公忘掉了危急时的愤怒，忘记了管仲的一箭之仇，最终把管仲立为仲父，这是天下最大的决断。立管仲为仲父，这样他的亲属就没有人敢嫉妒他了；给他像高氏、国氏那样的尊贵地位，这样朝廷上的大臣就没有人敢不满的了；给他三百社的封地，富人没有谁敢抗拒的；高贵的、卑贱的、年长的、年少的人都非常有秩序地随着齐桓公去尊重管仲；这些都是治理天下的基本准则。各诸侯只要掌握了上述原则中的一个原则，就没有人能使他灭亡；何况齐桓公这些原则全部掌握了，又怎么可能被灭亡呢！齐桓公称霸诸侯，是理所当然的啊，不是侥幸得到的，这是有一定道理的啊。

原文

然而仲尼之门人，五尺之竖子，言羞称乎五伯，是何也？曰：然，彼非本政教也，非致隆高也①，非綦文理也②，非服人之心也。乡方略③，审劳佚④，畜积⑤，修斗，而能颠倒其敌者也。诈心以胜矣，彼以让饰争，依乎仁而蹈利者也，小人之杰也，彼固曷足称乎大君子之门哉！

注释

① 致：极。
② 綦：极。
③ 乡：通"向"，趋向，崇尚。
④ 佚：通"逸"，安逸。
⑤ 畜：通"蓄"。

译文

然而孔子的门下，五尺高的童子，说起话来都以称道五霸为羞耻。这是因为什么呢？回答说：是的，因为他们没有把政治教化作为立国之本，没有达到讲求礼义的最崇高政治境界，没有使礼仪制度健全，没有使人心悦诚服。他们只是注重了方法策略，注意使民众有劳有逸，积蓄了财物，加强了战备，所以才能打败其敌人。依靠诡诈的心计来取胜，他们用谦让掩饰争夺，依靠于仁爱之名从而追求实利的人，是小人中的佼佼者，他们哪有资格被孔圣人门下的人所称道呢！

原文

彼王者则不然：致贤而能以救不肖，致强而能以宽弱，战必能殆之而羞与之斗，委然成文以示之天下，而暴国安自化矣，有灾缪者然后诛之①。故圣王之诛也，綦省矣。文王诛四②，武王诛二③，周公卒业④，至于成王则安以无诛矣⑤。故道岂不行矣哉！文王载百里地而天下一；桀纣舍之，厚于有天下之势而不得以匹夫老。故善用之，则百里之国足以独立矣；不善用之，则楚六千里而为仇人役⑥。故人主不务得道，而广有其势，是其所以危也。

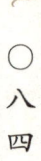

注释

①缪：通"谬"，谬误。

②文王诛四：指文王灭掉了密、阮、共、崇四个小国（在今陕西、甘肃一带）。

③武王诛二：指武王灭掉了商朝和奄国（在今山东曲阜一带）。

④周公卒业：指周公帮助武王灭商，后又辅佐成王执政，平定了叛乱，讨伐了淮夷、商奄，巩固了周王朝的统治。

⑤成王：周武王的儿子，姓姬，名诵。武王死时，他年幼，由叔父周公旦摄政，后来成王年长，周公旦归政于他。

⑥楚：春秋战国时的诸侯国，后为秦所灭。

● 牧野誓师

译文

那王者就不是这样：王者自己极其贤能，能够去帮助不贤的人；自己极其强大，能够宽容弱者；一旦开战就必定能够打败敌国，但却耻于和那些国家争斗；把完备的礼法制度公布于天下，实行暴力的国家自然就会发生转变；对那些有危害和欺诈行为的国家才加以消灭。所以圣王消灭的国家极少。周文王只消灭了四个国家，而周武王只消灭了两个国家，周公完成了周朝称王天下的大业，到了周成王的时候国家安定，所以就没有可消灭的国家了。所以礼义之道就不能实行了吗！文王尊行了礼义之道，虽然国土只有百里见方，但能使天下统一；夏桀商纣抛弃了礼义之道，虽然掌握了统治天下的权势，却不能像普通百姓那样得到寿终。所以，善于利用治国之道，即使百里见方的国家也能够独立于世，不善于利用治国之道，就会像楚国那样，即使拥有广阔的土地也会被秦国所役使。因此，君主不致力于掌握治国之道而只求扩展他的权势，这就是他危亡的原因。

原文

持宠处位终身不厌之术：主尊贵之则恭敬而僔①，主信爱之则谨慎而嗛②，主专任之则拘守而详，主安近之则慎比而不邪③，主疏远之则全一而不倍，主损绌之则恐惧而不怨④。贵而不为夸，信而不处谦⑤，任重而不敢专；财利至则善而不及也，必将尽辞让之义然后受。福事至则和而理，祸事至则静而理；富则施广，贫则用节；可贵可贱也，可富可贫也，可杀而不可使为奸也。是持宠处位终身不厌之术也。虽在贫穷徒处之势，亦取象于是矣；夫是之谓吉人。《诗》云："媚兹一人⑥，应侯顺德。永言孝思，昭哉嗣服⑦。"此之谓也。

注释

①僔：通"撙"，谦让。
②嗛：同"谦"，谦虚。
③慎：通"顺"，顺从。
④损：贬损，指降职。绌：通"黜"，罢免。
⑤谦：通"嫌"，嫌疑。
⑥媚：爱戴。
⑦服：事，指文王伐纣的事业。

译文

保持尊崇，守住官位，终身不被人厌弃的方法是：君主尊敬你，你就恭敬而谦让；君主信任喜爱你，你就谦虚谨慎；君主把一件事完全委托给你去办，你就谨慎守职而详明法度；君主接近你，你就顺从而不邪僻；君主疏远你，你要保持一心一意而不背叛；君主罢免你，你就恐惧而不埋怨；地位高贵而不奢侈过度；得到信任时不忘记避嫌；担负重任而不独断专行；财利到来，自己的功绩尚不足以享有它，就必须辞让之后才可以接受；幸福之事来临，就适当地对待它，灾祸之事到来就冷静地去对待它；富裕了就广泛实行恩惠，贫穷了就节省费用；要做到可尊贵可贫贱，可富有可贫穷，宁可杀身成仁也不能去做坏事，这便是保持尊崇，居守官位，一辈子不被人厌弃的方法。即使处在贫穷孤立的境况下，也能按照这种方法去做，这样就可以称为吉祥的人。《诗经》上说："百姓爱戴武王这个人，能够遵循祖先的德行。永远怀有忠孝之心，继承父业好修明！"说的就是这种人啊。

原文

求善处大重理任大事①，擅宠于万乘之国，必无后患之术：莫若好同之，援贤博施，除怨而无妨害人。能耐任之②，则慎行此道也；能而不耐任，且恐失宠，则莫若早同之，推贤让能，而安随其后。如是，有宠则必荣，失宠则必无罪。是事君者之宝而必无后患之术也。故知者之举事也，满则虑嗛，平则虑险，安则虑危，曲重其豫，犹恐及其祸，是以百举而不陷也。孔子曰："巧而好度，必节；勇而好同，必胜；知而好谦，必贤。"此之谓也。愚者反是。处重擅权，则好专事而妒贤能，抑有功而挤有罪，志骄盈而轻旧怨；以吝啬而不行施，道乎上为重，招权于下以妨害人；虽欲无危得乎哉！是以位尊则必危，任重则必废，擅宠则必辱，可立而待也，可炊而傹也③。是何也？则堕之者众而持之者寡矣。

注释

① 重：权，此指重要的官位。理：当为衍文。
② 耐：通"能"，能够。
③ 傹：通"竟"，尽。

译文

寻求妥善地身居要位，掌握重要的权力，能够在万乘大国独得君主的恩宠而又绝不会发生后患的方法是：最好和君主同心同德，援引贤人，广施恩惠，消除怨恨而不去妨害别人。自己的能力能够胜任这重大的职务，那就谨

● 援贤博施

慎地实行上述这种方法；自己的能力如果不能够胜任这职务，而且怕因此而失去君主对自己的恩宠，那就不如及早和君主同心同德，推荐贤人，把职务让给有才能的人，而自己则心甘情愿地追随在后面。如果这样，得到君主的恩宠就必定荣耀，失去君主的恩宠也不会有罪过。这是侍奉君主的法宝，而且也是没有后患的方法。所以聪明人做事，富裕时就考虑贫苦的时候，顺利时考虑艰难的时候，安全时考虑危险的时候，周全慎重地做好预防准备，仍然怕遭到祸害，这样无论做什么事情都不会失误。孔子说："机智而又遵守法度，必然能够克制自己的行动；勇敢而又善于和别人合作，就必定能胜任大事；学识渊博而又谦虚，就一定会有好的道德品质。"说的就是这种道理。愚蠢的人则与此相反：他们身居要职独揽大权时，就爱独断专行而且嫉妒贤能，压制有功绩的人，排挤有罪过的人，骄傲自满轻视与自己有旧怨的人。为人吝啬，不肯施惠于人；为了抬高自己而妨害了别人，这样的人想要没有危险，可能吗？所以，这种人职位高贵就必定会有危险，权势大就必定会被罢免，独受宠爱却必定会遭到耻辱，这些事情可以立刻到来，是不用一顿饭的工夫就可以完结的。这是为什么呢？就是因为毁害他的人多，而扶持他的人少啊。

原　文

　　天下之行术，以事君则必通，以为仁则必圣①；立隆而勿贰也。然后恭敬以先之，忠信以统之，慎谨以行之，端悫以守之，顿穷则从之疾力以申重之。君虽不知，无怨疾之心；功虽甚大，无伐德之色；省求多功，爱敬不倦。如是则常无不顺矣。以事君则必通，以为仁则必圣，夫是之谓天下之行术。

　　少事长，贱事贵，不肖事贤，是天下之通义也。有人也，势不在人上，而羞为人下，是奸人之心也。志不免乎奸心，行不免乎奸道，而求有君子圣人之名，辟之是犹伏而咶天②，救经而引其足也③；说必不行矣！俞务而俞远④。故君子时诎则诎⑤，时伸则伸也。

注释

①**为仁**：做人。仁，通"人"。
②**辟**：通"譬"，譬喻。**咶**：通"舐"。
③**经**：上吊。
④**俞**：通"愈"，越。
⑤**诎**：通"屈"，屈服。

译文

在天下到处都能行得通的办法，用来侍奉君主就一定会通达，用它来行仁就必定会成为圣贤。确立礼法为最高的准则而不动摇，然后用恭敬的态度作为先导，用忠信来贯穿它，小心谨慎地去实行，端正诚实地去维护它，即使遇到了困难也要反复强调它重视它；虽然君主不了解，不重用自己，也没有怨恨的想法，虽然功劳很大，也不自我吹嘘；要求少而功劳多，敬爱君主始终不疲倦。用这种方法侍奉君主就必然能够通达，用它来做人就一定会成为圣贤，这就叫作天下到处都能通行的办法。

年轻的人侍奉年长的人，卑贱的人侍奉高贵的人，不贤的人侍奉贤能的人，这是天下的普遍原则。有些人地位不在别人之上而却以在人下为耻辱，这是奸邪之人的想法。思想上没有除掉奸邪的观念，行动上没有消除奸邪的方法，却想追求君子、圣人的名声，这就好比是趴在地上去舔天，要救上吊的人而去拉他的脚，这是必定行不通的，越这样做离目的越远。所以君子要根据时势的变化，需要忍耐时就忍耐，容许施展抱负时就施展抱负。

儒 效

题 解

"儒效"，即儒者的作用。荀子在本文主要论述了儒者对于国家和社会的作用，表达了荀子的政治观点。在论述儒者作用的基础之上，还论述了圣人、君子、劲士、雅儒、大儒、俗儒、俗人、众人、鄙夫这些人的德行。他把儒者分为大儒、雅儒、俗儒三种，并逐一作了分析与评析。并强调了学习与法度的重要性。

原文

大儒之效：武王崩①，成王幼，周公屏成王而及武王以属天下②，恶天下之倍周也。履天子之籍③，听天下之断，偃然如固有之，而天下不称贪焉。杀管叔，虚殷国④，而天下不称戾焉。兼制天下，立七十一国，姬姓独居五十三人，而天下不称偏焉。教诲开导成王，使谕于道，而能掩迹于文、武⑤。周公归周，反籍于成王，而天下不辍事周；然而周公北面而朝之。天子也者，不可以少当也，不可以假摄为也；能则天下归之，不能则天下去之，是以周公屏成王而及武王

● 周公佐成王

以属天下，恶天下之离周也。

注释

①**崩**：古代君王去世为崩。

②**屏**：通"摒"，庇护。**及**：继承。**属**：统属，统治。

③**履**：践。**籍**：通"阼"，帝位。

④**管叔**：指周武王之弟叔鲜，他被封于管（今河南郑州），故史称管叔。**虚**：通"墟"，使变为废墟。

⑤**掩**：袭。

译文

大儒的作用是：周武王死后，由于成王年纪尚小，周公担心天下有人会背叛周朝，就撇开成王，继承武王的事业而统治天下。周公登王位，处理天下大事，心安理得，好像他本来就应该拥有这些权力一样，但是天下的人并不认为周公贪图王位。周公杀了管叔，把殷国都城变成了废墟，可是天下的人并不认为他残暴。周公控制天下，分封七十一个诸侯国，其中姬姓的占了五十三个，但天下的人并不认为他偏私。周公教导成王，使他明白礼仪之道，使他能继承先辈的事业。周公把王位归还给成王，可是天下诸侯继续臣服于周，周公也回到臣位，朝拜成王。天子这个职位，不能由年幼的人来承担，也不能由他人代理去做。能胜任这一职位的人，天下人就会归顺他，反之，天下人就会背离他。所以，周公撇开成王，继承武王的事业而统治天下，这是深恐天下的人会背离周朝。

原文

成王冠成人①，周公归周反籍焉，明不灭主之义也。周公无天下矣；乡有天下，今无天下，非擅也②；成王乡无天下③，今有天下，非夺也；变势次序节然也。故以枝代主而非越也④。以弟诛兄而非暴也。君臣易位而非不顺也。因天下之和，遂文、武之业，明枝主之义，抑亦变化矣，天下厌然犹一也⑤。非圣人莫之能为。夫是之谓大儒之效。

注释

①冠：古代男子二十举行加冠之礼，表示成人。
②擅：通"禅"，让位。
③乡：通"向"，往昔，从前。
④枝：旁支，指拥有继位权的嫡长子以外的公子。周公是武王之弟，非嫡长子，故称"枝"。
⑤厌然：安然。

译文

成王到二十岁了，已经长大成年了，周公就把王位归还给成王，以表明他不灭掉嫡长子的礼义法度。于是，周公就没有统治天下的权力了，过去拥有天下，现在没有了，这不是禅让；成王以前不能掌握天下，现在可以了，这不是篡夺；这是由于地位次序的变化的缘故啊。所以，周公以"枝子"的身份代替嫡长子的王位这不算超越礼规，弟弟诛杀兄长也不算残暴，周公与成王调换了地位，并不算不顺。依靠天下的安定，完成了文王和武王的功业，彰明了旁支和君权的大义，虽然有了这样的变化，可是天下仍安然如一。如果不是圣人，是不可能做到的，这就是大儒的作用。

原文

秦昭王问孙卿子曰①：**"儒无益于人之国？"孙卿子曰："儒者法先王，隆礼义，谨乎臣子而致贵其上者也。人主用之，则势在本朝而宜；不用，则退编百姓而悫；必为顺下矣。虽穷困冻餧**②**，必不以邪道为贪；无置锥之地，而明于持社稷之大义。呜呼而莫之能应；然而通乎财万物养百姓之经纪。势在人上，则王公之材也；在人**

● 社稷之臣，国君之宝

下，则社稷之臣，国君之宝也。虽隐于穷阎漏屋③，人莫不贵之，道诚存也。

注释

①**秦昭王**：即秦昭襄王，名稷，秦武王异母弟。**孙卿子**：指荀子。

②**馁**：通"馁"，饥饿。

③**阎**：里巷。**漏**：通"陋"，粗陋。

译文

秦昭王问孙卿子道："儒者对治理国家没有什么好处吧？"孙卿子答道："儒者效法先王，尊崇礼义，谨慎地做臣子，并使他们的君主尊贵。如果君主任用他，他们在朝廷内会做称职的臣子；如果不任用他们，他们就会退居民间，在编入的户籍册中，做诚实、顺服的老百姓。即使处境艰难，受冻挨饿，也不会用歪门邪道满足自己的欲望；即使贫穷得没有安身之处，也能深明维护国家社稷的大义。虽然他的呼声没有谁响应，但是他通晓管理万物，养育百姓的纲纪。如果地位在人之上，他们可以成为天子、诸侯；地位在人之下，他们也是国家的栋梁。即使隐居在穷巷陋屋，也没有人会不尊重他，因为他们确实身怀道术。

原文

"仲尼将为司寇①，沈犹氏不敢朝饮其羊②，公慎氏出其妻③，慎溃氏逾境而徙④，鲁之粥牛马者不豫贾⑤，必蚤正以待之也⑥。居于阙党，阙党之子弟，罔不分⑦，有亲者取多，孝弟以化之也⑧。儒者在本朝则美政，在下位则美俗。儒之为人下如是矣。"

注释

①**司寇**：当时的最高司法官。

②**沈犹氏**：春秋时鲁国人，据说他常在早晨让羊喝饱了水之后再去把羊卖掉，以欺骗买主。

③**公慎氏**：春秋时鲁国人，据说他的妻子淫乱，他却不管不顾。

④**慎溃氏**：春秋时鲁国人，据说他平时挥霍无度。

⑤**粥**：通"鬻"，售卖。**豫**：欺骗。**贾**：通"价"，价格。

⑥**蚤**：通"早"，提早。

⑦**罔**：通"网"，捕鱼的工具，这里指捕获的鱼。**不**：通"罘"，捕兽所用的网。

⑧**弟**：通"悌"，尊敬。

译 文

"孔子就要担任鲁国司寇了，奸商沈氏知道了，卖羊时，他就不敢在早晨把羊喂饱饮足以欺骗买主，公慎氏也休掉了淫乱的妻子，平时奢侈浪费，胡作非为的慎溃氏也离开鲁国，甚至在鲁国出售牛马的商人，也不敢再漫天要价了，这是因为孔子以正道对待他们的缘故。孔子住在阙党的时候，阙党子弟将捕获的鱼兽进行分配，其中有父母的人就分得多一些。这是因为孔子用孝悌教化了他们。儒者在朝廷中担任官职，就能美化朝政，作为老百姓，就能使风俗优良。儒者位居人下时就是这样啊。"

原 文

王曰："然则其为人上何如？"

孙卿曰："其为人上也，广大矣！志意定乎内，礼节修乎朝，法则度量正乎官，忠信爱利形乎下。行一不义、杀一无罪，而得天下，不为也。此君义信乎人矣，通于四海，则天下应之如讙(huān)①。是何也？则贵名白而天下治也②。故近者歌讴而乐之，远者竭蹶而趋之③。四海之内若一家，通达之属，莫不从服，夫是之谓人师。《诗》曰：'自西自东，自南自北，无思不服。'此之谓也。夫其为人下也，如彼；其为人

● 四海仰德

上也，如此；何谓其无益于人之国也！"

昭王曰："善。"

注释

①谨：喧哗，齐声应答。
②治：治理。一说当为"怡"，喜欢。
③竭蹷：竭尽全力的样子。

译文

秦昭王问："那么，儒者地位在人之上的时候，又怎样呢？"

孙卿答道："儒者在人之上，他们的作用就更大了！他们内心意志坚定，用礼义制度修治朝廷，用各种规章制度整顿官府，百姓之中，忠诚、信实、仁爱、利他的美德蔚然成风。为了获得天下而做不合礼义的事情，错杀无罪的人，这样的事情，他们是一件也不会做的。这种做君主的道义被人民接受，传遍四海，那么天下的人就会齐声响应他。这是什么原因呢？就因为他尊贵的名声显赫，天下的人都很仰慕。所以君主周围的人就会歌颂他、欢迎他，而远方的人，也会不辞辛劳去投奔他。这样，四海之内，如同一家一样，交通通达的地方，没有不服从的，这就是为人楷模。《诗经》上说：'从西到东，从南到北，没有不归服的。'说的就是这种情况。他们处在人之下是那个样子，处在人之上是这个样子，怎么能说他们对于治理国家没有好处呢！"

昭王说："说得好。"

原文

先王之道，仁之隆也，比中而行之①。曷谓中？曰：礼义是也。道者，非天之道，非地之道，人之所以道也，君子之所道也。

君子之所谓贤者，非能遍能人之所能之谓也；君子之所谓知者②，非能遍知人之所知之谓也；君子之所谓辩者，非能遍辩人之所辩之谓也；君子之所谓察者，非能遍察人之所察之谓也；有所正矣。相高下，视墝肥③，序五种④，君子不如农人。通货财，相美恶，辩贵贱，君子不如贾人。设规矩，陈绳墨，便备用，君子不如工人。不恤是非然不然之情，以相荐撙⑤，以相耻怍，君子不若惠施邓析。若夫谪德而定次⑥，量能而授官，使贤不肖皆得其位，能不能皆得其官，万物得其宜，事变得其应，慎、墨不得进其谈，惠施、邓析不敢窜其察。言必当理，事必当务；是，然后君子之所长也。

注释

① **比**：顺从。**中**：正，不偏不倚。
② **知**：通"智"，明智。
③ **墝**：土地坚硬贫瘠。
④ **五种**：即五谷：黍、稷、豆、麦、麻。此泛指各种庄稼。
⑤ **荐**：通"践"，践踏。**撙**：挫抑。
⑥ **谪**：当为"谲"字，判断。

译文

古代圣王之道，是仁的最高体现，是按照最适中的标准去实行的。什么叫作适中呢？答道：就是礼义。这个道，不是天之道，也不是地之道，而是人们应该遵循的法则，君子应遵循的法则。

君子所说的贤能，并不是说能全面做到所有人所能做到的所有事情；君子所说的明智，并不是完全能知道别人所知道的一切；君子所说的分辨，并不是说能够完全分辨别人所能分辨的事物；君子所说的详察，并不是完全能够详察别人所详察的意思。君子的才能与知识是有限度的。察看田地地势的高低，识别土质的贫瘠肥沃，安排五谷种植的顺序，君子不如农民；流通钱财货物、鉴定货物的优劣，争讨价格的高低，君子不如商人；设置圆规曲尺，陈设墨线，熟练运用工具，君子不如工人；不顾是非，对与不对的实际情况，互相贬抑、相互讥羞，君子不如惠施、邓析。至于比较德行来确定他的等级次序，衡量人的才能而授予官职，使贤者与不贤的人各安其位，有才能的和没有才能的人都能得到相应的官职，万物都能得到恰当的利用，各种突发变化都得到相应的处理，慎到和墨翟也不能发表他们的议论，惠施、邓析不能渗透他们的诡辩，说话一定要合符理性，做事要有缓有急，这些就是君子所见长的。

原 文

凡事行，有益于理者，立之；无益于理者，废之；夫是之谓中事。凡知说，有益于理者，为之；无益于理者，舍之；夫是之谓中说。事行失中谓之奸事；知说失中谓之奸道。奸事奸道，治世之所弃而乱世之所从服也。若夫充虚之相施易也①，"坚白""同异"之分隔也，是聪耳之所不能听也，明目之所不能见也，辩士之所不能言也；虽有圣人之知，未能偻指也②。不知无害为君子，知之无损为小人。工匠不知，无害为巧。君子不知，无害为治。王公好之则乱法；百姓好之则乱事。而狂惑戆陋之人③，乃始率其群徒，辩其谈说，明其辟称，老身长子，不知恶也。夫是之谓上愚，曾不如相鸡狗之可以为名也。《诗》曰："为鬼为蜮④，则不可得；有靦面目⑤，视人罔极。作此好歌，以极反侧。"此之谓也。

注 释

① 施：通"移"，转化。
② 偻指：掰着手指头计算。
③ 戆：纯朴而愚蠢。陋：见闻少，知识浅薄。
④ 蜮：短狐，传说是一种可以含沙射人的动物。
⑤ 靦：面貌丑恶。

译 文

不管做什么事情，对于原则有好处，就做；反之，就不做，这就叫正确处理事情。知识学说，对于原则有好处的，就实行；反之，就舍弃，这就叫正确对待学说。事情和行为不得当，就是奸邪的事；知识学说不得当，就是奸邪的学说。奸邪的事与奸邪的学说，在安定的社会是被人们遗弃的，但在混乱的社会却会有人遵从。至于虚实的相互转化，"离坚白""合同异"的分析，即使是耳聪的人也听不明白，眼明的人也看不清楚，善辩的人也不能说清楚，即使有了圣人的智慧，也不能轻易说得清。不懂得这些，并不妨碍他成为一个君子。懂得这些，也不能说他就不是一个小人。就如工匠，他不懂得这些，并不妨碍他成为能工巧匠；君子不懂得这些，也不妨碍治理国家大事。天子诸侯喜好奸事、奸道，就会搞乱法度；老百姓喜好奸事、奸道，就会搞乱事情。狂妄糊涂呆笨愚蠢的人，就开始带领他们的徒众，申辩他们的奇谈怪论说辞，并用譬喻和引证来阐明，即使到了人老子大之时也不知厌恶。这就叫作最愚蠢的人，还不如鉴别鸡狗优劣的人可以因此获得名声。《诗经》上说："你这样鬼头鬼脑，无影无形看不清！你的面目这样丑陋，给人看也看不透。我作这支歌，就是要揭穿你的反复无常。"说的就是这个意思。

原 文

　　我欲贱而贵，愚而智，贫而富，可乎？曰：其唯学乎！彼学者：行之，曰士也；敦慕焉，君子也；知之，圣人也。上为圣人，下为士君子，孰禁我哉！乡也，混然涂之人也，俄而并乎尧、禹，岂不贱而贵矣哉！乡也，效门室之辨，混然曾不能决也，俄而原仁义，分是非，图回天下于掌上而辩白黑①，岂不愚而知矣哉！乡也，胥靡之人②，俄而治天下之大器举在此，岂不贫而富矣哉！今有人于此，屑然藏千溢之宝③，虽行贷(tè)而食④，人谓之富矣。彼宝也者，衣之不可衣也；食之不可食也，卖之不可偻售也；然而人谓之富，何

● 帝尧大治

也？岂不大富之器诚在此也？是杆杆亦富人已⑤，岂不贫而富矣哉！

注 释

①回：转。而：如。

②胥靡：空无所有。胥，疏、空；靡，无。

③溢：通"镒"，古代二十四两为一镒。

④丐：乞讨。

⑤杆杆：同"于于"，广博。已：同"矣"。

译 文

我想由卑贱变得高贵，由愚昧变得智慧，由贫困变得富有，可以吗？回答道：那只有通过学习吧！那些学习的人，能遵行学到的东西，就可叫作士人；能勤奋努力的，就可叫作君子；能精通学到的东西，就是圣人。既然最高可以成为圣人，次等的可成为士人君子，那么谁能阻止我上进呢？以前，还只是一个浑浑噩噩的普通人，突然间便可跟尧、禹齐名，这难道不是由卑贱变成高贵吗！以前，竟不能区分户内与户外礼节的区别，突然就能追溯仁义的根源，分辨是非，处理天下大事就像分辨手掌上黑白颜色那么简单，这难道不是由愚昧变成明智吗？过去一无所有，顷刻间治理天下的大权全部到了他手中，这难道不是由贫穷变得富有了吗？如果有一个人，他贮藏了无数的金银财宝，即使靠行乞过活，人们也会说他富有。他的那些财宝，既不能够穿；也不能够吃；即使卖它也不能很快出售。但是人们却说他富有，为什么呢？这难道不是因为他这里确实有巨大的财富吗？这样看来，学识渊博也就成为富人了，这难道不是由贫困变得富有了吗？

原 文

故君子无爵而贵，无禄而富，不言而信，不怒而威，穷处而荣，独居而乐；岂不至尊至富至重至严之情举积此哉！故曰：贵名不可以比周争也，不可以夸诞有也，不可以势重胁也，必将诚此然后就也。争之则失，让之则至，遵道则积①，夸诞则虚。故君子务修其内而让之于外，务积德于身而处之以遵道；如是，则贵名起如日月，天下应之如雷霆。故曰：君子隐而显，微而明，辞让而胜。《诗》曰："鹤鸣于九皋，声闻于天。"此之谓也。

鄙夫反是：比周而誉俞少②，鄙争而名俞辱，烦劳以求安利其身俞危。《诗》曰："民之无良，相怨一方。受爵不让，至于己斯亡。"此之谓也。

● 鹤鸣于九皋，声闻于天

注释

①遵道：当为"遵遁"，谦虚退让。
②俞：通"愈"，越，更加。

译文

所以，虽然君子没有官位也高贵，没有俸禄也富有，不用说话也能取信于人，不用发怒也有威严，处境穷困依然荣耀，处境孤独仍然快乐；君子那些最高贵、最富有、最庄重、最严肃的实质都集中在这种学习之中了吗！所以说，尊贵的名声不能用拉帮结派的方式去争夺，不能靠自我吹嘘去占有，也不能靠权势地位的威胁去获得，必定要靠真正刻苦学习，然后才能得到。如果一心一意去争夺，名声反而会失掉；如果谦让，反而会得到。遵循正确的原则行事就能保持尊贵的名声，虚夸欺诈就会得不到高贵的名声。所以，君子致力于自己内在的思想修养，在行为上要谦让，应当致力于自身美德的积聚，遵循正确的原则处理事物。这样，那么高贵的名声就会像日月那样显明，天下的人就会像雷霆那样轰轰烈烈地响应他。所以说，即使君子隐居了，但名声仍然显著，地位虽然卑微，却荣耀显赫，即使谦让仍能胜过他人。《诗经》上说："仙鹤在沼泽里鸣叫，声音直冲云霄。"说的就是这个意思。

粗鲁的人就与此相反：他们拉帮结伙，但党羽越来越少，用不正当的手段争夺名誉反而得到更为羞耻的名声，厌烦劳苦，希求安逸，而他自身更加危险。《诗经》上说："有些人不善良，总是怨恨别人，他只知道争取官位，而不懂得谦让，终于自取灭亡。"说的就是这种人。

原 文

故能小而事大，辟之是犹力之少而任重也，舍粹折无适也①。身不肖而诬贤，是犹伛伸而好升高也②，指其顶者愈众。故明主谲德而序位③，所以为不乱也；忠臣诚能然后敢受职，所以为不穷也。分不乱于上，能不穷于下，治辩之极也。《诗》曰："平平左右，亦是率从。"是言上下之交不相乱也。

注 释

① 粹：通"碎"，折碎。
② 伛：同"偻"，驼背。伸：当为"身"字。
③ 谲：通"决"，决断。

译 文

能力不大却要干大事，这就如同气力很小而偏要去挑重担一样，除了断骨折腰，再没有别的下场了。自己本身不贤却吹嘘自己为贤人，这就如同一个身躯佝偻的人总想爬高一样，这样，指着他的头嘲笑他的人就更多了。所以，英明的君主根据人的德行安排官位，就是为了防止混乱；忠实的臣子确实有才能，然后才敢于接受职位，就是为了不使自己陷于困窘。君主安排官职不混乱，臣子按能力任职不会陷入窘境，这就是治国的最高境界了。《诗经》中说："君主左右的人都很能干，而且都很听从君上的命令。"这就是说，上下的关系不会互相错乱了。

原 文

以从俗为善，以货财为宝，以养生为己至道，是民德也。行法至坚①，不以私欲乱所闻；如是，则可谓劲士矣。行法至坚，好修正其所闻，以桥饰其情性②；其言多当矣，而未

谕也；其行多当矣，而未安也；其知虑多当矣，而未周密也；上则能大其所隆，下则能开道不已若者③；如是，则可谓笃厚君子矣。修百王之法若辨白黑，应当时之变若数一二，行礼要节而安之，若生四枝④；要时立功之巧若诏四时；平正和民之善，亿万之众而博若一人⑤；如是，则可谓圣人矣。

注释

①**行法至坚**：行为端正意志坚定。至，当作"志"。

②**桥**：通"矫"，矫正。**饰**：通"饬"，整治。

③**道**：通"导"，引导。

④**枝**：通"肢"，四肢。

⑤**博**：当作"抟"字，聚集。

译文

以依从习俗为妥善，以货物钱财为珍宝，以保养身体延续生命为自己的最高准则，这是普通老百姓的德行。行为合乎法度，意志坚定，不因为个人的欲望扰乱所学到的东西，如果这样，就可以称为正直的人了。行为合乎法度，意志坚定，喜欢改正自己所学到的东西，用来矫正自己原有的性情；他的言论多半是恰当的，但不完全晓谕明白；他的行为多半是恰当的，但还不完全妥当；所考虑的事多半是正确的，但还不周密；对上能够发扬自己所推崇的道义，对下开导不如自己的人；这样，就可以叫作忠厚的君子了。修习历代帝王的法度，就如同分辨黑白一般，适应当时的变化，如同数一、二这样简单的数字那样轻松；遵行礼节，处之泰然，如同运动身体四肢一样行动自如；抓住时机，建立功勋的技巧，就如同通晓四季的变更一般；治理政事，安定百姓，把亿万人团结得像一个人，这样就可以称为圣人了。

原　文

井井兮其有理也。严严兮其能敬己也。分分兮其有终始也①。猒猒兮其能长久也②。乐乐兮其执道不殆也。炤炤兮其用知之明也③。修修兮其用统类之行也。绥绥兮其有文章也。熙熙兮其乐人之臧也。隐隐兮其恐人之不当也。如是、则可谓圣人矣，此其道出乎一。

曷谓一？曰：执神而固。曷谓神？曰：尽善挟治之谓神④。万物莫足以倾之之谓固。神固之谓圣人。

注　释

① 分分：当作"介介"，坚定的样子。
② 猒猒：通"厌厌"，安心的样子。
③ 炤：通"照"，明亮，光明。知：通"智"。
④ 挟：通"浃"，周全、周洽。

译　文

整整齐齐啊，凡事都那样有条有理。威风凛凛啊，他是那样受尊敬。坚定不移啊，他是那样始终如一，明明白白。安安稳稳啊，凡事都能长久保持。痛痛快快啊，他是那样地执行原则毫不怠慢。昭昭耀耀啊，他是那样清楚地运用智慧。勤勤恳恳啊，他的行为多么合符礼义法度。安安泰泰啊，他是多么文采洋溢。和和蔼蔼啊，他是那么地喜爱别人的善美。兢兢业业啊，他是那样担心别人做错事。这样，就可以叫作圣人了，这是因为他的道产生于专一。

什么叫作专一？答：保持神明与稳固。什么是神明与稳固？答：以完备周全的方法治理国家就叫神明。任何事物都不能颠覆它就叫作稳固。既神明，又牢固就可以叫作圣人。

原文

圣人也者，道之管也①。天下之道管是矣，百王之道一是矣；故《诗》《书》《礼》《乐》之归是矣。《诗》言是其志也，《书》言是其事也，《礼》言是其行也，《乐》言是其和也，《春秋》言是其微也。故《风》之所以为不逐者，取是以节之也；《小雅》之所以为《小雅》者，取是而文之也；《大雅》之所以为《大雅》者，取是而光之也；《颂》之所以为至者，取是而通之也。天下之道毕是矣。乡是者臧，倍是者亡。乡是如不臧②，倍是如不亡者，自古及今，未尝有也。

注释

①道：指根本性的政治原则与思想学说。管：枢纽，关键，事物相互联系的中心环节。

②乡：通"向"，迎合。

译文

所谓圣人就是道的总和。天下的道都集中在这里了，历代帝王的道也都集中在这里。所以《诗经》《尚书》《仪礼》《乐经》的道也都归属在这里了。《诗经》中说的是圣人的意志；《书经》说的是圣人的政事；《仪礼》说的是圣人的行为；《乐经》说的是圣人的协调；《春秋》说的是圣人的微言大义。所以，《国风》之所以不是放荡的作品，是因为以此节制它的缘故；《小雅》之所以为《小雅》，是因为用它来美化的缘故；《大雅》之所以为《大雅》，是因为它来光大的缘故；《颂》之所以达到了诗的最高峰，是因为用它的精神来贯穿的缘故。天下之道全都集中在这里，顺着它去做，就会得到昌盛，违背它去做，就会遭到灭亡，顺着它去做而得不到昌盛，违背它去做而不被灭亡，从古到今，还没有过这样的事情。

原文

客有道曰：孔子曰："周公其盛乎！身贵而愈恭，家富而愈俭，胜敌而愈戒。"应之曰：是殆非周公之行，非孔子之言也。武王崩，成王幼，周公屏成王而及武王，履天子之籍，负扆而坐①，诸侯趋走堂下；当是时也，夫又谁为恭矣哉！兼制天下，立七十一国，姬姓独居五十三人焉；周之子孙，苟不狂惑者，莫不为天下之显诸侯。孰谓周公俭哉！武王之诛纣也，行之日以兵忌，东面而迎太岁②，至汜而泛③，至怀而坏④，至共头而山隧⑤。霍叔惧曰⑥：出三日而五灾至，无乃不可乎？周公曰：'剟比干而囚箕子⑦，飞廉恶来知政⑧，夫又恶有不可焉？遂选马而进，朝食于戚⑨，暮宿于百泉⑩，厌旦于牧之野⑪。鼓之而纣卒易乡，遂乘殷人而诛纣。盖杀者非周人，因殷人也。故无首虏之获，无蹈难之赏，反而定三革⑫，偃五兵，合天下，立声乐，于是《武》《象》起而《韶》《护》废矣⑬。四海之内，莫不变心易虑以化顺之；故外阖不闭，跨天下而无蕲⑭。当是时也，夫又谁为戒矣哉！

注释

①扆：宫殿中门与窗之间的屏风。坐：当为"立"字。

②太岁：即木星，又名岁星。古代占星家认为岁星是吉星，它运行到某一星宿，则地上与这一星宿相对应的国家就吉利。谁如果冲犯了它所在的方位，就会遭殃。

③汜：汜水，在今河南荥阳。

④怀：地名，怀城，在黄河附近。

⑤共头：山名，在今河南辉县。隧：通"坠"，山崩。

⑥霍叔：武王的弟弟，周文王之子，武王同母弟，姓姬，名处。

⑦剟：剖开挖空。比干：纣王的叔父，因劝谏纣王被剖腹挖心。箕子：纣王的叔父，因进谏纣王被囚禁。

⑧飞廉：纣王的宠臣，善于奔走。恶来：纣王之臣，飞廉之子，有力，善谗，周武王伐纣时被杀。他们都是纣王的宠臣。

⑨戚：地名，在今河南濮阳。

⑩百泉：地名，在今河南淇县。

⑪厌旦：当作"旦厌"，早晨逼近牧野。牧：在今河南淇县。

⑫三革：三种防身的皮革制品，指铠甲、头盔与盾牌。

⑬《武》《象》：周武王时的乐曲名。《韶》：舜时的乐曲名。《护》：汤时的乐曲名。

⑭蕲：通"圻"，疆界。

译文

有个客人说：孔子说："周公多么伟大啊，他地位高贵却更加谦恭有礼，他家庭富有却节俭有加，战胜了敌人却更加戒备。"答道："这恐怕不是周公的行为，也不是孔子的观点。"武王死后，成王年纪尚小，周公撇开成王，继承了武王的事业，他登上天子之位，背靠屏风而立，诸侯小心谨慎地急走到殿堂之下朝拜。这个时候，他又对谁谦恭有礼呢！确立了对天下的全面统治，分封了七十一个诸侯国，姬姓就有五十多个，周王室的子孙，只要不是愚蠢至极的，没有不成为显贵的诸侯的。谁又能说周公节俭呢？武王出兵讨伐纣王，出兵那天恰逢兵忌之日，向东进兵，冲犯了太岁，兵到汜水又遇江水泛滥，到了怀城又遇城墙倒塌，到了共头山，又遇到山崩。武王的弟弟霍叔害怕，说："出兵三天就遇到了五次灾难，恐怕讨伐的时机还不成熟吧？"周公却说："纣王把王叔比干剖腹挖心，又囚禁王叔箕子，朝中由奸臣飞廉、恶来执政，这又有什么不可以呢！"于是他挑选精兵继续前进，早晨在戚地吃饭，晚上在百泉宿营，第二天黎明时就逼近牧野。刚一开战，纣王的兵卒就倒戈相向，于是，周军借用商人的力量诛杀了纣王。所以，杀纣王的不是周军，而是商人。所以，周军将士没有斩获头颅和俘虏敌人，因此，也没有冲锋陷阵的赏赐，军队返回国后，就把盔甲和兵器收藏起来，统一了天下，设置了音乐，于是就用周乐《武》《象》代替了原来的《韶》《护》之乐。整个天下，没有不改变思想，而归顺周朝的。因此，家家不必关闭大门，走遍天下也没有界限了。这时还要戒备谁呢！

原文

造父者①，天下之善御者也；无舆马则无所见其能。羿者②，天下之善射者也，无弓矢则无所见其巧。大儒者，善调一天下者也，无百里之地则无所见其功。舆固马选矣，而不能以至远、一日而千里，则非造父也。弓调矢直矣，而不能以射远，中微，则非羿也。用百里之地，而不能以调一天下，制强暴，则非大儒也。

● 后羿射白龙

注释

①造父：周穆王的车夫，善于驾驭车马。
②羿：又称后羿、夷羿，夏代东夷族有穷氏的部落首领，善于射箭。

译文

造父，是天下最擅长驾驶车马的人，但如果没有车马，就不能表现他的才能；后羿，是天下最擅长射箭的人，但如果没有弓箭，也就无法显示他高超的技艺；大儒这样的人，善于使天下百姓协调一致，但如果没有百里的国土就不能显示他的功用。如果车子坚固，又有良马，可是凭靠这些却不能达到远处、日行千里，那么他就不是造父了；弓调好了，箭也很直，可是他却不能射中远处很小的目标，那他就不是后羿；治理百里之地，如果不能使百姓协调，统一天下，不能制服强暴的国家，这就不是大儒。

原文

彼大儒者，虽隐于穷阎漏屋，无置锥之地，而王公不能与之争名；在一大夫之位，则一君不能独畜，一国不能独容，成名况乎诸侯，莫不愿得以为臣；用百里之地而千里之国莫能与之争胜；笞棰暴国①，齐一天下，而莫能倾也；是大儒之征也。其言有类，其行有礼，其举事无悔，其持险应变曲当；与时迁徙，与世偃仰，千举万变，其道一也；

儒效

是大儒之稽也。其穷也，俗儒笑之；其通也，英杰化之，嵬琐逃之②，邪说畏之，众人媿之③。通则一天下，穷则独立贵名，天不能死，地不能埋，桀、跖之世不能污，非大儒莫之能立，仲尼、子弓是也。

注释

① 笞：用鞭子、竹板抽打。棰：用木棍打。
② 嵬琐：通"猥琐"。
③ 媿：通"愧"。

译文

那些大儒，即使隐居在偏僻的街巷，简陋不堪的房屋中，虽然自己贫穷得无立锥之地，可是王公大人却不能同他争夺名望；虽然他只是处在一个大夫的职位上，但不是一个诸侯国的国君所能单独任用，不是一个诸侯国所能单独容纳的，他的盛名比于诸侯，各国诸侯无不愿意让他来当自己的臣子；虽然他所管辖的仅百里见方的小国，但是拥有千里大国的人不能同他相匹敌；打击暴虐的国家，统一天下，没有什么能够动摇他，这就是大儒具备的特征。他的言行合乎礼义，做事果断，处理危机，应付突发事件能够恰到好处；他能随着时代的变化而变化，不管外界怎样变化，他的道术是始终如一的，这就是大儒的典范。他穷困失意时，庸俗的儒生都耻笑他；当他显达的时候，英雄豪杰都被他感化，不正派的人都会逃离他，坚持邪说的人都惧怕他；众人也都愧对他。在他显达时，就官运亨通，就能够统一天下，在他处于困境时，就能独树高声。上天不能使他死亡，大地也不能将他埋葬，即使夏桀、盗跖的时代也不能玷污他，如果不是大儒，就不能这样立身处世，而孔子、子弓就是这样的人。

原文

故有俗人者，有俗儒者，有雅儒者，有大儒者。不学问，无正义，以富利为隆，是俗人者也。逢衣浅带，解果其冠①（xiè luó），略法先王而足乱世术，缪学杂举，不知法后王而一制度，不知隆礼义而杀《诗》《书》；其衣冠行伪已同于世俗矣②，然而不知恶者，其言议谈说已无以异于墨子矣，然而明不能别；呼先王以欺愚者而求衣食焉，得委积足以掩其口，则扬扬如也；随其长子，事其便辟③，举其上客，亿然若终身之虏而不敢有他志④：是俗儒者也。法后王，一制度，隆礼义而杀《诗》《书》；其言行已有大法矣，然而明不能齐法教之所不及，闻见之所未至，则知不能类也；知之曰知之，不知曰不知，内不自以诬，外不自以欺，以是尊贤畏法而不敢怠傲；是雅儒者也。法先王，统礼义，一制度，以浅持博，以古持今，以一持万；苟仁义之类也，虽在鸟兽之中若别白黑；倚物怪变⑤，所未尝闻也，所未尝见也，卒然起一方⑥，则举统类而应之，无所儗怎⑦；张法而度之，则晻然若合符节⑧；是大儒者也。

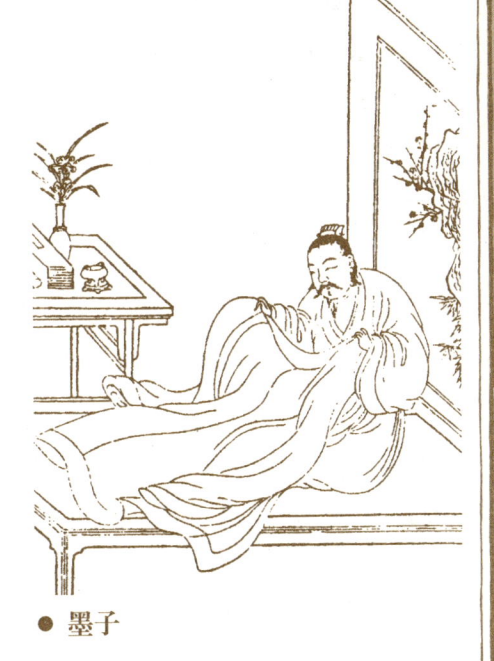

　　故人主用俗人，则万乘之国亡；用俗儒，则万乘之国存；用雅儒，则千乘之国安；用大儒，则百里之地久而后三年，天下为一，诸侯为臣；用万乘之国，则举错而定，一朝而伯⑨。

注释

①**解果**：又作"蟹螺""蟞倮""蟹堁"，指中间高两旁低的帽子。
②**行伪**：即行为。
③**便辟**：通"便嬖"，受君主宠爱的小臣。

④**亿然**：心安理得的样子。

⑤**倚**：通"奇"，奇怪。

⑥**卒**：通"猝"，猝然。

⑦**儌**：通"疑"，疑滞。**怍**：通"怍"，惭愧。

⑧**晻然**：相合。晻，通"奄"。**符节**：古代作为凭证的信物，一分为二，双方各执一半，验证时两片合起完全相符则可通行。

⑨**伯**：通"白"，名扬天下。

译文

所以，有庸俗的人，有庸俗的儒士，有高雅的儒士，有大儒。不学习，不讲求正义，把追求财富为目标，这是庸俗的人。穿着宽大的衣服并束着宽大的腰带，戴着中间高两旁低的帽子，粗略地效法古代圣王，这足以扰乱天下；杂举荒谬的学说，不知道把实践礼仪放在首要地位，把记诵《诗经》《尚书》放在次要地位；他们的衣冠、行为已经和世俗相同了，然而不知道厌恶自己；他们的言论，已经和墨子没有什么不同了，然而并不能明显区分；他们靠吹捧先王欺骗愚蠢的人，从而获得衣食，得到一点积蓄足以糊口就得意扬扬；顺从显贵的人，侍奉他们的亲信小人，吹捧显贵者的座上客，心安理得地做他们的奴仆，而不敢有其他任何志向，这种人就是庸俗的儒士。效法后代的帝王，统一制度，推崇礼仪而把《诗经》《尚书》降到次要位置，他的言行已经基本符合法规的要求了，然而他的智慧还不能解决法度和教育没有涉及的问题，以及见闻所没有达到的事物，即使有智慧还不能触类旁通；知道就说知道，不知道就说不知道，对内不欺骗自己，对外不欺骗别人，根据这种观念而尊重贤人，敬畏法度，不敢怠慢，这种人即为高雅的儒士。效法古代的圣王，总括礼义，统一制度，根据不多的见闻把握很多的知识，根据古代的事情把握现代的事情，根据单一之事推知世间万事万物，如果是合乎仁义的事物，即使在鸟兽之中，也能如同辨别黑白那样把它辨认出来；奇特的事情，古怪的变化，从没有听过，也

● 董仲舒

不曾见过，突然发生了，也能拿礼义来应对，而没有什么疑惑与惭愧，张扬法度来衡量它，就像符节一样完全相合，这就是大儒。

所以，君主用庸俗的人执政，那么万乘之国也将被灭亡；任用庸俗的儒士执政，万乘大国也仅能保存；用高雅的儒士执政，千乘之国家就能保平安；任用大儒来执政，即使是百里之地的小国，也可以保持长久，三年之后就可以统一天下，各国诸侯都来称臣；如果任用大儒治理万乘大国，就会政令布施，国家安定，很快就可以名扬天下。

原　文

不闻不若闻之，闻之不若见之，见之不若知之，知之不若行之。学至于行之而止矣。行之明也。明之为圣人。圣人也者，本仁义，当是非，齐言行，不失豪厘；无它道焉，已乎行之矣。故闻之而不见，虽博必谬；见之而不知，虽识必妄①；知之而不行，虽敦必困。不闻不见，则虽当非仁也；其道百举而百陷也。

注　释

①识：记住。

译　文

不听不如听到，听到不如亲眼看到，看到不如知道，知道了不如亲自实践。做到知行合一达到极致了。通过实践，就能明白事理，明白事理，就能成为圣人。圣人，把仁义作为根本，恰当地判断是非曲直，言行一致，丝毫不差，这并没有其他的窍门，就在于把学到的知识切实地付诸实践。所以听到而没有亲眼看到，即使听到的很多，也必定会出现错误；看见了却不知道，虽然记住了，也必有错误；知道了却不付诸实践，即使知识很多，也将会陷入困境。没有听见，也没有看见，即使做对了，也不是仁，把偶然当作根本方法来做事，这样做一百次就会失败一百次。

原　文

故人无师无法而知，则必为盗；勇，则必为贼；云能①，则必为乱；察，则必为怪；辩，则必为诞。人有师有法而知，则速通；勇，则速威；云能，则速成；察，则速尽；辩，则速论。故有师法者，人之大宝也；无师法者，人之大殃也。

注释

①云：有。

译文

所以，人如果没有老师的教导，不懂得法度，如果具有智慧，就会做出盗窃的事情；如果有勇气，就会抢劫；如果有才能，就必定会作乱；能够明察，就会发表奇谈怪论；如果善于辩驳，就一定会虚妄诡辩。但有了老师的教导，如果懂得法度，具有智慧，就能很快显达；如果有勇气，就能很快变得威武；如果有才能，就能很快取得成功；如果能明察，就能很快通晓事理；如果善辩，就能很快判断是非。所以，有老师的教导和有法度，就是人们最大的财富；反之，没有老师的教导和没有法度，就会成为人们的灾祸。

原文

人无师法，则隆性矣；有师法，则隆积矣；而师法者，所得乎情，非所受乎性；不足以独立而治。性也者，吾所不能为也，然而可化也。情也者，非吾所有也，然而可为也。注错习俗①，所以化性也。并一而不二，所以成积也。习俗移志，安久移质。并一而不二，则通于神明，参于天地矣。

注释

①注错：处理。

译文

没有老师的教导，不懂得法度，人就会任性而为；如果有老师教导，懂得法度，就会重视学习的积累；而老师的法度本身也是通过学习的积累得来的，不是先天具有的，它不能独立地治理自己。本性，不是我们后天所能造成的，但是本性却可以加以改变；积累，不是我们先天所有的，却可以造就风俗习惯可以改变人的思想，长久地受风俗习惯的影响，就会改变人的本性。只要专心致志，不三心二意，就能通于神明，与天地相参同了。

原文

故积土而为山，积水而为海，旦暮积谓之岁，至高谓之天，至下谓之地，宇中六指谓之极①，涂之人百姓积善而全尽谓之圣人。彼求之而后得，为之而后成，积之而后高，尽之而后圣。故圣人也者，人之所积也。人积耨(nòu)耕而为农夫②，积斲(zhuó)削而为工匠③，积反货而为商贾④，积礼义而为君子。工匠之子莫不继事，而都国之民安习其服。居楚而楚，居越而越，居夏而夏。是非天性也，积靡使然也。

● 山高海阔

注释

①宇：空间。六指：指上、下、东、南、西、北六个方向。指，指向，延伸。

②耨：锄草。

③斲：通"斫"，砍。

④反：通"贩"，售卖。

译文

所以，泥土堆积起来能成为高山，细流汇积起来能形成大海，一天一天的积累就叫作年，最高的地方是天，最低的地方是地，宇宙中上、下、东、西、南、北六个方向称为极，普通百姓积累善行，达到完美的程度就可以成为圣人。那都是必须努力才能有所收获，不断实践才会成功，不断积累才能提高，最终达到完美就能成为圣人。所以，圣人就是普通人的善行日积月累的结果啊。人们积累锄草耕田的经验就成为农夫，积累砍削的经验就成为木匠，积累贩卖货物的经验就成为商人，积累礼义的经验就成为君子。工匠的儿子继承父业，城里的人安于他们的职业。楚国有楚国的风俗习惯，越国有越国的风俗习惯，中原地带有中原地带的风俗习惯。这些都不是先天的本性，而是后天积累、磨炼的结果啊。

原文

故人知谨注错，慎习俗，大积靡，则为君子矣；纵情性而不足问学，则为小人矣。为君子则常安荣矣；为小人则常危辱矣。凡人莫不欲安荣而恶危辱，故唯君子为能得其所好，小人则日徼其所恶①。《诗》曰："维此良人，弗求弗迪。唯彼忍心，是顾是复。民之贪乱，宁为荼毒。"此之谓也。

注释

①徼：通"邀"，求取，招致。

译文

所以，如果人们行为谨慎，认真地对待风俗习惯，坚持德行的修养和磨炼，就能成为君子了；如果放纵性情，不努力学习，就会成为小人。成为君子，就能经常安泰、荣耀；成为小人，就会经常遇到危困、耻辱。没有人不希望安泰和荣耀和厌恶危困和耻辱的，但是，只有君子才能得到自己所喜好的，小人就只能每天招致他所厌恶的。《诗经》上说："对于这么多贤良的人，并不招致他，任用他；对那些狠毒的人，你却照顾他、看重他。人民想要反抗，难道甘愿受残害。"说的就是这个道理。

原文

人论①：志不免于曲私，而冀人之以己为公也；行不免于污漫，而冀人之以己为修也；其愚陋沟瞀②，而冀人之以己为知也；是众人也。志忍私然后能公，行忍情性然后能修，知而好问然后能才，公修而才，可谓小儒矣。志安公，行安修，知通统类，如是则可谓大儒矣。大儒者，天子三公也③。小儒者，诸侯大夫士也。众人者，工农商贾也。礼者，人主之所以为群臣寸尺寻丈检式也，人伦尽矣。

注释

①论：通"伦"，类别。
②其：当为"甚"字。
③三公：辅佐君王的最高官员，各个朝代名称不同，一指太师、太傅、太保，又说司马、司徒、司空。

译文

人的类别是：思想上总是偏私，却总希望别人认为他大公无私；行动肮脏卑鄙，却希望别人认为他有修养；自己浅陋又无知，却希望别人认为他聪明，这是一般人的想法。思想上摒弃私心然后才能公正；行动战胜情欲，然后才能品德高尚；有智慧而又虚心好学，然后才能有才智，做到这些，可称为小儒了。思想上安于公正，行动上安于善良，拥有智慧，又能通晓各类事务的法则，这样就可以称为大儒了。大儒，可以担任天子身边的三公；小儒，可以担任诸侯的士大夫；一般民众，就只能做工匠、农民、商人了。礼制，是君主衡量群臣等级优劣的标准，这样就把人的等级类别全包括在内了。

原文

君子言有坛宇①，行有防表②，道有一隆。言道德之求③，不下于安存。言志意之求，不下于士。言道德之求，不二后王。道过三代谓之荡。法二后王谓之不雅。高之下之，小之臣之④，不外是矣。是君子之所以骋志意于坛宇宫廷也⑤。故诸侯问政，不及安存，则不告也。匹夫问学，不及为士，则不教也。百家之说，不及后王，

● 灵公问陈

则不听也。夫是之谓君子言有坛宇，行有防表也。

> 注　释

① **坛宇**：引申指界限。坛，堂基；宇，屋檐。
② **防表**：限度标准。
③ **道德**：当为"政治"。
④ **臣**：当为"巨"字。
⑤ **骋**：尽情施展。

> 译　文

　　君子的言论有界限，行为有标准，言行有所专重。谈到政治的要求，要以国家安定和存在为标准；谈到志向的要求，要以做士为准则；谈到道德的要求，就要以不能背离当代帝王为准则。夏、商、周三代以前的道太过遥远，就是放荡荒诞的了；法度背离了当代的帝王，就是不正确的了。自己的主张或高，或低，或大，或小，都不超出这些方面，君子发挥自己的思想，就是以此为界限。所以，诸侯询问政治问题，不涉及国家的安危存亡，就不告诉他；一般人来询问学习问题，如不涉及如何做士，就不教导他；诸子百家的学说，如不涉及当代帝王如何治理国家，就不去听信他。这就是君子说话有界限，行动有标准。

王　制

题　解

　　本篇体现了荀子在政治方面的思想，阐述了奉行王道从而成就帝王大业的圣王之制，列举了政治纲领、策略措施、用人方针、听政方法、管理制度、官吏职事等各项举措，并论述了除王制之外那些导致灭亡等后果的行为，供君主加以借鉴。荀子看到了统治者与人民之间的矛盾关系，体现了可贵的民本思想。

原文

　　请问为政？曰：贤能不待次而举，罢(pí)不能不待须而废①，元恶不待教而诛，中庸民不待政而化。分未定也则有昭缪(mù)②。虽王公士大夫之子孙，不能属于礼义③，则归之庶人。虽庶人之子孙也，积文学，正身行，能属于礼义，则归之卿相士大夫。故奸言，奸说，奸事，奸能，遁逃反侧之民④，职而教之，须而待之。勉之以庆赏，惩之以刑罚。安职则畜，不

● 贤能不待次而举

安职则弃。五疾⑤，上收而养之，材而事之，官施而衣食之，兼覆无遗。才行反时者死无赦。夫是之谓天德，王者之政也。

注释

①罢：通"疲"，没有德才的人。须：须臾。

②昭缪：同"昭穆"，古代宗庙的排列顺序。祖庙居中，父辈的庙在左叫昭，子辈的庙在右叫穆，用以区分上下辈分的次序。

③属于：符合。

④反侧：指不安分守己的人。

⑤五疾：五种残疾，指哑、聋、瘸、断臂、身材异常矮小。

译文

请问怎样从事政治？回答说：对于有德才的人，不依级别次序而破格提拔；对于无德无能的人，不等待片刻而立即罢免；对于元凶首恶，不需教育而马上诛杀掉；对于普通民众，不靠行政手段而进行教育感化。在名分还没有确定的时候，就应该像宗庙有昭穆的分别一样来排列臣民的等级次序。即使是帝王公侯士大夫的子孙，如果不能顺从礼仪道义，也把他们归入平民。即使是平民的子孙，如果积累了古代文献经典方面的知识，端正了身心行为，能顺从礼义，就把他们归入卿相士大夫。对于那些散布邪恶的言论、鼓吹邪恶的学说、干邪恶的事情、有邪恶的能力、逃亡流窜、不守本分的人，就安排强制性的工作并教育他们，静待他们改变；用奖赏去激励他们、用刑罚去惩处他们；安心工作的就留用，不安心工作的就流放出去。对患有五种残疾的人，君王收留并养活他们，根据才能任用他们，根据职事安排供给他们吃穿，全部加以照顾而不遗漏。对那些用才能和行为来反对现行制度的人，坚决处死，决不赦免。这叫作天一般的德行，是成就王业的圣王所采取的政治措施啊。

原文

听政之大分①：以善至者待之以礼，以不善至者待之以刑。两者分别，则贤不肖不杂，是非不乱。贤不肖不杂则英杰至，是非不乱则国家治。若是名声日闻，天下愿，令行禁止，王者之事毕矣。

凡听，威严猛厉而不好假道人②，则下畏恐而不亲，周闭而不竭；若是，则大事殆乎弛，小事殆乎遂③。和解调通，好假道人，而无所凝止之，则奸言并至，尝试之说锋起④；若是则听大事烦，是又伤之也。

注释

① **大分**：要领。
② **假道**：宽容以待人。
③ **遂**：通"坠"，落空，停顿。
④ **锋**：通"蜂"。

译文

在朝廷上听取意见处理政事的要领：对那些带着好的建议而来的人，就以礼相待；对那些怀着恶意而来的人，就用刑罚对待他。这两种情况能区别开来，那么有德才的人和没有德才的人就不会混杂在一起，是非也就不会混淆不清。有德才的人和没有德才的人不混杂，那么英雄豪杰就会到来；是非分明，那么国家就能得到治理。像这样，名声就会一天天传扬出去，天下的人就会仰慕向往，就能做到有令必行、有禁必止，这样，君主的事业也就完成了。

但凡在朝廷上听取意见处理政事的时候，如果威武严肃凶猛刚烈而不喜欢宽容地顺从别人，那么臣下就会害怕恐惧而不敢亲近，就会隐瞒真情而不把真心话全部说出来；像这样，那么大事恐怕会废弛，小事恐怕会落空。如果一味随和，喜欢宽容地顺从别人而漫无限度，那么奸诈邪恶的言论就会纷至沓来，试探性的谈话就会蜂拥而起；像这样，那么听到的事情就会面广量大繁多琐碎，这就又对处理政事有伤害了。

原文

故法而不议，则法之所不至者必废。职而不通，则职之所不及者必队。故法而议，职而通，无隐谋，无遗善，而百事无过，非君子莫能。故公平者，职之衡也，中和者，听之绳也。其有法者以法行，无法者以类举，听之尽也。偏党而无经，听之辟也①。故有良法而乱者，有之矣；有君子而乱者，自古及今，未尝闻也。传曰："治生乎君子，乱生乎小人。"此之谓也。

注释

①辟：通"僻"，偏邪，有违公正。

译文

制定了法律而不再依靠臣下议论研究，那么法律没有涉及的事情就一定会被废弃不管。规定了各级官吏的职权范围而不互相沟通，那么职权范围涉及不到的地方就必然会落空掉队。所以制定了法律而又依靠臣下的讨论研究，规定了各级官吏的职权范围而又彼此沟通，那就不会有隐藏的图谋，不会有遗忘的善行，而各种工作也就不会有过失了，不是君子是不能做到这样的。公正，是处理政事的准则；宽严适中，是处理政事的准绳。那些有法律依据的就按照法律来行使，没有法律条文可遵循的就按照类推的办法来办理，这是处理政事的彻底措施。偏袒而没有常规，是处理政事的歪道。所以，有了良好的法制而产生动乱是有过这种情况的；有了德才兼备的君子而国家动乱的，从古到今，还不曾听说过。古书上说："国家的安定治理产生于君子，国家的动乱来源于小人。"说的就是这种情况啊。

原文

分均则不偏，势齐则不壹，众齐则不使。有天有地而上下有差，明王始立而处国有制。夫两贵之不能相事，两贱之不能相使，是天数也。势位齐，而欲恶同，物不能澹则必争①。争则必乱，乱则穷矣。先王恶其乱也，故制礼义以分之，使有贫、富、贵、贱、之等，足以相兼临者②，是养天下之本也③。《书》曰："维齐非齐。"此之谓也。

注 释

① 澹：通"赡"，满足。
② 相兼临：全面统治。
③ 养：养育，引申指统治。

译 文

名分职位相等了就谁也不能统率谁，势位权力相等了就谁也不能统一谁，大家平等了就谁也不能差使谁。自从有了天有了地，就有了上和下的差别；英明的帝王一登上王位，治理国家就有了一定的等级制度。两个同样高贵的人不能互相侍奉，两个同样卑贱的人不能互相役使，这是合乎自然的道理。如果人们的权势地位相等，而爱好与厌恶又相同，那么由于财物不能满足需要，就一定会发生争夺；一发生争夺就一定会混乱，社会混乱就会陷于困境了。古代的圣王厌恶这种混乱，所以制定了礼义来加以区分，使人们有贫穷与富裕、高贵与卑贱的差别，使自己能够凭借这些来全面统治他们，这是统治天下的根本原则。《尚书》上说："要整齐划一，在于不整齐划一。"说的就是这个道理。

原 文

马骇舆，则君子不安舆；庶人骇政，则君子不安位。马骇舆，则莫若静之；庶人骇政，则莫若惠之。选贤良，举笃敬，兴孝弟，收孤寡，补贫穷；如是，则庶人安政矣。庶人安政，然后君子安位。传曰："君者，舟也；庶人者，水也。水则载舟，水则覆舟。"此之谓也。

故君人者，欲安，则莫若平政爱民矣；欲荣，则莫若隆礼敬士矣；欲立功名，则莫若尚贤使能矣。是君人者之大节也①。三节者当，则其余莫不当矣。三节者不当，则其余虽曲当，犹将无益也。孔子曰："大节是也，小节是也，上君也。大节是也，小节一出焉，一入焉，中君也。大节非也，小节虽是也，吾无观其余矣②。"

注释

①**大节**：关系存亡安危的大事，关键。

②**无**：通"毋"，不要。

译文

● 水则载舟，水则覆舟

马在拉车时受惊了而狂奔，那么君子就不能稳坐在车中；老百姓被政治吓怕了，那么君子就不能稳坐江山。马在拉车时受惊了，那就没有比使它安静下来更好的了；老百姓在政治上受惊了，那就没有比给他们恩惠更好的了。选用有德才的人，提拔忠厚恭谨的人，提倡孝顺父母、敬爱兄长，收养孤儿寡妇，补助贫穷的人，像这样，那么老百姓就安于政治了。老百姓安于政治，然后君子才能安居其位。古书上说："君主，好比是船；百姓，好比是水。水能载船，水也能翻船。"说的就是这个道理。

所以统治人民的君主，要想安定，就没有比调整好政策、爱护人民更好的了；要想荣耀，就没有比尊崇礼义、敬重文人更好的了；更想建立功业和名望，就没有比推崇品德高尚的人、使用有才能的人更好的了。这些是当君主的关键。这三个关键都做得恰当，那么其余的就没有什么不恰当了。这三个关键做得不恰当，那么其余的即使处处恰当，还是毫无裨益的。孔子说："大节对，小节也对，这是上等的君主。大节对，小节有些出入，这是中等的君主。大节错了，小节即使对，我也不要再看其余的了。"

原文

成侯、嗣公聚敛计数之君也①，未及取民也。子产取民者也，未及为政也。管仲为政者也，未及修礼也。故修礼者王，为政者强，取民者安，聚敛者亡。故王者富民，霸者富士，仅存之国富大夫，亡国富筐箧，实府库。筐箧已富，府库已实,而百姓贫;夫是之谓上溢而下漏。入不可以守,出不可以战,则倾覆灭亡可立而待也。故我聚之以亡,敌得之以强。聚敛者,召寇、肥敌、亡国、危身之道也,故明君不蹈也。

注释

①成侯:战国时卫国国君,名遫。嗣公:即卫嗣君,卫国国君,卫成侯之孙。

● 子产

译文

卫成侯、卫嗣公,是聚敛民财、精于计算的国君,没能达到取得民心的境地;子产,是取得民心的人,却没能达到处理好政事的境地;管仲,是善于从理政事的人,但没能达到遵循礼义的境地。遵循礼义的能成就帝王大业,善于处理政事的能强大,取得民心的能安定,搜刮民财的会灭亡。称王天下的君主使民众富足,称霸诸侯的君主使战士富足,勉强能存在的国家使大夫富足,亡国的君主只是富了自己的箱子、塞满了自己的仓库。自己的箱子已装足了,仓库已塞满了,但老百姓却贫困了,这叫作上面漫出来而下面漏得精光。这样的国家,内不能防守,外不能征战,那么它的倾覆灭亡可以立刻到来了。所以我搜刮民财以致灭亡,敌人得到这些财物因而富强。聚敛民财,实是招致侵略者、肥了敌人、灭亡本国、危害自身的道路,所以贤明的君主是不走这条路的。

原文

王夺之人①,霸夺之与,强夺之地。夺之人者臣诸侯,夺之与者友诸侯,夺之地者敌诸侯。臣诸侯者王,友诸侯者霸,敌诸侯者危。

用强者:人之城守,人之出战,而我以力胜之也,则伤人之民必甚矣；伤人之民甚，则人之民恶我必甚矣；人之民恶我甚，则日欲与我斗。人之城守，人之出战，而我以力胜之，则伤吾民必甚矣；伤吾民甚，则吾民之恶我必甚矣；吾民之恶我甚，则日不欲为我斗。人之民日欲与我斗，吾民日不欲为我斗，是强者之所以反弱也。地来而民去，累多而功少，虽守者益，所以守者损，是以大者之所以反削也②。诸侯莫不怀交接怨而不忘其敌③，伺强大之间，承强大之敝④，此强大之殆时也。

知强大者不务强也，虑以王命全其力，凝其德。力全则诸侯不能弱也，德凝则诸侯不能削也，天下无王霸主，则常胜矣；是知强道者也。

注释

①夺之人：争夺民心。
②"是"下"以"字：当为衍字。
③怀交接怨：当为"怀怨交接"。
④承：通"乘"，趁。敝：疲惫，衰败。

译文

要称王天下的和别国争夺民众的心，要称霸诸侯的和别国争夺同盟国，只图逞强的和别国争夺土地。和别国争夺人民的可以使诸侯成为自己的臣子，和别国争夺同盟国的可以使诸侯成为自己的朋友，和别国争夺土地的就会使诸侯成为自己的敌人。使诸侯臣服的能称王天下，同诸侯友好的能称霸诸侯，和诸侯为敌的就危险了。

使用强制力来和别国争夺土地的君主，人家或者据城守卫，或者出城迎战，而我用武力去战胜他们，那么伤害别国的民众必然很厉害。伤害别国的民众很厉害，那么别国的民众怨恨我也必然更加厉害。别国的民众怨恨我很厉害，那就会天天想和我战斗。人家或者据城守卫，或者出城迎战，而我用武力去战胜他们，那么伤害自己的民众必然很厉害。伤害自己的民众很厉害，那么自己的民众怨恨我也必然更厉害。自己的民众怨恨我更厉害，那就天天不想为我战斗。别国的民众天天想和我战斗，我自己的民众天天不想为我战斗，这就是强国反而变弱的原因。土地夺来了而民众离心离德远去了，忧患很多而功劳很少，虽然守卫的土地增加了，用来守卫土地的民众却减少了，这就是大国反而被割削的原因。诸侯无不互相结交、联结那些对强国心怀怨恨的国家而不忘记他们的敌人，他们窥测那强大之国的漏洞，趁着强大之国的衰败来进攻，这就是强大之国的危险时刻了。

懂得强大之道的君主不致力于逞强黩武，而是考虑用天子的命令来保全自己的实力、积聚自己的德望。实力保全了，那么各国诸侯就不能使他衰弱了；德望积聚了，那么各国诸侯就不能削弱他了；天下如果没有能成就王业、霸业的君主，那么他就能常常取胜了。这是懂得强大之道的君主。

原文

彼霸者不然：辟田野，实仓廪，便备用①，案谨募选阅材伎之士②，然后渐庆赏以先之③，严刑罚以纠之；存亡继绝，卫弱禁暴，而无兼并之心，则诸侯亲之矣。修友敌之道以敬接诸侯，则诸侯说之矣。所以亲之者，以不并也；并之见，则诸侯疏矣。所以说之者，以友敌也；臣之见，则诸侯离矣。故明其不并之行，信其友敌之道，天下无王，霸主则常胜矣，是知霸道者也。

注释

① **便**：改进。
② **案**：语助词，无实际意义。**选阅**：选拔。**材**：通"才"。**伎**：通"技"，技能。
③ **渐**：加重。**先**：引导。

译文

那些奉行霸道的君主就不是这样。他开垦田野，充实粮仓，改进设备器用，严格谨慎地招募、选择、接纳有才能技艺的士人，然后加重奖赏来引导他们,加重刑罚来督责他们;他使灭亡的国家能存在下去,使已经断绝了的后代继承关系能继续下去,保护弱小的国家,禁止残暴的国家,但是并没有吞并别国的野心,那么各国诸侯就会亲近他了。他遵行与力量匹敌的国家相友好的原则去恭敬地接待各国诸侯,那么各国诸侯就喜欢他了。各国诸侯之所以亲近他,是因为他不吞并别国;如果吞并别国的野心暴露出来,那么各国诸侯就会疏远他了。各国诸侯之所以喜欢他,是因为他和力量相匹敌的国家相友好;如果要使各国诸侯臣服的意图暴露出来,那么各国诸侯就会背离他了。所以,表明自己不会有吞并别国的行为,信守自己和匹敌的国家相友好的原则,天下如果没有成就王业的君主,这奉行霸道的君主就能常常取胜了。这是懂得称霸之道的君主。

原文

闵王毁于五国①,桓公劫于鲁庄②,无它故焉,非其道而虑之以王也。

注释

①**闵王**:即齐闵王,或作齐湣王、齐愍王,战国时齐国国君,田氏,名地,齐宣王之子。

②**鲁庄**:即鲁庄公,春秋时鲁国国君,姬姓,名同。

译文

齐闵王被五国联军毁灭,齐桓公被鲁庄公的臣子劫持,这没有其他的缘故,就是因为他们实行的不是王道却想靠它来称王。

原文

彼王者不然。仁眇(miǎo)天下①,义眇天下,威眇天下。仁眇天下,故天下莫不亲也。义眇天下,故天下莫不贵也。威眇天下,故天下莫敢敌也。以不敌之威,辅服人之道,故不战而胜,不攻而得,甲兵不劳而天下服。是知王道者也。

知此三具者,欲王而王,欲霸而霸,欲强而强矣。

注释

① 眇：高于。

译文

那些奉行王道的君主就不是这样。他的仁爱高于天下各国，道义高于天下各国，威势高于天下各国。仁爱高于天下各国，所以天下没有谁不亲近他。道义高于天下各国，所以天下没有谁不尊重他。威势高于天下各国，所以天下没有谁敢与他为敌。拿不可抵挡的威势去辅助使人心悦诚服的仁义之道，所以不战而胜，不攻而获得，不费一兵一甲天下就归服了，这是懂得称王之道的君主。

懂得了上述或王，或霸，或强的条件的君主，想要称王就能称王，想要称霸就能称霸，想要致强就能致强。

原文

王者之人：饰动以礼义①，听断以类，明振毫末，举措应变而不穷。夫是之谓有原。是王者之人也。

注释

① 饰：通"饬"，整饬。

译文

奉行王道而成就王业的君主所拥有的辅佐大臣：能用礼义来修饰自己的行为，按照法度来处理决断政事，明察得能揭发出毫毛末端般的细微小事，能随各种变化而采取相应的措施，不会穷于应付。这叫作掌握了根本。这就是奉行王道的君主所拥有的辅佐大臣。

原文

王者之制：道不过三代①，法不贰后王②；道过三代谓之荡；法贰后王谓之不雅。衣服有制，宫室有度，人徒有数，丧祭械用，皆有等宜③。声，则凡非雅声者举废；色，则凡非旧文者举息；械用，则凡非旧器者举毁；夫是之谓复古，是王者之制也。

注释

①**三代**：指夏、商、周。

②**贰**：违背。

③**宜**：通"仪"，仪等，等级。

译文

奉行王道的君主所实行的制度：奉行的政治原则不超出夏、商、周三代，实行的法度不背离当代的帝王。政治原则超过了三代便叫作荒诞，法度背离了当代的帝王便叫作不正。不同等级的人衣服各有制度，住房各有标准，随从人员各有一定的数目，丧葬祭祀用的器具各有相称的规定。音乐，凡是不合乎正声雅乐的全部废除；色彩，凡是不合乎原色文采的全部禁止；器具，凡是不同于原来器具的全部毁掉。这叫作复古。这就是奉行王道的君主所实行的制度。

原文

王者之论①：无德不贵，无能不官，无功不赏，无罪不罚。朝无幸位，民无幸生。尚贤使能，而等位不遗；析愿禁悍②，而刑罚不过。百姓晓然皆知夫为善于家而取赏于朝也；为不善于幽而蒙刑于显也。夫是之谓定论。是王者之论也。

注释

①**论**：通"伦"，审察和处理。

②**析愿**：当作"折愿"，抑制狡诈的人。愿，通"原"，狡诈。

译文

奉行王道的君主对臣民的审察处理：没有品德的不让他显贵，没有才能的不让他当官，没有功劳的不给奖赏，没有罪过的不加

● 不用利口

以处罚。朝廷上没有无德无功而侥幸获得官位的，百姓中没有游手好闲而侥幸获得生存的。崇尚贤德，任用才能，授予的等级地位各与德才相当而没有疏失；制裁狡诈，禁止凶暴，施加的刑罚各与罪行相当而不过分。老百姓都明明白白地知道：即使在家里行善修德，也能在朝廷上取得奖赏；即使在暗地里为非作歹，也会在光天化日之下受到惩处。这叫作确定不变的审处。这就是奉行王道的君主对臣民的审察处理。

原文

王者之法：等赋，政事①，财万物②，所以养万民也。田野什一，关市几而不征③，山林泽梁，以时禁发而不税。相地而衰（cuī）政④，理道之远近而致贡，通流财物粟米，无有滞留，使相归移（kuì）也⑤；四海之内若一家。故近者不隐其能，远者不疾其劳。无幽闲隐僻之国，莫不趋使而安乐之。夫是之谓人师，是王者之法也。

注释

① **政**：通"正"，处理。
② **财**：通"裁"，裁决。
③ **几**：通"讥"，检查。
④ **衰**：差别。**政**：通"征"，征收赋税。
⑤ **归**：通"馈"，赠送。**移**：运输。

译文

奉行王道的君主的法度：规定好赋税等级，管理好民众事务，处理好万物，这是用来养育亿万民众的。对于农田，按收入的十分之一征税；对于关卡和集市，进行检查而不征税；对于山林湖泽堤，按时封闭和开放而不收税。考察土地的肥瘠来分别征税，区别道路的远近来收取贡品。使财物、粮米流通，没有滞留积压；使各地互通有无来供给对方，四海之内就像一家人一样。所以近处的人不隐藏自己的才能，远处的人不厌恶奔走的劳苦，即使是幽远偏僻的国家，也无不乐于前来归附来听从役使。这种君主叫作人民的师表。

这就是奉行王道的君主所实行的法度。

原文

北海则有走马吠犬焉,然而中国得而畜使之。南海则有羽翮、齿革、曾青、丹干焉①,然而中国得而财之。东海则有紫、绤、鱼、盐焉②,然而中国得而衣食之。西海则有皮革、文旄焉③,然而中国得而用之。故泽人足乎木,山人足乎鱼,农夫不斫削不陶冶而足械用,工贾不耕田而足菽粟。故虎豹为猛矣,然君子剥而用之。故天之所覆,地之所载,莫不尽其美致其用,上以饰贤良下以养百姓而安乐之。夫是之谓大神。《诗》曰:"天作高山,大王荒之④;彼作矣,文王康之。"此之谓也。

注释

①**曾青**:矿产品铜精,铜的化合物,可以绘画和熔化黄金。**丹干**:丹砂。

②**紫**:通"绨"(chī),细麻布。**绤**:应作"绤"(xì)字,粗麻布。

③**文旄**:染上色彩的牦牛尾。

④**大王**:周太王,即古公亶父,周文王的祖父,古代周族领袖。**荒**:大。

● 虎

译文

北海有善于奔走的马和善于吠叫的狗,而中原各国可以得到并畜养役使它们。南海有羽毛、象牙、犀牛皮、曾青、朱砂,而中原各国可以得到并使用它们。东海有紫色的粗麻布、鱼、盐,而中原各国可以得到并穿着、食用它们。西海有皮革和色彩斑斓的牦牛尾,而中原各国可以得到并使用它们。所以湖边打鱼的人会有足够的木材,山上伐木的人会有足够的鲜鱼;农民不砍削、不烧窑冶炼而有足够的器具,工匠、商人不种地而有足够的粮食。虎、豹要算是凶猛的了，但是君子能够剥下它们的皮来使用。所以苍天所覆盖的，大地所承载的，没有不充分发挥它们的优点、竭尽它们的效用，向上用来装饰贤良的人，向下用来养活老百姓使他们都安乐。这叫作大治。《诗经》上说："天生高大的岐山，太王使它大发展；太王已经造此都，文王使它长平安。"说的就是这个意思。

原 文

以类行杂①，以一行万；始则终，终则始，若环之无端也，舍是而天下以衰矣。天地者，生之始也；礼义者，治之始也；君子者，礼义之始也。为之，贯之，积重之，致好之者，君子之始也②。故天地生君子，君子理天地。君子者，天地之参也③，万物之总也，民之父母也。无君子，则天地不理，礼义无统；上无君师，下无父子，夫是之谓至乱。君臣父子兄弟夫妇，始则终，终则始，与天地同理，与万世同久，夫是之谓大本。故丧祭朝聘师旅一也，贵贱杀生与夺一也，君君臣臣父父子子兄兄弟弟一也，农农士士工工商商一也。

注 释

①**类**：统类。**行**：察。**杂**：泛指万物。
②**之始**：当为衍文。
③**参**：配合。

译 文

用各类事物的法则去治理各种纷繁复杂的事物，用统括一切的法则去治理万事万物，从始到终，周而复始，就像圆环没有尽头一样。如果舍弃了这个原则，那么天下就要衰微了。天地，是生命的本源；礼义，是天下大治的本源；君子，是礼义的本源。学习研究礼义，熟悉贯通礼义，积累增多礼义方面的知识，达到爱好礼义，这是做君子的开端。所以天地生养君子，君子治理天地。君子，是天地的参赞，万物的总管，人民的父母。没有君子，那么天地就不能治理，礼义就没有统帅，上没有君主、师长的尊严，下没有父子之间的伦理道德，这叫作极其混乱。君臣、父子、兄弟、夫妻之间的伦理关系，从始到终，从终到始，它们与天地有上下之分是同样的道理，与千秋万代同样长久，这叫作最大的根本。所以丧葬祭祀的礼仪、诸侯定期朝见天子的礼仪、军队中的礼仪，其道理是一样的；使人高贵或卑贱、将人处死或赦免、给人奖赏或处罚，其道理是一样的；君主要像个君主，臣子要像个臣子，父亲要像个父亲，儿子要像个儿子，兄长要像个兄长，弟弟要像个弟弟，其道理是一样的；农民要像个农民，读书人要像个读书人，工人要像个工人，商人要像个商人，其道理是一样的。

原文

水火有气而无生①，草木有生而无知，禽兽有知而无义；人有气有生有知亦且有义，故最为天下贵也。力不若牛，走不若马，而牛马为用，何也？曰：人能群，彼不能群也。人何以能群？曰：分。分何以能行？曰：义。故义以分则和，和则一，一则多力，多力则强，强则胜物；故宫室可得而居也。故序四时，裁万物，兼利天下，无它故焉，得之分义也。

注释

① 气：古人认为气是一种元素，万物都是由气构成的。

译文

水、火有气却没有生命，草木有生命却没有知觉，禽兽有知觉却不讲道义；人有气、有生命、有知觉，而且讲究道义，所以人最为天下所贵重。人的力气不如牛，奔跑不如马，但牛、马却被人奴役使用，为什么呢？就是因为：人能结合成社会群体，而它们不能结合

● 牛

成社会群体。人为什么能结合成社会群体？就是因为有等级名分。等级名分为什么能实行？就是因为有道义。所以，根据道义确定了名分，人们就能和睦协调；和睦协调，就能团结一致；团结一致，力量就大；力量大了，就强盛；强盛了，就能战胜外物；所以人才有可能在房屋中安居。所以，人才能依次排列四季，管理好万事万物，使天下都得到利益，这并没有其他的缘故，而是从名分和道义中得来的。

原文

故人生不能无群，群而无分则争，争则乱，乱则离，离则弱，弱则不能胜物。故宫室不可得而居也，不可少顷舍礼义之谓也。

能以事亲谓之孝，能以事兄谓之弟，能以事上谓之顺，能以使下谓之君。君者，善群也。群道当则万物皆得其宜，六畜皆得其长①，群生皆得其命。故养长时，则六畜育；杀生时，则草木殖。政令时，则百姓一，贤良服。

注释

①**六畜**：指猪、羊、牛、马、鸡、狗。

译文

所以人生活着不能没有社会群体，但结合成了社会群体而没有等级名分的限制就会发生争斗，一发生争斗就会产生动乱，一产生动乱就会离心离德，离心离德就会使力量削弱，力量弱了就不能胜过外物，所以也就不能在房屋中安居了。这是说人不能片刻舍弃礼义。

能够按礼义来侍奉父母叫作孝，能够按礼义来侍奉兄长叫作悌，能够按礼义来侍奉君主叫作顺从，能够按礼义来役使臣民叫作君。所谓君，就是善于把人组织成社会群体的意思。组织社会群体的原则恰当，那么万物都能得到应有的合宜安排，六畜都能得到应有的生长，一切生物都能得到应有的寿命。所以饲养适时，六畜就生育兴旺；砍伐种植适时，草木就繁殖茂盛；政策法令适时，老百姓就能被统一起来，有德才的人就能服从。

原　文

　　圣王之制也：草木荣华滋硕之时①，则斧斤不入山林，不夭其生，不绝其长也；鼋鼍、鱼鳖、鳅鳝孕别之时②，罔罟、毒药不入泽③，不夭其生，不绝其长也；春耕、夏耘、秋收、冬藏四者不失时，故五谷不绝，而百姓有余食也；洿池、渊沼、川泽④，谨其时禁，故鱼鳖优多而百姓有余用也；斩伐养长不失其时，故山林不童而百姓有余材也⑤。

　　圣王之用也：上察于天，下错于地⑥，塞备天地之间，加施万物之上；微而明，短而长，狭而广，神明博大以至约。故曰：一与一是为人者，谓之圣人。

注　释

① 滋：生长。硕：大。
② 鼋：大鳖，背青黄色，头有疙瘩。鼍：扬子鳄。
③ 罔：同"网"。罟：网的总称。
④ 洿池：蓄水池塘。渊：深水潭。沼：水池。川：河流。泽：湖泊。
⑤ 童：山无草木。
⑥ 错：通"措"，处置，采取措施。

译　文

　　圣明帝王的制度是：草木正在开花长大的时候，不准进山林砍伐，这是为了使它们的生命不夭折，使它们不断生长；鼋、鼍、鱼、鳖、泥鳅、鳝鱼等怀孕产卵的时候，渔网、毒药不准投入湖泽，这是为了使它们的生命不夭折，使它们不断生长。春天

● 鳖

耕种、夏天锄草、秋天收获、冬天储藏,这四件事都不丧失时机,所以五谷不断地生长而老百姓有多余的粮食;池塘、水潭、河流、湖泊,严格禁止在规定时期内捕捞,所以鱼、鳖丰饶繁多而老百姓有多余的资财;树木的砍伐与培育养护不错过季节,所以山林不会光秃秃而老百姓有多余的木材。

圣明帝王的作用:上能明察天时的变化,下能安排好土地的开发;他的作用充满在天地之间,施加到万物之上;隐微而又明显,短暂而又长久,狭窄而又广阔;他圣明博大,却又极其简要。所以说:从礼义到礼义,这样做人的,就叫作圣人。

原文

序官:宰爵知宾客、祭祀、飨食、牺牲之牢数①。司徒知百宗、城郭、立器之数②。司马知师旅、甲兵、乘白之数③。修宪命,审诗商④,禁淫声,以时顺修,使夷俗邪音不敢乱雅,大师之事也⑤。修堤梁,通沟浍,行水潦⑥,安水臧⑦,以时决塞;岁虽凶败水旱,使民有所耘艾,司空之事也⑧。相高下,视肥墝,序五种,省农功,谨蓄藏,以时顺修,使农夫朴力而寡能,治田之事也。修火宪,养山林薮泽草木鱼鳖百索,以时禁发,使国家足用而财物不屈,虞师之事也⑨。顺州里,定廛宅⑩,养六畜,闲树艺⑪,劝教化,趋孝弟,以时顺修,使百姓顺命,安乐处乡,乡师之事也⑫。论百工,审时事,辨功苦,尚完利,便备用,使雕琢文采不敢专造于家,工师之事也。相阴阳,占祲兆⑬,钻龟陈卦,主攘择五卜⑭,知其吉凶妖祥,伛巫、跛击之事也⑮。修采清⑯,易道路,谨盗贼,平室律,以时顺修,使宾旅安而货财通,治市之事也。抃急禁悍⑰,防淫除邪,戮之以五刑,使暴悍以变,奸邪不作,司寇之事也⑱。本政教,正法则,兼听而时稽之，度其功劳，论其庆赏，以时慎修，使百吏免尽而众庶不偷，冢宰之事也[19]。论礼乐，正身行，广教化，美风俗，兼覆而调一之，辟公之事也。全道德，致隆高，綦文理，一天下，振毫末，使天下莫不顺比从服，天王之事也。故政事乱，则冢宰之罪也；国家失俗，则辟公之过也；天下不一，诸侯俗反，则天王非其人也。

● 大事卜吉

注释

①**宰爵**：一种官名，掌管接待宾客、祭祀时供应酒食祭品等事务。**飨**：用酒食招待人。**牺牲**：古代祭祀用的猪、牛、羊等。

②**司徒**：掌管民政之官。**百宗**：百族。

③**司马**：官名，掌管军队。**乘**：四马拉一车为乘。**白**：通"伯"，古代军队编制，百人为伯。

④**商**：通"章"，乐章。

⑤**大师**：乐官之长。**大**：同"太"。

⑥**潦**：积水。

⑦**臧**：通"藏"，储藏水的地方。

⑧**司空**：掌管土木工程之官。

⑨**虞师**：管理山林湖泊的官。

⑩**廛**：古代城市居民的房子。

⑪**闲**：学习，熟习。

⑫ **乡师**：乡一级的长官。

⑬ **祲**：阴阳二气相侵所形成的象征不吉祥的云气。

⑭ **五卜**：指占卜时龟板上出现的雨、霁、蒙、驿、克五种兆形。

⑮ **击**：通"觋（xí）"，古代从事求神卜卦等迷信职业的人，男的称觋，女的称巫。

⑯ **採**：当为"垬"字，坟墓。**清**：厕所。

⑰ **扑急**：当作"折愿"。

⑱ **司寇**：主管司法的最高长官。

⑲ **冢宰**：宰相。

译文

论列官职：宰爵掌管接待宾客和祭祀时供给酒食和祭品的数量。司徒掌管宗族和城郭器械的数量。司马掌管军队和铠甲兵器车马士兵的数量。遵循法令，审查诗歌乐章，禁止淫荡的音乐，根据时势去治理，使蛮夷的风俗和邪恶的音乐不敢扰乱正声雅乐，这是太师的职事。修理堤坝桥梁，疏通沟渠，排除积水，修固水库，根据时势来放水堵水；即使是饥荒歉收、涝灾旱灾不断的凶年，也使民众能够继续耕耘有所收获，这是司空的职事。观察地势的高低，识别土质的肥沃与贫瘠，合理地安排各种庄稼的种植季节，检查农事，认真储备，根据时势去整治，使农民质朴地尽力耕作而不求兼有其他技能，这是农官的职事。制定禁止焚烧山泽的法令，养护山林、湖泊中的草木、鱼鳖，对于人们的各种求索，根据时节来禁止与开放，使国家有足够用的物资而不匮乏，这是虞师的职事。治理乡里，划定各店铺与民居的区域，使百姓饲养六畜，熟习种植，劝导人们接受教育感化，促使人们孝顺父母、敬爱兄长，根据时势去整治，使百姓服从命令，安乐地住在乡里，这是乡师的职事。考查各个工匠的手艺，审察各个时节的生产事宜，辨别产品质量的好坏，提倡产品的坚固好用，使设备用具便于使用，雕刻图案的器具与有彩色花纹的礼服不敢私家制造，这是工师的职事。观察阴阳的变化，视云气来预测吉凶，钻灼龟板，排列卦象，掌管驱除不祥、选择吉日以及分析占卜时出现的各种兆形，预见吉凶祸福，这是驼背的巫婆与瘸腿的男巫的职事。整治厕所，平整道路，严防盗贼，公正地审定贸易抵债券，根据时势来整治，使商人旅客安全和货物钱财能流通，这是管理市镇的官的职事。制裁狡猾奸诈的人，禁止凶狠强暴的人，防止淫乱，铲除邪恶，用五种刑罚来惩治罪犯，使强暴凶悍的人因此而转变，使淫乱邪恶的事不再发生，这是司寇的职事。把政治教化作为治国的根本，端正法律准则，多方听取意见并按时对臣民进行考核，衡量他们的功劳，评定对他们的奖赏，根据时势来整治，使各级官吏都尽心竭力而老百姓都不敢苟且偷生，这是宰相的职事。讲究礼制音乐，端正立身行事，推广教化，改善风俗，普遍地庇护百姓并使他们协调一致，这是诸侯的职事。成全道德，达到崇高的政治境界，使礼仪制度极其完善，一统天下，明察得能发现毫毛末端般的细微小事，使天下没有谁不依顺亲近、听从归服，这是天子的职事。所以政事混乱，就是宰相的罪过；国家风俗败坏，就是诸侯的过错；天下不统一，诸侯想造反，那便是因为天子不是理想的人选。

原文

具具而王①，具具而霸，具具而存，具具而亡。用万乘之国者，威强之所以立也，名声之所以美也，敌人之所以屈也，国之所以安危臧否也，制与在此亡乎人②；王、霸、安存、危殆、灭亡，制与在我亡乎人。夫威强未足以殆邻敌也，名声未足以县天下也，则是国未能独立也，岂渠得免夫累乎③！天下胁于暴国，而党为吾所不欲于是者④，日与桀同事同行，无害为尧，是非功名之所就也，非存亡安危之所堕也⑤。功名之所就，存亡安

● 苏秦合纵图

危之所堕，必将于愉殷赤心之所。诚以其国为王者之所亦王，以其国为危殆灭亡之所亦危殆灭亡。

殷之日，案以中立无有所偏而为纵横之事⑥，偍然案兵无动，以观夫暴国之相卒(zuó)也⑦；案平政教，审节奏，砥砺百姓，为是之日，而兵剸(zhuān)天下劲矣⑧；案然修仁义⑨，伉隆高⑩，正法则，选贤良，养百姓，为是之日，而名声剸天下之美矣。权者重之，兵者劲之，名声者美之。夫尧舜者一天下也，不能加毫末于是矣！

注释

① **具具**：前一"具"为动词，具备；后一"具"为名词，条件。
② **与**：通"举"，全都。**亡**：通"无"，不。
③ **渠**：通"讵"，难道，岂。
④ **党**：同"傥"，假如。
⑤ **堕**：当为"随"字。
⑥ **案**：同"安"，语助词。
⑦ **卒**：通"捽"，冲突。
⑧ **剸**：通"专"，独占。**劲**：强劲。"劲"前当脱一"之"字。
⑨ **然**：当为衍文。
⑩ **伉**：极。

译文

具备了一定的条件就能够称王，具备了一定的条件就可以称霸，具备了一定的条件就能存在，具备了一定的条件就会灭亡。治理拥有万辆兵车的大国的君主，他那威武强大的地位之所以能确立，他的名声之所以美好，他的敌人之所以屈服，他的国家之所以又安全又繁荣，决定性的关键都在自己而不在别人。是称王、称霸、安全生存，还是危险、灭亡，决定性的关键都在自己而不在别人。那威武强大的程度还不够对相邻的敌国产生震慑，名声还不够挂在天下人的嘴边，那么这国家就还不能独特地屹立于天下，哪里能够免除那忧患呢？天下被强暴的国家所威胁，假如这种情况是我所不想要的，这时被迫而天天与桀那样的暴君一同做事、一同行动，虽然不妨害自己成为尧那样的贤君，但已不是功名得以成就的时候了，不是长存久安相随着自己的时候了。功业名望的建立，长治久安的相随而来，必定取决于事业得志、国家富强时而自己一颗赤诚之心专注在什么地方。如果一心要把自己的国家变成一个实行王道的地方，也就能称王天下；要把自己的国家搞到危险灭亡的境地，也就会危险灭亡。

在富强的时候，要采取中立的态度，不要有所偏袒而去干合纵连横的事情，要偃旗息鼓地按兵不动，来静观那些残暴的国家互相争斗，要搞好政治教化，审察礼节制度，磨炼百姓，当做到了这一点的时候，那么他的军队就是天下最为强劲的了；奉行仁义之道，达到崇高的政治境界，整治法律条令，选拔贤良的人，使百姓休养生息，当做到了这一点的时候，那么他的名声就是天下最美好的了。权势，使其举足轻重；军队，使其强劲有力；名声，使其美好无比。就是尧、舜那样统一了天下的人，也不能在这三个方面再有丝毫增加了。

原文

权谋倾覆之人退，则贤良知圣之士案自进矣。刑政平，百姓和，国俗节，则兵劲城固，敌国案自诎矣。务本事，积财物，而勿忘栖迟薛越也①，是使群臣百姓，皆以制度行，则财物积，国家案自富矣。三者体此而天下服；暴国之君案自不能用其兵矣。何则？彼无与至也。彼其所与至者，必其民也；其民之亲我也欢若父母，好我芳若芝兰，反顾其上则若灼黥，若仇雠；彼人之情性也虽桀、跖，岂有肯为其所恶贼其所好者哉！彼以夺矣。故古之人，有以一国取天下者，非往行之也；修政其所，莫不愿，如是而可以诛暴禁悍矣。

故周公南征而北国怨。曰："何独不来也？"东征而西国怨。曰："何独后我也？"孰能有与是斗者与！安以其国为是者王。

殷之日，安以静兵息民，慈爱百姓，辟田野，实仓廪，便备用，安谨募选阅材伎之士；然后渐赏庆以先之，严刑罚以防之，择士之知事者使相率贯也，是以厌然畜积修饰而物用之足也。兵革器械者，彼将日日暴露毁折之中原，我今将修饰之，拊循之②，掩盖之于府库。货财粟米者，彼将日日栖迟薛越之中野，我今将畜积并聚之于仓廪。材技股肱、健勇爪牙之士③，彼将日日挫顿竭之于仇敌，我今将来致之④，并阅之，砥砺之于朝廷。如是，则彼日积敝，我日积完；彼日积贫，我日积富；彼日积劳，我日积佚。君臣上下之间者，彼将厉厉焉日日相离疾也⑤，我今将顿顿焉日日相亲爱也以是待其敝⑥。安以其国为是者霸。立身则从佣俗⑦，事行则遵佣故，进退贵贱则举佣士，之所以接下之人百姓者则庸宽惠，如是者则安存。立身则轻楛，事行则蠲疑⑧，进退贵贱则举佞悦⑨，之

所以接下之人百姓者则好取侵夺，如是者危殆。立身则骄暴，事行则倾覆，进退贵贱则举幽险诈故，之所以接下之人百姓者，则好用其死力矣而慢其功劳，好用其籍敛矣而忘其本务，如是者灭亡。此五等者，不可不善择也，王、霸、安存、危殆、灭亡之具也。善择者制人，不善择者人制之；善择之者王，不善择之者亡。夫王者之与亡者、制人之与人制之也。是其为相县也，亦远矣。

注释

①薛越：同"屑越"，散乱。

②柎循：安抚。

③股：大腿。肱：上臂。

④来：通"徕"，招来。致：招引。

⑤厉厉焉：严厉地。

⑥顿顿焉：亲厚诚恳的样子。

⑦佣：通"庸"，平常。

⑧蠲疑：迟疑。

⑨俍：通"锐"，口才好，口齿伶俐。

译文

玩弄权术阴谋、专搞倾轧陷害的小人被废黜了，那么贤能善良明智圣哲的君子自然就会进用了：刑法政令公正不阿，百姓和睦协调，国家的风俗节约俭朴，那么兵力就强大，城防就坚固，敌国自然就屈服了；致力于农事生产，积聚财物，而不要胡乱地遗弃糟蹋，使群臣百姓都按照制度来办事，财物就能积累，国家自然就富足了。以上三个方面都能做到，那么天下就会顺从我们，强暴之国的君主也就自然不能对我们用兵了。为什么呢？因为他已经没有人一起来攻打我们了。和他一起来的，一定是他统治下的百姓；而他的民众亲近我就像喜欢父母一样，热爱我就像酷爱芳香的芝兰一样，而回头看到他们的国君，却像看到了烧烤皮肤、刺脸涂墨一样害怕，像看到了仇人一样愤怒；一个人的本性即使像夏桀、盗跖那样，也哪肯为他所憎恶的人去残害他所喜爱的人呢？他们已经被我们争夺过来了。所以古代的人，有凭借一个国家来夺取天下政权的，他并不是前往别国掠夺他们，而是在自己国家内搞好政治，结果没有人不仰慕他，像这样就可以铲除强暴制止凶悍了。所以周公向南征伐时北方的国家都抱怨，说："为什么偏偏不来我们这里呢？"向东征伐时西面的国家都抱怨，说："为什么单单把我们丢在后面呢？"谁能同这种人争斗呢？把自己的国家搞成这样的君主就能称王天下。

● 应奉花石

在富强的时候，采取不动用兵力、使人民休养生息的方针，慈爱百姓，开垦田野，充实粮仓，改进设备器用，严格谨慎地招募、选择、接纳有才能技艺的士人，然后加重奖赏来引导他们，加重刑罚来防范他们，挑选这些士人中明白事理的人率领他们，因此他们就安心地积蓄粮食财物、修理改进兵器用具，因而财物用具也就十分充足了。武器装备之类，他国是一天天把它们丢弃毁坏在原野之中，而我们现在则修理改进它们，爱护保养它们，并把它们收藏在仓库里。财物粮食之类，他国是一天天把它们遗弃散落在田野之中，而我们现在则把它们储藏积累汇合聚集在仓库里。有才能技艺的辅佐大臣、健壮勇敢的武士，他国是一天天让他们在敌人手中受挫折、遭困顿、被消耗，而我们现在则在朝廷上招募他们、容纳他们、锻炼他们。像这样，那么他国一天天愈来愈破败，我们则一天天愈来愈完好；他国一天天愈来愈贫困，我们则一天天愈来愈富裕；他国一天天愈来愈劳苦，我们则一天天愈来愈安逸。君臣、上下之间，他国是恶狠狠地一天天互相疏远憎恨，我们则诚心诚意地一天比一天更加相亲相爱，以此来等待他们的衰败。把自己的国家搞成这样的君主就能称霸诸侯。做人则依从一般的风俗习惯,做事则遵循平常的成规旧例,在任用、罢免、提升、贬抑方面则提拔普通的人,他用来对待下面的老百姓的态度则是用宽厚和仁爱,像这样的君主只能安全生存。做人则轻佻恶劣,做事则肆无忌惮,在任用、罢免、提升、贬抑方面则提拔巧言令色的人,他用来对待下面的老百姓的态度则是热衷于索取侵占掠夺,像这样的君主就危险了。做人则骄傲暴虐,做事则搞倾轧破坏,在任用、罢免、提升、贬抑方面则提拔阴险狡诈的人,他用来对待下面的老百姓的态度,则是喜欢利用他们为自己卖命出力而不把他们的功劳放在心上,喜欢利用他们上缴税款而不管他们的本业,像这样的君主就会灭亡。以上这五种不同的做法,是不能不好好地加以选择的,它们是称王、称霸、安存、危险、灭亡的条件。善于选择的,就能制服别人;不善于选择的,别人就要制服他;善于选择的,就能称王天下;不善于选择的,就会灭亡。那称王和灭亡、制服别人和被人制服,它们之间相差也太远了。

富 国

题 解

本篇在使国家富足之道方面加以阐述,是荀子经济思想的中心。他提出了"节用裕民""开源节流""强本抑末"等一系列发展经济的政治原则以及方针策略来调整生产、消费结构,从而保证经济的良性发展。文章尾部论述了如何保住自己国家的办法。荀子的思想虽有局限性,但他所提出的一系列观点在当时具有进步性,至今也仍存有参考价值。

原 文

万物同宇而异体,无宜而有用为人①,数也。人伦并处,同求而异道,同欲而异知②,生也③。皆有可也,知愚同;所可异也,知愚分。势同而知异,行私而无祸,纵欲而不穷,则民心奋而不可说也。如是,则知者未得治也;知者未得治,则功名未成也;功名未成,则群众未县也,群众未县,则君臣未立也。无君以制臣,无上以制下,天下害生纵欲。欲恶同物,欲多而物寡,寡则必争矣。故百技所成,所以养一人也;而能不能兼技,人不能兼官;离居不相待则穷,群而无分则争。穷者患也,争者祸也。救患除祸,则莫若明分使群矣。强胁弱也,知惧愚也,民下违上,少陵长;不以德为政;如是,则老弱有失养之忧,而壮者有分争之祸矣。

事业所恶也，功利所好也，职业无分；如是，则人有树事之患，而有争功之祸矣。男女之合，夫妇之分，婚姻娉内送逆无礼④；如是，则人有失合之忧，而有争色之祸矣。故知者为之分也。

注释

①**宜**：适合。**为**：通"于"，对。
②**知**：通"智"。
③**生**：通"性"，本性。
④**娉内**：同"聘纳"，古代订婚。**逆**：迎娶。

译文

世间万物，同在一个空间，但形体各不相同，它们没有固定的用处，却对人们都有用，这是一条自然的规律。人类群居在一起，有同样的追求，但获取满足的方法却不相同，具有同样的欲望，但满足欲望的智慧却不一样，这是人的本性。人们对事物都有自己的观点，就此而言，聪明人和愚蠢人是相同的；但是人们对于肯定的事物又有所不同，从这一点上来说，聪明人和愚蠢的人又是有所区别的。如果人们地位相同而智慧不同，谋取私利而不会带来灾祸，放纵私欲却又没有止境，那么人们将奋起争斗，而不能够被说服了。如果是这样的话，那么有智慧的人就没有办法治理；有智慧的人没有办法治理，那么他们就不能建功立业，功成名就；功不成、业不就，那么人们之间就不能分辨尊卑、贵贱、上下等级；人群没有等级差别，那么君主与臣子的关系就不能确立。没有君主来统治臣子，没有上级来控制下级，天下的祸害就会因为个人的为所欲为而不断出现。人们喜爱或者厌恶同样的东西，喜爱的多但东西却很少，少就一定会发生争夺。所以每一个人的生活需要靠成百上千行业的物品来供养。但是一个人不可能兼通各种技艺，一个人也不可能同时兼任各种官职。所以人不能脱离社会，否则则会陷入困境，但如果群居而没有名分的制约，争斗就会产生。要挽救忧患，排除灾祸，没有比明确职分和等级差别更好的了。强大的胁迫弱小的，聪明的畏惧愚蠢的，下层民众违反君主的意愿，年少的人欺凌年长的人，不根据礼义道德来治理政事，像这样的话，那么年老体弱的人就会有无人赡养的忧虑，而身强力壮的人也会有分裂争斗的祸患了。人们对事业都很厌恶，对功名利禄都十分追崇，如果人们的职业没有规定区分，那么事情就会难以兴办，人们就有互相争夺功劳的祸患啊。男女的结合，夫妻的区别，结婚、定亲、迎亲如果没有礼制规定，那么人们就会有失去婚配的忧虑，而有争夺女色的忧患了。所以聪明的人给人们制定了名分。

原文

足国之道，节用裕民，而善臧其余①。节用以礼，裕民以政。彼裕民故多余，裕民则民富；民富则田肥以易；田肥以易则出实百倍②。上以法取焉，而下以礼节用之。余若丘山，不时焚烧，无所臧之；夫君子奚患乎无余③！故知节用裕民，则必有仁义圣良之名，而且有富厚丘山之积矣。此无它故焉，生于节用裕民也。不知节用裕民则民贫，民贫则田瘠以秽，田瘠以秽则出实不半；上虽好取侵夺，犹将寡获也。而或以无礼节用之，则必有贪利纠诉之名④，而且有空虚穷乏之实矣。此无它故焉，不知节用裕民也。康诰曰："弘覆乎天，若德裕乃身。"此之谓也。

注释

① 臧：通"藏"，保藏。
② 肥：使肥沃，施肥。易：治理。
③ 君子：指墨子。奚：怎么。
④ 诉：通"挤"，榨取。

译文

使国家富足的途径：节约费用，富裕民众，并妥善保藏盈余。节省费用必须按照所规

● 皇天德泽

富国

定的等级标准来执行，使人民宽余必须依靠政治上的各种措施。节约费用必定就有剩余的钱财。使人民宽余人民才会富足，人民富足了，那么农田就会得到治理，多施肥，得到精心的耕作；这样生产出来的收成就会增长上百倍。国君按照法律规定获取征税，而臣民按照礼制规定节约使用。这样，余粮就会堆积如山丘一样，即使偶尔被焚烧掉，也还是多得没有地方贮藏。君子何必忧虑没有盈余呢？所以，知道节约费用，使民众富裕，就一定能获得仁义贤良的美名，并且还会拥有富裕充足堆积如山的财富。这是什么原因导致的呢？是在于节约费用、使人民宽裕。不知道节约费用，使民众富足，就会使人民陷入贫穷；人民贫穷，农田就会贫瘠、荒芜；农田贫瘠以至于荒芜，那么生产的粮食就不能达到正常收成的一半。这样，虽然国君喜好大肆侵占掠夺，但得到的还是很少；如果还不按照规定节约使用它们，那么国君就会有贪利剥取的名声，而且也会造成粮仓空虚匮乏。这没有其他的缘故，就是因为不懂得节约费用，不知道富裕民众。《康诰》上说："庇护民众，就像上天覆盖大地，遵行礼义，顺从德行，才能使你得到富裕。"就是说的这个道理啊。

原 文

礼者，贵贱有等，长幼有差，贫富轻重皆有称者也①。故天子袾裷衣冕②，诸侯玄裷衣冕，大夫裨冕③，士皮弁服④。德必称位，位必称禄，禄必称用，由士以上则必以礼乐节之，众庶百姓则必以法数制之。量地而立国，计利而畜民，度人力而授事；使民必胜事，事必出利，利足以生民，皆使衣食百用出入相揜⑤，必时臧余，谓之称数。故自天子通于庶人，事无大小多少，由是推之。故曰："朝无幸位，民无幸生。"此之谓也。

轻田野之税，平关市之征⑥，省商贾之数，罕兴力役，无夺农时，如是则国富矣。夫是之谓以政裕民。

注 释

①轻重：意指尊卑。称：相称，合适。
②株：通"朱"，纯赤色的衣服。裷：通"衮"，龙袍。衣：着，穿戴。冕：礼帽。
③裨：大夫所着的礼服。
④皮弁：白鹿皮所制帽子。
⑤出入相揜：指收支平衡。揜，同"掩"，合。
⑥平：免除。

译 文

礼制，贵贱有一定的等级，长幼有一定的差别，贫富尊卑都有相应的规定。所以天子穿红色的龙袍，戴礼帽，诸侯身着黑色的官袍，戴礼帽，大夫穿裨衣、戴礼帽，士人戴白鹿皮做的帽子，穿白色褶子裙。品德和地位一定要相对称，职位与俸禄也一定要相称，俸禄与费用必须要相称。从士以上的官爵就必须用礼义和音乐来约束调节，对群众百姓就必须用法律去统治他们。根据土地大小分封诸侯国，计算收益多少来调动民众，根据能力大小来分配工作；役使人民，必定使他们能够胜任自己的工作，役使他们就能产生效益，这种收益又足够用来养活民众，普遍地使他们穿的、吃的以及各种费用等支出能和收入相抵，必须及时地把他们多余的粮食财物储藏起来，这叫作合乎法度。所以，从天子到老百姓，不管事情大小，也不管事情多少，都以此类推。所以说："朝廷上没有侥幸获得的官位，没有游手好闲而侥幸获得生存的平民。"说的就是这个道理。

减轻田地赋税，适当征收关卡集市的税收，减少商人的数量，少举办劳役工程，不夺农时，这样，那么国家就能富裕。这就叫用政令使民众富足。

原 文

人之生，不能无群；群而无分则争；争则乱；乱则穷矣。故无分者，人之大害也；有分者，天下之本利也；而人君者，所以管分之枢要也。故美之者，是美天下之本也；安之者，是安天下之本也；贵之者，是贵天下之本也。古者先王分割而等异之也，故使或美，或恶，或厚，或薄，或佚乐，或劬劳，非特以为淫泰夸丽之声①，将以明仁之文，通仁之顺也。故为之雕琢刻镂黼黻文章②，使足以辨贵贱而已，不求其观；为之钟鼓、管磬、琴瑟、竽笙，使足以辨吉凶、合欢定和而已，不求其余；为之宫室台榭③，使足以避燥湿、养德、辨轻重而已，不求其外。《诗》曰："雕琢其章，金玉其相。亹亹(wěi)我王④，纲纪四方。"此之谓也。

注释

①**淫**：过分。**泰**：奢侈。**夸**：美好。**丽**：美好。
②**雕琢**：雕刻玉器，**刻**：雕刻木器。**镂**：雕刻金器。
③**台**：土筑的高台，供观察瞭望用。**榭**：建在高土台上的房子。
④**亹亹**：勤勉的样子。

译文

人的生存，不能没有社会群体，但社会群体没有等级名分就会发生争斗，有争斗就会产生混乱，一产生混乱就会陷入贫穷。所以没有等级名分，就是人类的大祸害；有等级名分，是天下的根本利益；而君主，就是掌管这种区分的中枢。所以赞美君主，这就是赞美天下的根本；维护君主，这就是维护天下的根本；尊重君主，这就是尊重天下的根本。古代的帝王把民众划分不同的等级，所以使有的人受到赞美，有的人受到惩罚，有的人待遇优厚，有的人待遇微薄，有的人安逸快乐，有的人终日劳苦，这并不是故意制造荒淫、骄横、奢侈、华丽，而是要用它辨明贵贱，通顺彰明礼仪制度。所以雕刻制作各种金玉木器，在礼服上绣上各种纹饰，只是为了足以来彼此辨别贵贱身份，并不追求外观。设置了钟、鼓、管、磬、琴、瑟、竽、笙等乐器，用来区别吉事凶事，用来一起欢庆，

● 钟、磬

制造和谐的气氛而已，并没有其他目的；建造宫、室、台、榭，使它们足以避免燥湿，保养德行，并不是追求它的外观。《诗经》上说："雕琢的是纹章，金玉就是里子。我们的君王勤勤恳恳，治理着四面八方。"说的就是这种情况。

原文

若夫重色而衣之，重味而食之，重财物而制之，合天下而君之，非特以为淫泰也，固以为王天下①，治万变，材万物②，养万民，兼制天下者③，为莫若仁人之善也夫！故其知虑足以治之，其仁厚足以安之，其德音足以化之。得之则治，失之则乱。百姓诚赖其知也，故相率而为之劳苦，以务佚之，以养其知也，诚美其厚也，故为之出死断亡以覆救之④，以养其厚也。诚美其德也，故为之雕琢、刻镂、黼黻、文章，以藩饰之，以养其德也。故仁人在上，百姓贵之如帝，亲之如父母，为之出死断亡而愉者，无它故焉；其所是焉诚美，其所得焉诚大，其所利焉诚多。《诗》曰："我任我辇，我车我牛，我行既集，盖云归哉！"此之谓也。

注释

① 王：当为"一"字。
② 材：通"裁"，管理。
③ 制：当为"利"字。
④ 断：决。覆：捍卫，掩护。

译文

至于穿华丽的衣服，享用美味的食品，积聚丰富的财物而控制它，使整个天下都归自己治理，这不是特别制造奢侈和骄横，而是为了统一天下，处理各种变化，利用万物，养育民众，并且使天下

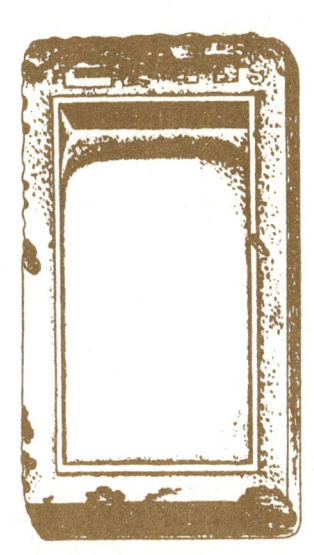

● 黼黻文饰砚

人都得到利益的，这实在没有比仁德的君子更擅长的了。所以，仁人君子的智慧足够治理天下，他的仁厚足以安抚民众，他的德政足以感化民众。得到民心，天下就得到治理了；失去民心，天下就混乱了。民众确实是要依靠他的智慧，所以才成群结队地替他劳动来使他得到安逸，以此来供养他的智慧；民众确实是赞美他的仁厚，所以才决死战斗保护他，以此来保养他的仁厚，民众确实赞美他的德行，所以为他雕制各种图案的器具、制作华丽的服饰，以此来保养他的德行。所以仁人君子处在君位上，老百姓尊重他就像尊重上帝一样，敬爱他就像敬爱父母一样，心甘情愿为他而死，这并没有别的原因，因为他所确定的主政令太通明了，他所取得的成就实在大，他给人民带来的利益实在太多。《诗经》上说：我们背着东西，我们拉着车，我们驾驶着车子，我们牵着牛，我们运输完了，就吩咐我们都回去。"说的就是这种情况。

原文

　　故曰："君子以德，小人以力；力者，德之役也。"百姓之力，待之而后功；百姓之群，待之而后和；百姓之财，待之而后聚；百姓之势，待之而后安；百姓之寿，待之而后长。父子不得不亲，兄弟不得不顺，男女不得不欢，少者以长，老者以养。故曰："天地生之，圣人成之。"此之谓也。

　　今之世而不然：厚刀布之敛以夺之财，重田野之税以夺之食，苟关市之征以难其事。不然而已矣：有掎挚伺诈①，权谋倾覆，以相颠倒，以靡敝之，百姓晓然皆知其污漫暴乱而将大危亡也，是以臣或弑其君，下或杀其上，粥其城②，倍其节③，而不死其事者，无它故焉，人主自取之。《诗》曰："无言不雠④，无德不报。"此之谓也。

注释

①有：通"又"。掎挚：指责，责备。
②粥：通"鬻"，卖。

③倍：通"背"，违背。
④雠：应答。

译文

所以说：君子要靠德行，小人要用劳力。用力的人要受用德的人役使的。百姓的劳动力，要依靠君子的教化才能得以成就；百姓的群居，要依靠君子的教化才能和睦，百姓的财物，要依靠君子的教化才能积聚起来，百姓的地位，要依靠君子的教化才能安定，百姓的寿命，要依靠君子的教化才能长久。没有君子的教化，父子之间就不能相互亲近，兄弟之间就不能和顺，夫妻之间就不能互相欢悦。青少年依靠他的教化成长，老年人依靠他的教化颐养天年。所以说："天地养育了他们，圣人成就了他们。"说的就是这个。

现在的这个世界却不是这样。上面的人苛刻地搜刮掠夺百姓的财产，加重田野赋税抢夺百姓的粮食，加重关税阻挠百姓的贸易活动。不仅仅是这样，他们还用胁迫、讹诈、权谋等手段互相颠覆，来指责百姓。百姓明明知道，他们的污秽肮脏残暴淫乱将给国家带来亡国的危险。这样，就有臣子杀死君主的，下级杀死上司的，出卖城池、违反礼节而不为君主的事业卖命的，这没有其他的原因，君主自作自受啊。《诗经》上说："说话就会有应答，施恩惠就会有报答。"说的就是这个道理。

● 仁惠民富

原文

兼足天下之道在明分：掩地表亩①，刺屮殖谷②，多粪肥田，是农夫众庶之事也。守时力民，进事长功，和齐百姓，使人不偷，是将率之事也③。高者不旱，下者不水，寒暑和节，而五谷以时孰④，是天下之事也⑤。若夫兼而覆之，兼而爱之，兼而制之，岁虽凶败水旱，使百姓无冻馁之患，则是圣君贤相之事也。

注释

① **掩**：指开垦耕种。**表**：标记。立田垄以明确田界。
② **屮**：古"草"字。
③ **将率**：将帅，战时是军队指挥官，平时是地方行政长官。率，通"帅"。
④ **孰**：通"熟"，成熟。
⑤ **下**：当为"天地"之误。

译文

使天下富足的准则在于明确职分。开垦土地，整顿田地，铲除杂草，种植谷物，施加肥料使土地肥沃，这是农民百姓大众的事情。掌握农时，鼓励农民，促进生产，增加收益，使百姓和睦齐心，使大家不偷懒，这是将帅的事情。使高地不干旱，洼地不受水涝，使寒暑节令适宜，使五谷按时成熟，这是上天的事情。至于普遍地保护百姓，普遍地爱护百姓，全面地管理百姓，即使有旱涝灾害，也使百姓没有饥寒交迫的隐患，这是圣明的君主和贤能的宰相的事情了。

原文

墨子之言，昭昭然为天下忧不足①。夫不足，非天下之公患也，特墨子之私忧过计也。今是土之生五谷也，人善治之，则亩数盆②，一岁而再获之；然后瓜桃枣李一本数以盆鼓③，然后荤菜百疏以泽量④，然后六畜禽兽一而剸车⑤，鼋（yuán）鼍（tuó）、鱼鳖、鳅鳣以时别一而成群⑥，然后飞鸟凫雁若烟海，然后昆虫万物生其间，可以相食养者不可胜数也⑦。夫天地之生万物也，固有余足以食人矣；麻葛、茧丝、鸟兽之羽毛齿革也，固有余足以衣人矣。夫有余不足⑧，非天下之公患也，特墨子之私忧过计也。

注释

① **昭昭然**：忧愁不安的样子。

②**盆**：古代一种量器，一盆为十二斗八升。

③**数**：计算。**鼓**：古量器名，一鼓为十斗。

④**荤菜**：指葱、姜、蒜一类有辛臭味的蔬菜。**疏**：通"蔬"，蔬菜。

⑤**刬**：通"专"，独占。

⑥**鼋**：大鳖，背青黄色，头有疙瘩。**鼍**：扬子鳄。

⑦**食**：给……吃。**胜**：尽。

⑧**有余**：当为衍文。

译文

墨子的言论，非常担心天下人的物用不足。但他担心的物用不足，并不是天下人民共同的祸患，而只是墨子个人特别的忧虑。现在那土地上生长五谷，如果人们善于治理它，那么每亩田就可以出产许多盆谷物，一年可以收获两次；此外，瓜、桃、枣、李等每一棵的收获也得用盆来计算；然后，各种蔬菜也多得数不清；其次，各种家畜与猎取的禽兽都肥大得一只就要独占一车；鼋、鼍、鱼、鳖、泥鳅、鳝鱼按时繁殖，一只就能繁殖成一大群；再次，飞鸟、野鸭、大雁之类多得就像烟雾覆盖在大海上；还有，昆虫和各种各样的生物生长在天地之间：可以供养人的东西多得不能用数量来尽举。天地长出万物，本来就绰绰有余，足够用来供人食用了；丝麻和鸟兽的皮革等，本来就富富有余，足以供给人民穿衣使用。所以物用不足，并不是天下共同的祸患，只是墨子个人的过度的忧虑计算啊。

原文

天下之公患：乱伤之也。胡不尝试相与求乱之者谁也？我以墨子之"非乐"也，则使天下乱；墨子之"节用"也，则使天下贫；非将堕之也①，说不免焉。墨子大有天下，小有一国，将蹙然衣粗食恶②，忧

● 菽

戚而非乐；若是则瘠，瘠则不足欲，不足欲则赏不行。墨子大有天下，小有一国，将少人徒，省官职，上功劳苦，与百姓均事业，齐功劳，若是则不威，不威则罚不行。赏不行，则贤者不可得而进也。罚不行，则不肖者不可得而退也。贤者不可得而进也，不肖者不可得而退也，则能不能不可得而官也。若是则万物失宜，事变失应，上失天时，下失地利，中失人和，天下敖然③，若烧若焦；墨子虽为之衣褐带索④，嚽菽饮水⑤，恶能足之乎！既以伐其本，竭其原，而焦天下矣。

注释

① 堕：通"隳"，诋毁。
② 蘁：局促不安状。
③ 敖：通"熬"。
④ 褐：粗布衣服。索：粗绳。
⑤ 嚽：通"啜"，食用。菽：豆叶。

译文

天下共同的祸患，是混乱所造成的。为什么不试着寻找一下是谁造成这种混乱的呢？我认为，墨子非乐的主张会使天下混乱，他主张节用，也使天下贫穷。这并不是故意毁谤墨子，而是因为他的主张不可避免地会得出这种结论。

● 源头活水

如果让墨子掌管天下，或者是小的诸侯国，就会忧心忡忡地穿粗布衣服、吃劣质食品，忧愁地反对音乐。这样，那么生活享受就很微薄；生活微薄，就不值得追求欲望，不值得追求欲望，那么奖赏就不能实行。如果让墨子掌管天下，或者是小的诸侯国，就会减少仆人，精简官职，崇尚辛勤劳动，与老百姓做同样的事情。如果是这样的话，君主就没有权威；君主没有权威，有罪的人就得不到惩罚。赏赐不能实行，贤能者就不可能得到进用；不能处罚，那么不贤的人就不可能遭到罢免。贤人不能得到任用，不贤的人不会遭到罢免，那么有能力的和没有能力的都不能得到适当任用为官。这样，万物就会不适宜，突发的事件就得不到相应的处理；在上则错失天时，在下则丧失地利，在中则失掉人和；天下遭受的煎熬就如同烧焦了一样；虽然墨子只穿粗布衣服，粗绳做腰带，吃豆叶，喝白水，但怎么能使人民富足呢？既然已经伤害它的根本，遏制了它的源头，那么天下的财物枯竭了。

原 文

　　故先王圣人为之不然：知夫为人主上者不美不饰之不足以一民也；不富不厚之不足以管下也；不威不强之不足以禁暴胜悍也；故必将撞大钟，击鸣鼓，吹笙竽，弹琴瑟以塞其耳；必将锏琢刻镂①，黼黻文章，以塞其目；必将刍豢稻粱，五味芬芳以塞其口②；然后众人徒，备官职，渐庆赏，严刑罚，以戒其心；使天下生民之属，皆知己之所愿欲之举在是于也，故其赏行；皆知己之所畏恐之举在是于也，故其罚威。赏行罚威，则贤者可得而进也，不肖者

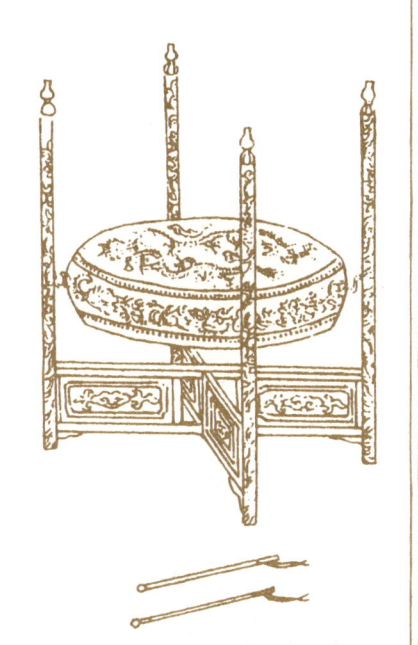

可得而退也，能不能可得而官也。若是则万物得宜，事变得应，上得天时，下得地利，中得人和，则财货浑浑如泉源③，汸汸如河海④，暴暴如丘山⑤，不时焚烧，无所臧之，夫天下何患乎不足也？故儒术诚行，则天下大而富⑥，使而功，撞钟击鼓而和。《诗》曰："钟鼓喤喤，管磬玱玱。降福穰穰，降福简简，威仪反反。既醉既饱，福禄来反。"此之谓也。故墨术诚行，则天下尚俭而弥贫，非斗而日争，劳苦顿萃而愈无功⑦，愀然忧戚非乐而日不和。《诗》曰："天方荐瘥⑧，丧乱弘多。民言无嘉，憯莫惩嗟⑨。"此之谓也。

注释

① 锏：同"雕"，雕刻。
② 五味：甜、咸、酸、苦、辣，指蜜、盐、醋、酒、姜等调味品烹制的美味佳肴。
③ 浑浑：同"滚滚"，水奔流的样子。
④ 汸汸：同"滂滂"，水流盛大的样子。
⑤ 暴暴：突起的样子。
⑥ 大：通"泰"，平安。
⑦ 萃：通"悴"，憔悴。
⑧ 瘥：疫病。
⑨ 憯：曾，乃，竟然。

译文

所以古代的帝王圣人就不这样做，他们知道那当君主的，如果不美化、不装饰就不能够统一民心，不富足、不丰厚就不能够管理臣民，不威严、不强大就不能够禁止残暴、战胜凶悍。所以一定要敲大钟、打响鼓、吹笙竽、弹琴瑟来满足自己耳朵的需要，一定要在器物上雕刻花纹、在礼服上绘制图案来满足自己眼睛的需要，一定要用各种肉食、细粮，以及各种美味佳肴来满足自己胃口的需要，此外，增加随从、配备官职、加重行赏、严厉刑罚，以警诫人们的内心，使天下百姓都知道自己所希望得到的全在这里了，因此奖赏就能实行；都知道自己所畏惧的全在这里了，因此处罚就能产生威严。奖赏能实行，处罚有权威，那么贤人就能得到任用，不贤的人就会遭到罢免，有才能和没有才能的人就能得到恰当的官位。这样，则万物就能相适宜，突发的事件就能得到相应的处理，在上可得到天时，在下可得到地利，在中间则可得到人和，于是财物就像急流一样滚滚而来，浩浩荡荡就像江河湖海，高大堆积如同高山，即使偶尔被烧掉，也还没处贮藏，那还怎么担心财物不够呢？所以儒术如果真能实行，那么天下就会平安富足，役使百姓就会有功效。敲钟打鼓也能和谐。《诗经》上说："钟鼓冬冬，管磬锵锵，天降幸福。上天赐福宽又广，仪容威严端庄。酒醉饭饱，功德无量，大福大贵到来，万年不息。"说的就是这种情况。因此，如果真的实行了墨子的学说，则天下崇尚节俭，而结果却越来越贫穷，反对争斗却每日争斗，劳累困苦却无成效，愁眉苦脸地反对音乐，而人民却更加不和睦。《诗经》上说："上天正在降下灾难，丧亡祸乱非常多。百姓没有好话，你怎么不加惩罚。"说的就是这种情况。

原 文

　　垂事养民①，拊循之，呕㖿之②，冬日则为之饘粥③，夏日则为之瓜麮④，以偷取少顷之誉焉，是偷道也；可以少顷得奸民之誉，然而非长久之道也；事必不就，功必不立，是奸治者也。傮然要时务民⑤，进事长功，轻非誉而恬失民，事进矣而百姓疾之，是又不可偷偏者也。徙坏堕落，必反无功⑥。故垂事养誉不可，以遂功而忘民亦不可，皆奸道也。

注 释

①垂：放下，舍弃。
②呕㖿：作小儿声，引申指哄逗、疼爱。
③饘：稠粥。
④麮：大麦粥。
⑤傮：通"嘈"，嘈杂的样子。要：通"邀"，争取。

⑥反：通"返"。

译文

不管政事而用小恩小惠养育民众，抚慰他们，爱护他们，冬天就给他们准备稀粥，夏天就给他们供应瓜果、大麦粥，用这个来换取一点点名誉，这是一种苟且的方法；它可以暂时得到奸邪之人的赞誉，然而并非长久之计；这样，就不能成就事业，建立功绩，这是用奸邪之法治国。尽力争取农时，役使农民快速发展生产，增长功效，不顾毁掉名誉，失去民心，结果事业有成，但百姓却都怨恨他，这又是一种极端的行为；这种人将趋于毁坏衰败，肯定一事无成。所以放下事业而沽名钓誉，不行；只要成功而不顾民众，也不行；这些都是奸邪不正的办法。

原文

故古人为之不然：使民夏不宛暍①，冬不冻寒，急不伤力，缓不后时，事成功立，上下俱富；而百姓皆爱其上，人归之如流水，亲之欢如父母，为之出死断亡而愉者，无它故焉，忠信调和均辨之至也②。故君国长民者，欲趋时遂功③，则和调累解④，速乎急疾；忠信均辨，说乎赏庆矣；必先修正其在我者，然后徐责其在人者，威乎刑罚。三德者诚乎上，则下应之如景向⑤，虽欲无明达，得乎哉！《书》曰："乃大明服，惟民其力懋⑥，和而有疾。"此之谓也。

● 流水

注 释

① **宛**：通"蕴"，闷热，暑气。**喝**：中暑。
② **均辨**：均平，公平一律。
③ **趋时**：赶时间，争取时间，紧跟时势。
④ **累**：祸害。**解**：解除，除去。
⑤ **景**：通"影"。**向**：通"响"，回响。
⑥ **慭**：努力而勤勉。

译 文

古人就不是这样做。古代的君主夏天不让人民中暑，冬天不让他们挨饿受冻寒冷，紧急的时候不伤民力，缓和的时候不失时令，这样就会事业成就、功绩卓著，君臣上下都很富足，而百姓也都爱戴君主，归附他的人们就像水流入海一样，亲近他就像亲近父母，情愿为他出生入死，这没有其他的原因，这是因为君主极其忠信、调和、公平。所以统治国家领导人民的君主，要想争取时间成就功业，那么调和无为，能比急切从事收效更快；忠信公正，能比赏赐表扬更讨人喜欢；一定先纠正那些在自己身上的缺点，然后慢慢地去指责那些在别人身上的缺点，这比使用刑罚更有权威。如果君主真能实行这三种德行，那么人民就会积极响应，即使不想显耀通达，可能吗？《尚书》上说："如果君主非常英明，人民就会尽心尽力，协调而又迅速。"说的就是这种情况。

原 文

故不教而诛，则刑繁而邪不胜；教而不诛，则奸民不惩；诛而不赏，则勤属之民不劝①；诛赏而不类，则下疑俗俭而百姓不一②。故先王明礼义以壹之；致忠信以爱之；尚贤使能以次之；爵服庆赏以申重之；时其事，轻其任，以调齐之；潢然兼覆之③，养长之，如保赤子。若是故奸邪不作，盗贼不起，而化善者劝勉矣。是何邪？则其道易，其塞固，其政令一，其防表明④。故曰：上一则下一矣，上二则下二矣，

辟之若屮木⑤，枝叶必类本。此之谓也。

注释

①属：当为"励"字，勤勉。

②俗俭：指侥幸免罪。俭，当为"险"字。

③潢然：大水涌至的样子，这里形容君主恩泽的广大。潢，通"滉"。

④表：标志，引申为准则。

⑤辟：通"譬"。屮：古"草"字。

译文

所以，不进行教化，而使用刑罚，刑罚用得多就会混乱，却不能克制邪恶；但只教化而不实行惩罚，奸恶的人就得不到惩罚；只进行惩罚而不实行奖赏，勤恳的人就得不到鼓励，如果奖惩不一致，那么百姓就会疑虑、风俗险恶，人民的行动就不会一致。所以古代的圣王彰明礼仪来统一民众；努力做到忠信来爱护民众；尊崇贤人任用贤能来安排各级职位，用爵位、服饰、表扬、赏赐去反复激励他们；根据时节安排他们的劳动、减轻他们的负担来调剂他们；广泛普遍地庇护他们，抚养他们，就像保护初生的小孩一样。如果这样，奸诈邪恶之人就不敢做坏事，盗贼就不会出现，而归依善道的人就受到勉励了。这是为什么呢？这是因为古代圣王的方法平易可行，他灌输给人们的思想很牢固，他的政令严谨一致，他的赏罚规定分明。古语说："上面团结一致，下面就一心一意；上面三心二意，下面也就离心离德；就好比草木，它的枝叶要由它的根决定。"说的就是这种情况。

原文

不利而利之，不如利而后利之之利也。不爱而用之，不如爱而后用之之功也。利而后利之，不如利而不利者之利也。

爱而后用之，不如爱而不用者之功也。利而不利也，爱而不用也者，取天下矣。利而后利之，爱而后用之者，保社稷者也。不利而利之，不爱而用之者，危国家也。

译文

不给人民利益，反而索取于人民，不如先使他们得利，然后再从他们身上索取更为有利。不爱护民众而使用民众，不如爱护他们以后再使用他们更有成效。给予利益后再索取利益，不如只爱护而不使用更有功效。爱护百姓以后再使用他们，不如爱护他们而不使用他们更有成效。使民众得利而不索取，爱护民众而不役使民众，这样，国君就能得到社稷了。使民众得利以后再索取，爱护民众以后再役使，这样的国君能够保住国家。不使民众得利反而索取无度，不爱护民众反而役使没有节制，这样的国君只能使国家危险。

原文

观国之治乱臧否，至于疆易而端已见矣①。其候徼支缭②，其竟关之政尽察③，是乱国已。入其境，其田畴秽，都邑露④，是贪主已。观其朝廷，则其贵者不贤；观其官职，则其治者不能；观其便嬖⑤（bì），则其信者不悫；是暗主已。凡主相臣下百吏之俗⑥，其于货财取与计数也，须孰尽察⑦；其礼义节奏也，芒轫僈楛⑧（kǔ），是辱国已。其耕者乐田，其战士安难，其百吏好法，其朝廷隆礼，其卿相调议，是治国已。观其朝廷，则其贵者贤；观其官职，则其治者能；观其便嬖，则其信者悫；是明主已。凡主相臣下百吏之属，其于货财取与计数也，宽饶简易；其于礼义节奏也，陵谨尽察，是荣国已。贤齐则其亲者先贵；能齐则其故者先官；其臣下百吏，污者皆化而修，悍者皆化而愿，躁者皆化而悫⑨；是明主之功已。

注释

① **易**：通"埸"，边界，边境。
② **候**：哨兵。**徼**：巡逻。**缭**：缭绕，回环旋转。
③ **竟**：通"境"，边境。**尽察**：极其苛察。
④ **露**：破败，指无城墙。
⑤ **便嬖**：君主左右的小臣。
⑥ **俗**：当为"属"字。
⑦ **须**：当为"顺"字，通"慎"，小心谨慎。
⑧ **芒**：通"茫"，混沌暗昧，模糊不清。**轫**：懒散。**僈楛**：草率怠慢。
⑨ **躁**：通"剿"，狡猾。

译文

看一个国家治理得好坏，来到它的边界，就可以看出端倪。如果哨兵来回巡逻，边境检查非常烦琐，这个国家就很混乱。进入国境，田地荒芜，城镇破败，这个君主就很贪婪。看他的朝廷，尊贵的并不贤明；考察他的官员，处理政事的并无才能，观看他的亲信，他们并不诚实，这就是个昏君了。凡是君臣百官，对于财货的收取和支出，进行十分精细的检查，而对于礼义制度，却茫然无知，漫不经心，这是个受人凌辱的国家。农民乐意耕作，战士不避困难，百官依法行事，朝廷崇尚礼义，卿相政论协调，这就是个治理得好的国家了。观察他的朝廷，贤者位尊；考察他的官员，能者任事，看看他左右，皆为诚实之士，这就是个英明的君主了。凡是君臣百官，对于财货收支的计算，宽容大方简略便易；对于礼义法度，严肃认真、一丝不苟：这就是个光荣的国家了。如果贤德相等，那么有亲戚关系的人先尊贵，能力相同，那么有旧关系的人先任用。这样的臣子官吏中，行为污秽的受到教化而改正，凶狠强暴的受到教化变得朴实善良，狡猾奸诈的也因受到教化而诚实，这就是英明君主的功劳了。

原文

观国之强弱贫富有征：上不隆礼则兵弱，上不爱民则兵弱，已诺不信则兵弱①，庆赏不渐则兵弱，将率不能则兵弱。上好功则国贫，上好利则国贫，士大夫众则国贫，工商众则国贫，无制数度量则国贫。下贫则上贫，下富则上富。故田野县鄙者②，财之本也；垣窌yuán jiào仓廪者③，财之末也。百姓时和、事业得叙者，货之源也④；等赋府库者，货之流也。故明主必谨养其和，节其流，开其源，而时斟酌焉⑤，潢然使天下必有余，而上不忧不足；如是，则上下俱富，交无所藏之，是知国计之极也。故禹十年水，汤七年旱，而天下无菜色者，十年之后，年谷复熟，而陈积有余。是无它故焉，知本末源流之谓也。故田野荒而仓廪实，百姓虚而府库满，夫是之谓国蹶。伐其本，竭其源，而并之其末，然而主相不知恶也，则其倾覆灭亡可立而待也。以国持之而不足以容其身，夫是之谓至贫，是愚主之极也。将以求富而丧其国，将以求利而危其身，古有万国，今有十数焉。是无它故焉，其所以失之一也。君人者亦可以觉矣。

● 田野县鄙者，财之本也

注 释

① 已：止，禁止。
② 县鄙：古代行政区划单位。周代五百家为鄙，五鄙为县。
③ 垣：矮墙，指货仓。窌：同"窖"，地窖。
④ 货：泛指财物。
⑤ 斟酌：原指筛酒，此处为调节之意。

译 文

观察一个国家的强弱、贫富，有一定的征兆：君主不崇尚礼义，他的兵力就衰弱；君主不爱护人民，他的兵力就衰弱；君主不讲信用，他的兵力就衰弱；奖赏不厚重，他的兵力就衰弱；将帅无能，他的兵力就衰弱。君主好大喜功，他的国家就贫穷；君主喜欢财利，他的国家就贫穷；官吏众多，他的国家就贫穷；工人商人众多，他的国家就贫穷；没有规章制度，他的国家就贫穷。民众贫穷，君主就贫穷；人民富裕，君主就富裕。所以，田野和乡村是财物的根本；粮囤地窖谷仓米仓是财物的末节。人民顺应天时，耕作适宜，这是钱财的源头；按照等级征收的赋税和国库，是钱财的支流。所以英明的君主必定谨慎地顺应时节的变化，节流开源，时常谨慎地斟酌这些问题，使天下的财富绰绰有余，国家就不再担忧财物不够了。如果这样，那么上下都富足，双方都没有地方来储藏财物，这是懂得国计民生达到了顶点。所以，即使禹时碰上了十年水灾，商汤时遇到了七年旱灾，但天下的人民没有遭受饥饿的苦难，十年以后，谷物又丰收了，而原来储备粮还有节余。这并没有其他的原因，就是因为他们懂得了本末、源流的关系啊。所以，田野荒芜了，但国家的粮仓很厚实，百姓很贫乏，但国家仓库却满满的，这就叫作国家灭亡。断绝了根本，枯竭了源头，把财物都归并到国库中，然而君主、宰相还不知道险恶，那么他们的灭亡很快就要到来了。用整个国家的财货供养他，还是不能够容纳他这个人，这叫作极其贪婪，是最愚蠢的君主。本来希望富有，可是因此丧失了国家；本来希望得到利益，可是因此危害了自身；古时有上万个国家，现在只有十几个了，这没有其他的原因，他们丧失国家的原因只有一个。统治人民的君主，也应该觉悟了。百里见方的小国，完全能够独立存在的。

原 文

　　百里之国足以独立矣。凡攻人者，非以为名，则案以为利也，不然则忿之也：仁人之用国，将修志意，正身行，伉隆高，致忠信，期文理①，布衣纴屦之士诚是②，则虽在穷阎漏屋③，而王公不能与之争名，以国载之，则天下莫之能隐匿也；若是则为名者不攻也。将辟田野，实仓廪，便备用，上下一心，三军同力④，与之远举极战，则不可，境内之聚也保固，视可午其军⑤、取其将、若拨麦⑥。彼得之不足以药伤补败，彼爱其爪牙，畏其仇敌，若是则为利者不攻也。将修小大强弱之义以持慎之，礼节将甚文，珪璧将甚硕⑦，货赂将甚厚，所以说之者必将雅文辩慧之君子也，彼苟有人意焉，夫谁能忿之！若是则忿之者不攻也。为名者否，为利者否，为忿者否，则国安于盘石，寿于旗、翼⑧。人皆乱，我独治；人皆危，我独安；人皆失丧之，我按起而治之。故仁人之用国，非特将持其有而已也，又将兼人。《诗》曰："淑人君子，其仪不忒⑨，其仪不忒，正是四国。"此之谓也。

注 释

①**期**：通"綦"，极。

②**纴屦**：用粗麻绳编成的鞋。

③**漏**：通"陋"，简陋。

④**三军**：春秋时诸侯大国多设三军，即上军、中军、下军或左军、中军、右军。此统称军队，指全军。

⑤**午**：通"迕"，迎。

⑥**拨**：折断。

⑦**珪璧**：玉器。

⑧ **旗、翼**：皆为星宿之名。言寿比于星。旗，通"箕"，二十八宿之一。
⑨ **仪**：通"义"。**忒**：变更，差错。

译 文

　　凡是进攻别国的，不是追求名誉，就是谋取利益；否则就是为了发泄私愤。仁德的人治理国家，要修养自己的意志，端正自己的行为，达到崇高的政治境界，做到忠厚有信用，使礼仪制度极其完善。身穿布衣、脚穿麻鞋的读书人，真能做到这样，即使住在偏僻的里巷、简陋的房屋里，天子诸侯也不能与他争夺名望，如果让他治理国家，天下就没有谁能埋没他的德行。如果这样，那么追求美名的就不会攻打他了。这样的人在国家当权，就会开辟田野，充实仓库，改进器械装备，上下一心，三军同心协力。用这个来远征苦战，那肯定不可以；在国内囤积兵力，保卫巩固，情况许可，便会迎击，擒获敌方将领，就像掰断麦芽一样容易；战争中得到的东西，不足够医治创伤，补充打败仗的损失。他们爱惜自己的将领，而惧怕自己的仇敌，如果这样，那么谋取利益的就不会来攻打了。这样的人在国内当权，就会履行小国同大国、强国同弱国的道义，礼义将十分完善，会见时赠送的玉器将很大，贡献的财物将非常丰厚，所用的说客是文辞优雅，聪慧善辩的君子。如果他能通情达理，谁还能埋怨他呢？如果这样，那么心怀怨恨的人就不会来攻打他了。求名的不来攻打，谋利的不来攻打，发泄怨愤的也不来攻打，国家安稳得就会像磐石一样，长寿如同恒星。别的国家都混乱，唯有我治理得好；别的国家都危险，只有我安稳；别的国家都丧权失国，我便起来制服他们。所以讲究仁德的人治理国家，不仅是要保住他的国家，还要兼并别人的国家。《诗经》上说："我们理想的君子，它是坚持道义不变更。他的道义不变更，他就能安定四方的国家。"说的就是这种情况。

● 磐石

原文

持国之难易：事强暴之国难，使强暴之国事我易：事之以货宝，则货宝单而交不结①；约信盟誓，则约定而畔无日②；割国之锱铢以赂之③，则割定而欲无厌。事之弥烦④，其侵人愈甚，必至于资单国举然后已，虽左尧而右舜，未有能以此道得免焉者也；辟之是犹使处女婴宝珠佩宝玉，负戴黄金，而遇中山之盗也，虽为之逢蒙视，诎要桡腘⑤，君卢屋妾⑥，由将不足以免也。故非有一人之道也，直将巧繁拜请而畏事之⑦，则不足以持国安身；故明君不道也⑧，必将修礼以齐朝，正法以齐官，平政以齐民；然后节奏齐于朝⑨，百事齐于官，众庶齐于下。如是，则近者竞亲，远方致愿，上下一心，三军同力；名声足以暴炙之⑩，威强足以捶笞之，拱揖指挥，而强暴之国莫不趋使，譬之是犹乌获与焦侥搏也⑪。故曰："事强暴之国难，使强暴之国事我易。"此之谓也。

注释

① 单：通"殚"，竭尽。

② 畔：通"叛"，背叛。

③ 锱铢：俱为古代重量单位。此处指极少数量的土地。

④ 烦：当为"顺"字。

⑤ 诎要：通"屈腰"，弯腰。桡腘：屈膝。桡，通"挠"，屈。腘，膝后弯曲处。

⑥ 君：当为"若"字。卢：通"庐"，奴仆住的小屋。

● 秦王并六合

⑦**繁**：通"敏"，巧敏，谄媚阿谀。

⑧**道**：遵行。

⑨**节奏**：指礼节礼仪等方面的具体法度。

⑩**暴**：同"曝"，晒。

⑪**乌获**：传说是秦国的大力士，能举千斤重。**焦侥**：传说中的矮人，身高三尺。

译 文

保住国家的难易是：侍奉强暴的国家难，但让强暴的国家侍奉自己容易。如果用财宝侍奉强暴的国家，财宝用完了，可是邦交仍然不能建立；和他们结盟，订立条约，可是没几天他们就背信弃义了；割让国家领土去贿赂他们吧，他们的欲望却不能满足。对他们越依顺，他们就变本加厉，一定要到财产送光，国家全部拿来送给他们，才肯罢休。如果这样，即使有尧、舜的辅助，也不能靠这种办法幸免。这就好像一个系着宝珠，佩着宝玉，背着黄金的姑娘，碰上了山中的强盗，即使对他只敢眯着眼睛看，弯腰、屈膝，像家里的婢妾，仍将不可避免那厄运。所以，如果没有使人民团结抗敌的办法，只靠花言巧语、跪拜请求，诚惶诚恐地侍奉他们，是仍然不能保持国家、保护自身的。所以英明的君主不这样做，他必定修饬礼节，严肃法令来整顿百官，公平地处理政事，整治民众，然后才能够礼节整齐，各种事情治理得有条不紊，群众齐心合力。这样，邻近国家就会争先恐后地来亲近，远处的人民愿意归顺，上下一心，三军共同努力；名声足够威慑他们，武力足够惩处他们；从容地指挥，那些强暴的国家没有不受驱使的；这就好像是大力士乌获与矮子焦侥搏斗一样。所以说："侍奉强暴的国家难，但让强暴的国家侍奉自己容易。"说的就是这种情况。

王 霸

题 解

本篇论述了要称王于天下所必须实行的一系列治国方略，要成就王霸之业，就要以仁义为上，建立法度。同时论述了与王道相比较的霸道与亡国之道。

原文

国者，天下之制利用也①；人主者，天下之利势也。得道以持之，则大安也，大荣也，积美之源也；不得道以持之，则大危也，大累也，有之不如无之；及其綦也，索为匹夫不可得也；齐愍(mǐn)、宋献是也②。故人主，天下之利势也，然而不能自安也，安之者必将道也。

注释

① 利：便利，有利。用：工具。
② 宋献：宋康王，名偃，战国时宋国国君，被齐愍王所灭。

译文

国家，是天下最有力的工具；君主，是天下最有权势的地位。如果用正确的法则掌握国家和君位，就是最大的

安定，最大的光荣，成为积集一切美善的源泉；如果不用正确的法则掌握国家和君位，就是最大的危险，最大的祸害，有它还不如没有它好；这种情况最严重的时候，即使君主想做一个平民百姓也是不可能得到，齐湣王和宋康王就是这样的人。所以，君主处在天下最有权势的位置，但是，他不能自行安定，如果要使天下安定，就必须掌握正确的治国法则。

原　文

故用国者，义立而王，信立而霸，权谋立而亡。三者明主之所谨择也，仁人之所务白也：挈国以呼礼义而无以害之①，行一不义、杀一无罪，而得天下，仁者不为也；拣(qiè)然扶持心国且若是其固也②！之所与为之者，之人则举义士也；之所以为布陈于国家刑法者，则举义法也；主之所极然帅群臣而首乡之者③，则举义志也。如是，则下仰上以义矣，是綦定也④；綦定而国定，国定而天下定。仲尼无置锥之地，诚义乎志意，加义乎身行，著之言语，济之日，不隐乎天下，名垂乎后世。今亦以天下之显诸侯诚义乎志意，加义乎法则度量，著之以政事，案申重之以贵贱杀生，使袭然终始犹一也；如是，则夫名声之部发于天地之间也⑤，岂不如日月雷霆然矣哉！故曰：以国齐义，一日而白，汤武是也。汤以亳(bó)⑥，武王以鄗(hào)⑦，皆百里之地也，天下为一，诸侯为臣，通达之属，莫不从服，无它故焉，以济义矣，是所谓义立而王也。

注　释

①挈：提举，此处指领导，带领。呼：呼唤，引申为提倡。
②拣然：形容石头稳定坚固的样子。
③主：当为衍文。极：通"亟"，急。首乡：向往，追求。乡，通"向"。

④ 綦：当为"基"字，基础。
⑤ 剖：通"剖"，分开，勃发。
⑥ 亳：商汤的国都，在今河南商丘。
⑦ 鄗：周武王之国都，在今陕西西安，一作"镐"。

译文

所以掌握国家的人，确立礼义就可以称王天下，确立信用可以称霸诸侯，玩弄阴谋诡计就会灭亡。这三种情况，是英明的君主都必须谨慎选择的，是仁人所必须明白的。用礼义来治理国家，而不用别的东西去危害它，仁义的人决不会为了得到天下，而做一件不合乎礼义的事，处死一个无罪的人，仁慈的人就不会这样做。他对礼义像磐石那样坚定不移，并用来约束自己的思想，把国家治理好。与他一道从事政治的人，都遵循礼义；颁布的国家法律条文，都严格遵循礼义的规定；他率领群臣急切追求的目标，都是与礼义相一致的。这样，由于道义，臣民就会敬仰他们的君主，那么基础也就得以巩固了。基础得到巩固，国家也就会获得安定，国家得以安定，天下也就得以太平。虽然孔子没有立锥之地，但他确实把道义贯彻到自己的思想中，指导约束自己的言行，一旦获得成功，他的名声就会流传于世，不被天下的人埋没。如果当今天下显赫的诸侯也确实把道义贯彻到自己的思想中，用道义衡量各种法令制度，并在政事中履行它，始终如一地按照道义进行赏罚。这样，他的声望就会布散于天地之间，难道不像日月雷霆一般光明响亮吗！所以说，用国家行使道义，名声很快就会显赫于天下，商汤王和周武王就是这样的人。起初，商汤定都亳地，周武王定都镐京，领土不过百里见方的地方，而后来却一统天下，各地诸侯皆来臣服，人迹所到之处没有不归服的，这有什么其他原因呢？是因为他们遵从礼义。这就是说人们遵循礼义可以称王天下。

原文

德虽未至也，义虽未济也，然而天下之理略奏矣①，刑赏已诺信乎天下矣，臣下晓然皆知其可要也。政令已陈，虽睹利败，不欺其民；约结已定，虽睹利败，不欺其与；如是，则兵劲城固，敌国畏之；国一綦明，与国信之；虽在僻陋之国，威动天下，五伯是也②。非本政教也，非致隆高也，非綦文理也，非服人之心也，乡方略，审劳佚，谨畜积，修战备，齺(zōu)然上下相信③，而天下莫之敢当。故齐桓、晋文、楚庄、吴阖闾、越勾践，是皆僻陋之国也，威动天下，强殆中国，无它故焉，略信也。是所谓信立而霸也。

注释

①**略**：大致。**奏**：通"凑"，会聚，掌握。

②**五伯**：指春秋五霸，即下文的"齐桓、晋文、楚庄、吴阖闾、越勾践"。**晋文**：晋文公，献公子，姬姓，名重耳，因献公立幼子为嗣，曾出奔在外十九年，后由秦国送回即位。**楚庄**：楚庄王，姬姓，熊氏，名旅。**阖闾**：或作"阖庐"，姬姓，名光，春秋末吴国君主。**勾践**：春秋末越国君主。

③**齺然**：牙齿上下相切的样子，指配合得很紧密。

译文

虽然德行没有尽善尽美，道义还没有完全具备，但是治理天下的条件基本具备了，惩罚、奖赏、禁止的、允许的，都能取信于天下，臣民都清楚地知道可以相信君主。政令已经颁布，虽然可能成功，可能失败，仍然不失信于百姓；盟约已经签订，虽然有利有害，但不失信于盟国。如果这样，就能兵力强大，城池坚固，敌对的国家就会害怕；全国上下一致不失信用，盟国就会信赖，即使地处偏远，它的威名也能震动天下。春秋五霸就是这样。他们并不以政治教化为根本，也不是最推崇礼法，也不是特别重视礼法制度的完备，也不能使人心悦诚服，但他们注重方法策略，劳逸得当，注意积蓄财物，做好战斗准备，上下互相信任就如同齿牙上下相合那样紧密，因此，天下没有人敢与他作对。所以，虽然齐桓、晋文、楚庄、吴阖闾、越勾践这春秋五霸都是处于偏远的国

● 晋文公

家的国君，可是他们威震天下，他们强大得使中原国家感到危险，这没有别的原因，他们能取信于天下而已。这就是人们所说的确立信用就能称霸诸侯。

原文

挈国以呼功利，不务张其义，齐其信，唯利之求，内则不惮诈其民而求小利焉①，外则不惮诈其与而求大利焉，内不修正其所以有②，然常欲人之有；如是，则臣下百姓莫不以诈心待其上矣。上诈其下，下诈其上，则是上下析也；如是，则敌国轻之，与国疑之，权谋日行，而国不免危削，綦之而亡，齐闵、薛公是也③。故用强齐，非以修礼义也，非以本政教也，非以一天下也，绵绵常以结引驰外为务。故强南足以破楚，西足以诎秦④，北足以败燕，中足以举宋，及以燕、赵起而攻之，若振槁然⑤，而身死国亡，为天下大戮，后世言恶，则必稽焉⑥！是无它故焉，唯其不由礼义而由权谋也。三者，明主之所以谨择也，而仁人之所以务白也。善择者制人，不善择者人制之。

注释

①惮：怕。

②修正：治理。以：同"已"。

③薛公：战国时齐国贵族，姓田名文，号孟尝君，曾任齐闵王的相，因封于薛（今山东滕州），故称薛公。

④诎：通"屈"，屈服，折服。

⑤振：拔起。槁：枯树。

⑥稽：查考。

译文

用功利来约束国人，不致力于张扬本国

● 孟尝君

正义，坚守信用，而只是唯利是图，对内欺诈人民以追求小利；对外欺诈盟国以追求大利，对内不治理好自己已经拥有的一切，却总是希望占有别人的东西。这样，那么臣民就没有不用诈骗之心对待自己君主的。君主欺诈臣民，臣民欺诈君主，这样国家就会分崩离析。如果这样，敌国就会轻视它，盟国就会怀疑它，天天玩弄阴谋，国家就不免陷于危难，甚至遭到灭亡，齐闵王、孟尝君就是这样的人。他们治理强大的齐国，不修治礼义，不实行政治教化，不用它们来统一天下，而是不断地勾结别国、向外扩张。所以齐国强盛，向南足以攻陷楚国，向西足以屈服秦国，向北足以打败燕国，在中原足以攻取宋国。但当燕赵联军攻打齐国的时候，就如同振摇枯树一般容易，而他们也身死国亡，成为天下的奇耻大辱，后代人讲到恶果，就把齐国作为例证！这没有别的原因，只不过是他们不遵循礼义，一味玩弄权术阴谋的结果啊。以上三种情形，英明的君主应当慎重选择，而仁人一定要弄明白。善于选择策略的人能制服别人，不善于选择策略的人就会受制于人。

原　文

国者，天下之大器也，重任也，不可不善为择所而后错之①，错险则危；不可不善为择道然后道之，涂薉则塞②；危塞则亡。彼国错者，非封焉之谓也③，何法之道，谁子之与也。故道王者之法，与王者之人为之，则亦王；道霸者之法，与霸者之人为之，则亦霸；道亡国之法，与亡国之人为之，则亦亡。三者，明主之所以谨择也，而仁人之所以务白也。

注　释

①错：通"措"，安置，委任。
②涂：道路。薉：杂草丛生，污秽。
③封：作为疆界的垒土。

● 乐毅灭齐

译文

国家，是天下最重要的工具，是最重的任务，不可不好好地为它选择处所，然后安置它，把国家置于险恶的处所就会危险；必须好好地为它选择治国之道，然后去实行，如果道路上杂草丛生，就会被堵塞；国家就会危险、治国之道就行不通，国家就会灭亡。那国家的安置，并不在于划分疆界，而在于遵行什么办法，什么样的人治国。所以实行王者之法，任用王者之人去治理国家，就能够称王天下；实行霸者之法，任用霸者之人去治理国家，就能够称霸于诸侯；实行亡国之法，任用亡国之人去治理国家，国家就会灭亡。这三种情况，英明的君主应当慎重选择，仁人也是一定要弄明白的。

原文

故国者，重任也，不以积持之则不立。故国者，世所以新者也，是惮，惮①，非变也，改王改行也②。故一朝之日也，一日之人也，然而厌焉有千岁之固何也③？曰：援夫千岁之信法以持之也；安与夫千岁之信士为之也。人无百岁之寿，而有千岁之信士，何也？曰：以夫千岁之法自持者，是乃千岁之信士矣。故与积礼义之君子为之则王，与端诚信全之士为之则霸，与权谋倾覆之人为之则亡。三者，明主之所以谨择也，而仁人之所以务白也。善择之者制人，不善择之者人制之。

注释

①**惮**：通"禅"，更迭，演变。

②**改王改行**：古代贵族，不同等级的人佩戴的玉不同，步伐的间距与快慢也有不同的规定。王，古"玉"字，佩玉。

③**厌焉**：厌然。**固**：当为"国"字。

译文

所以国家，是个沉重的任务，不依靠长期积累起来的管理办法去扶持它，国家就不能巩固。所以，虽然国家是随着时代的发展而变化，但这只是君臣的更迭，并不是实质性的变化。日子短促得就像一个早上，可是为什么还有千年之国固然存在呢？这是因为他们采用了那些积累了上千年的确实可靠的办法治理国家，又和那些上千年的真诚之士一起搞政治的缘故。人没有百岁的寿命，但有千年不渝信守礼法的人。这是为什么呢？用那些积累了上千年的礼法来把持自己的人，这就是千年不渝信守礼法的人了。所以，和不断的信奉礼义的君子搞政治，就能称霸诸侯，同玩弄权术阴谋反复无常的人搞政治，国家就会灭亡。这三者，英明的君主应该慎重地选择，而仁人一定要弄明白。善于选择儒士的人能制服别人，不善于选择儒士的人就会受制于人。

原 文

彼持国者，必不可以独也；然则强固荣辱在于取相矣！身能，相能，如是者王。身不能，知恐惧而求能者，如是者强。身不能、不知恐惧而求能者，安唯便僻左右亲比己者之用①，如是者危削，綦之而亡。国者，巨用之则大，小用之则小；綦大而王，綦小而亡，小巨分流者存②。巨用之者，先义而后利，安不恤亲疏，不恤贵贱，唯诚能之求，夫是之谓巨用之。小用之者，先利而后义，安不恤是非，不治曲直，唯便僻亲比己者之用，夫是之谓小用之。巨用之者若彼，小用之者若此；小巨分流者，亦一若彼，一若此也。故曰："粹而王，驳而霸③，无一焉而亡。"此之谓也。

注 释

①**便僻**：通"便嬖"，君主宠信的近臣。
②**分流**：各占一半。
③**驳**：同"驳"，杂而不纯。

译文

　　那些掌握国家政权的君主，治理国家不能只依靠他本人；既然这样，国家的强大、兴衰、荣辱，就在于卿相的选取了！如果君臣都有能力，这样的国君就可以称王天下。如果君主本身没有能力，但知道恐惧而寻求有能力的人来辅佐，这样的国君仍可成为强者。如果君主本身没有能力，又不知道这样的危害，不但没有寻求有能力的人辅佐，反而任用阿谀奉承的人，这样的国君就会危险了，甚至灭亡。国家，在大的方面利用它，它就强大；在小的方面利用它，它就弱小。强大到了极点，就可称王天下，弱小到了极点，就会灭亡，介于这两者之间，就能保有国家。在大的方面利用它，就是先讲道义，再讲利益，既不论亲疏，也不顾贵贱，只是为了求取真正的才能之士，这就是在大的方面利用。在小的方面利用，就是先讲利益，后讲道义，不论是非曲直，只知任用阿谀逢迎的人，这就是小的方面利用。在大的方面利用就那样，在小的方面利用就这样；介于这两者之间，就一半那样、一半这样。所以说："纯粹立足于道义，任用贤者的就可以称王天下，驳杂采用的就可以称霸诸侯，一样都不具备的就只有灭亡。"说的就是这个道理。

原文

　　国无礼则不正。礼之所以正国也，譬之犹衡之于轻重也，犹绳墨之于曲直也，犹规矩之于方圆也，既错之而人莫之能诬也①。**《诗》云："如霜雪之将将**②**，如日月之光明；为之则存，不为则亡。"此之谓也。**

注释

①**错**：通"措"，设置。
②**将将**：严肃的样子。

译文

　　国家没有礼义就不能得到治理。礼义之所以

能治理国家，好比秤是衡量轻重的标准，好比木工的墨线能衡量木材的曲直，好比规矩能够画圆取方一样，如果治理国家的礼法已经确定，人们就没有谁再能搞欺骗了。《诗经》说："如同霜雪那样严肃，如日月那样光亮；实行它就能够存在，不实行它就遭到灭亡。"说的就是这个道理。

原　文

国危则无乐君，国安则无忧民。乱则国危，治则国安。今君人者，急逐乐而缓治国，岂不过甚矣哉！譬之是由好声色而恬无耳目也，岂不哀哉！夫人之情，目欲綦色①，耳欲綦声，口欲綦味，鼻欲綦臭②，心欲綦佚。此五綦者，人情之所必不免也。养五綦者有具，无其具，则五綦者不可得而致也。万乘之国可谓广大富厚矣，加有治辨强固之道焉③，若是则恬愉无患难矣，然后养五綦之具具也。故百乐者，生于治国者也；忧患者，生于乱国者也。急逐乐而缓治国者，非知乐者也。故明君者，必将先治其国然后百乐得其中；暗君；必将急逐乐而缓治国，故忧患不可胜校也；必至于身死国亡然后止也，岂不哀哉！将以为乐，乃得忧焉；将以为安，乃得危焉；将以为福，乃得死亡焉：岂不哀哉！於乎④！君人者，亦可以察若言矣！

故治国有道，人主有职。若夫贯日而治详，一日而曲列之，是所使夫百吏官人为也，不足以是伤游玩安燕之乐。若夫论一相以兼率之，使臣下百吏莫不宿道乡方而务，是夫人主之职也。若是则一天下，名配尧、禹；之主者，守至约而详，事至佚而功，垂衣裳⑤，不下簟席之上⑥，而海内之人莫不愿得以为帝王。夫是之谓至约，乐莫大焉。

注 释

① 綦：极。

② 臭：通"嗅"，气味。

③ 辨：通"办"，治理。

④ 於乎：同"呜呼"。

⑤ 垂衣裳：穿着长衣，直挂而下。形容无所事事。

⑥ 箪：竹制席子。

译 文

　　国家危险君主就不能安乐，国家安定百姓就没有忧愁。政事混乱，国家就危险，政治稳定，国家就安定。现在的君主，一味追逐享乐而荒于治理国家，这难道不是错得太厉害了吗？这就好像是喜欢音乐美色，而不在乎自己没有耳朵和眼睛，难道不是很可悲吗！从人的性情来说，眼睛想看最美丽的颜色，耳朵想听最美妙的音乐，嘴巴想尝最美好的味道，鼻子想闻最香的气味，心里想得到最大的安逸。这五种的欲望，是人的本性，是不可避免的。但要满足这五种的欲望却是有条件的，如果不能满足这些条件，就不能实现这五种欲望。万乘大国土地广阔资源丰富，还有使国家得到治理，国富民强的方法，如果这样就可安逸快乐而没有祸患了，那么满足这五种的欲望的条件也就具备了。所以，各种快乐的事情，产生于治理得好的国家；许多的忧虑祸患，产生于社会混乱的国家。所以，一味急于享乐而荒于治理国家的君主，他不是真正懂得享乐的人。所以，英明的君主，一定要先治理好自己的国家，然后就可以获得许多快乐了。昏庸的君主，必然急于追求享乐而疏于治理国家，那么他就会忧患缠身，一直到身死国亡才可罢休，这不是非常可悲吗？本来要得到快乐，却招来了祸患；本来要得到安定，却招致了危险；本来要得到幸福，却招致了灭亡；这难道不可悲吗？哎呀！统治人民的国君，也该仔细体察一下这些话了！

　　所以治理国家有一定的法则，君主也有他的职责。至于需要几天才能处理完毕的事情，却要在一天之内全部办好，这可以指使百官办理，并不足以用这些来影响君主的游玩休息。至于选择一位宰相，去领导群臣，使臣下百官没有一个不持守道义，让他们正确地完成事业，这就是君主的职责了。如果这样，就能统一天下，名声可与尧、禹相媲美。这样的君主，所主管的事虽极其简略却又十分周详，所做的事极其安逸却很有功效，衣裳脱散在床席上，安然自得，但天下的人没有不希望他做帝王的。这就是最大的简约，没有比这更快乐的了。

原文

人主者，以官人为能者也；匹夫者，以自能为能者也。人主得使人为之，匹夫则无所移之。百亩一守，事业穷，无所移之也。今以一人兼听天下，日有余而治不足者，使人为之也。大有天下，小有一国，必自为之然后可，则劳苦耗顇(hào cuì)莫甚焉①；如是，则虽臧获不肯与天子易势业②。以是县天下③，一四海，何故必自为之？为之者，役夫之道也，墨子之说也。论德使能而官施之者，圣王之道也，儒之所谨守也。传曰：农分田而耕，贾分货而贩，百工分事而劝，士大夫分职而听，建国诸侯之君分土而守，三公总方而议；则天子共己而已④！出若入若，天下莫不平均，莫不治辨，是百王之所同也，而礼法之大分也。

注释

① 耗顇：同"耗悴"，劳累憔悴。
② 臧获：奴仆。
③ 县：通"悬"，治理，掌握。
④ 共：通"拱"，拱手，形容无为而治，毫不费力。

● 任贤图治

译文

君主，以善于用人为有才能；一般人，以自己会做事为有本事。君主能够指使别人做事，一般的人，只有依靠自己，而不能把事务移交给别人去做。一个人管理一百亩土地，他就必须竭尽他的全力去做，因为他不能把这些事情推给别人。当今君主一个人主管天下事务，却每天还有空闲，这是因为他让别人去做的缘故。大到拥有整个天下，小到拥有一个诸侯国，如果什么事情都要亲自去做，就会非常辛苦劳累；如果这样，那么即使是奴仆也不愿与天子交换位置。因此，君主在上面掌握治理天下，统一四海，为什么都要亲自去做呢？亲自去做各种事情，那是服劳役者的原则，这是墨子的观点。根据官吏的才能，分配职务，让他们去做，这是圣王的方法，也是儒者所谨守的法则。古书上说："农民耕种分得的田地，商人贩卖各种货物，工匠勤恳地做工，士大夫各安其位处理政事，诸侯国的分派守卫，管理国家，三公统辖各个方面，天子只要拱手端坐就行了。"对内如此，对外也是如此，于是天下的万事万物就会协调一致，就没有什么治理不好的，这是历代君主共同的法则，也是礼法的关键。

原　文

　　百里之地可以取天下，是不虚；其难者在人主之知之也。取天下者，非负其土地而从之之谓也，道足以壹人而已矣。彼其人苟壹，则其土地且奚去我而适它！故百里之地，其等位爵服，足以容天下之贤士矣；其官职事业，足以容天下之能士矣；循其旧法，择其善者而明用之，足以顺服好利之人矣。贤士一焉，能士官焉，好利之人服焉，三者具而天下尽，无有是其外矣。故百里之地，足以竭势矣；致忠信，著仁义，足以竭人矣。两者合而天下取，诸侯后同者先危。《诗》曰："自西自东，自南自北，无思不服。"一人之谓也。

译　文

　　凭借方圆百里的土地，就可以夺取天下，这并不是玄虚的事情，它的难处在于君主要懂得其中的道理。所谓夺取天下，并不是说其他国家都带着他们的土地来追随你的意思，而是说治国之道足以统一人民罢了。如果能够把它的人民统一起来，那么他们的土地怎么会离开我，而跑到别的国家去呢？所以方圆百里的领土，他们的等级爵位，足以容纳天下的贤士了；他们的官位事业，足以容纳天下的能士了；遵循原有的法制，选择其中好的东西，把它公布出来明令采用，就足以顺服那些喜欢利益的人了。贤德之士都和我团结一致，贤能之士为我所用，喜欢利益的人在这里顺服，这三种人都具备，于是天下的人才全都在这里了，没有遗漏在外的了。所以，方圆百里的土地虽小，已经足够用来集中全部的权势了；讲求忠信，倡明仁义，就足以网罗天下所有的百姓。他们都为我所用，于是就取得了天下，归服最晚的诸侯首先遭受危亡。《诗经》上说："从西到东，从南到北，没有谁不归服的。"说的就是收服天下人心的道理啊。

原文

羿、蠭门者①，善服射者也。王良、造父者②，善服驭者也。聪明君子者，善服人者也。人服而势从之，人不服而势去之，故王者已于服人矣。故人主欲得善射，射远中微，则莫若羿、蠭门矣；欲得善驭，及速致远，则莫若王良、造父矣；欲得调壹天下，制秦、楚，则莫若聪明君子矣。其用知甚简③，其为事不劳而功名致大，甚易处而綦可乐也。故明君以为宝，而愚者以为难。

● 造父驾车

注释

①蠭门：又作"蓬蒙""逢蒙"，羿之弟子，善射。

②王良：又作王梁、王子于期，春秋时晋国大夫赵简子的车夫，善于驾驶车马。

③知：通"智"，智慧。

译文

后羿和蠭门，使擅长射箭的人佩服。王良和造父，使擅长驾驶车马的人佩服。聪明的君主，善于使百姓顺服。百姓佩服他，因而权势便随之而来，百姓不佩服，权势就会离他而去，所以称王天下的君主，能够使人顺服就可以了。所以君主想要得到擅长射箭的人，能射得远，又能射中很小的目标，那么没有比后羿和蠭门更好的了。想要得到擅长驾驶车马的人，既能追上快速奔跑的车子，又能快速到达远处，那么没有比王良、造父更好的了。想要使国家得到治理，统一天下，制服秦国和楚国，那么没有比聪明的君子更好的了。他们用的智慧很简单，他们做的事务不劳累，可是取得的成就很大。做起来很容易，心情很愉快。所以英明的君主把他们视为珍宝，但是愚蠢的君主却把他们视为祸患。

原文

夫贵为天子，富有天下，名为圣王，兼制人，人莫得而制也，是人情之所同欲也，而王者兼而有是者也。重色而衣之，重味而食之，重财物而制之，合天下而君之；饮食甚厚，声乐甚大，台谢甚高①，园囿甚广，臣使诸侯，一天下，是又人情之所同欲也，而天子之礼制如是者也。制度以陈，政令以挟②；官人失要则死③，公侯失礼则幽，四方之国，有侈离之德则必灭。名声若日月，功绩如天地，天下之人应之如景向，是又人情之所同欲也，而王者兼而有是者也。故人之情，口好味而臭味莫美焉，耳好声而声乐莫大焉，目好色而文章致繁妇女莫众焉，形体好佚而安重闲静莫愉焉，心好利而谷禄莫厚焉；合天下之所同愿兼而有之，睪牢天下而制之若制子孙④，人苟不狂惑戆陋者，其谁能睹是而不乐也哉！欲是之主，并肩而存；能建是之士，不世绝，千岁而不合，何也？曰：人主不公，人臣不忠也。人主则外贤而偏举，人臣则争职而妒贤，是其所以不合之故也。人主胡不广焉无恤亲疏无偏贵贱，惟诚能之求？若是则人臣轻职业让贤，而安随其后；如是则舜、禹还至，王业还起；功壹天下，名配舜、禹，物由有可乐如是其美焉者乎！呜呼！君人者亦可以察若言矣！杨朱哭衢涂⑤，曰：此夫过举蹞步而觉跌千里者夫⑥！哀哭之。此亦荣辱安危存亡之衢已，此其为可哀甚于衢涂。呜呼！哀哉！君人者，千岁而不觉也。

注释

① 谢：通"榭"，建在高台上的木屋。
② 挟：通"浃"，完备。
③ 要：规定，约束。
④ 罨牢：牢笼。罨，当作"皋"字。
⑤ 衢：十字路口。涂：通"途"，道路。
⑥ 蹞：半步。跌：走错，失误。

译文

天子地位尊贵，富有天下，名声显赫，能制服天下人，而没有人能制服他，这是人们心目中共同的欲望，然而这一切，只有称王天下的君主才能完全拥有。他穿的衣服色彩丰富，食物丰盛味美，财物丰厚，统治整个天下；音乐非常齐备，台榭

● 水榭

非常高大，园囿非常广阔，诸侯臣服，天下统一，这也是人们共同的欲望，但只有天子的礼法制度是这样。制度已经公布，政令已经完备，违反法规的官吏就要处死，三公、诸侯违反礼制就要囚禁，诸侯如果离心离德就要加以消灭；他的名声如同日月明亮，功绩有如天地一般广阔伟大，天下人响应他就像影子追随本体一样，如声相应，这也是人们共同的欲望，但这也只有称王天下的君主全部拥有。所以，人喜欢吃甜美的食物，但没有比王者的食物更味美的了；喜欢听音乐，但没有比王者的音乐更悦耳的了；喜欢美色，但看到的色彩、美女没有比王者更多、更丰富的了；喜好安逸，没有什么比王者享受的更清静安逸了；喜好利益，没有什么比王者享受的财物更丰厚的了；综合天下人所共同向往的一切东西，王者完全拥有它们；总揽天下之人就像控制自己的子孙一样，人如果不是疯或傻，谁看到这些不高兴呢！羡慕这样事业的君主很多，能够建立这样事业的士人也有很多，可是自古以来，这样的君主、士人不能合作，这是什么原因呢？这是因为君主不公正，臣子不忠诚的缘故啊。君主疏远贤能的人，而举用自己偏爱的人，臣子互相争夺职位而妒忌贤能的人，这就是他们不能合作的缘由。君主为什么不能广纳贤士，不论亲疏，不论贵贱，只访求真正的贤能呢？如果这样，那么臣子就会轻视职位，推举贤能，而安于追随在贤能的后面；如果这样，那么舜、禹这样的君主就会到来，称王天下的大业就会立刻兴起。就可以一统天下，名声可以与舜、禹相配，事情还有比这更美好更快乐的吗？哎呀！统治人民的国君，这些话也该仔细考虑一下了！杨朱站在十字路口哭泣，他说："这里只要走错半步，当发觉的时候已经相差千里了！"为此他哭得很悲伤。用人也是这样啊，它比在十字路口上举步失误更可怕。哎呀！可悲啊！统治人民的君主，他们一千年来还没有觉察到啊。

原　文

　　无国而不有治法，无国而不有乱法；无国而不有贤士，无国而不有罢士①；无国而不有愿民，无国而不有悍民；无国而不有美俗，无国而不有恶俗；两者并行而国在，上偏而国安，在下偏而国危②；上一而王，下一而亡。故其法治，其佐贤，其民愿，其俗美，而四者齐，夫是之谓上一。如是，则不战而胜，不攻而得，甲兵不劳而天下服。故汤以亳，武王以鄗，皆百里之地也，天下为一，诸侯为臣，通达之属，莫不从服，无它故焉，四者齐也。桀、纣即序于有天下之势③，索为匹夫而不可得也，是无它故焉，四者并亡也。故百王之法不同若是，所归者一也。

注释

①罢：通"疲"，不贤，无德行。
②在：当为衍文。
③序：当为"厚"字之误。

译文

哪个国家都有使国家安定的法令制度，哪个国家都有引起国家混乱的法令制度；哪个国家都有德才兼备的士人，哪个国家都会有品德不好的士人；哪个国家都有谨慎守法的百姓，哪个国家都会有凶悍之徒；哪个国家都有淳美的风俗，也会有丑陋的习俗；这两种情况同时存在一个国家，国家尚可存在，偏于前者，国家能够得到安定，偏于后者，国家就会危险；完全属于前者，就可以称王天下，完全属于后者，国家就将灭亡。所以，如果国家的法令制度是完善的，辅佐的臣子是德才兼备的，百姓是奉公守法的，风俗是纯朴美好的，这四种情况都具备了，这就叫作全属于前者。如果有这样的国家，那么即使不用战争就能战胜敌人，不用进攻就能获得土地，不用四处征伐就能使天下顺服。所以，商王汤依托亳地，周武王依据镐京，都是百里大小的领土，后来却一统天下，诸侯称臣，所到之处没有不归服的，这有什么别的原因呢，就是因为具备了上述四种情况啊。夏桀、商纣即使拥有天下的势力，最后要求做个平民老百姓也是不可能了，这有什么别的原因呢，是因为丧失了上述四种情况啊。所以历代君主制定的法令制度虽然不同，但归根到底道理都是一样的啊。

原文

上莫不致爱其下而制之以礼，上之于下，如保赤子，政令制度，所以接下之人百姓有不理者如豪末①，则虽孤独鳏寡必不加焉②；故下之亲上欢如父母，可杀而不可使不顺，君臣上下，贵贱长幼，至于庶人，莫不以是为隆正；然后皆内自省以谨于分，是百王之所以同也，而礼法之枢要也。然后农分田而耕，贾分货而贩，百工分事而劝，士大夫分职而听，建国诸侯之君分土而守，三公总方而议，则天子共己而止矣。出若入若，天下莫不平均，莫不治辨，是百王之所同而礼法之大分也。

若夫贯日而治平，权物而称用，使衣服有制，宫室有度，人徒有数，丧祭械用皆有等宜，以是用挟于万物，尺寸寻丈③，莫得不循乎制度数量然后行，则是官人使吏之事也，不足数于大君子之前。故君人者立隆政本朝而当，所使要百事者诚仁人也，则身佚而国治，功大而名美，上可以王，下可以霸。立隆正本朝而不当，所使要百事者非仁人也，则身劳而国乱，功废而名辱，社稷必危，是人君者之枢机也。故能当一人而天下取，失当一人而社稷危。不能当一人而能当千百人者，说无之有也。既能当一人，则身有何劳而为，垂衣裳而天下定。故汤用伊尹，文王用吕尚④，武王用召公⑤，成王用周公旦。卑者五伯，齐桓公闺门之内，县乐奢泰游抏之修⑥，于天下不见谓修，然九合诸侯，一匡天下⑦，为五伯长，是亦无它故焉，知一政于管仲也⑧，是君人者之要守也；知者易为之兴力而功名綦大，舍是而孰足为也。故古之人有大功名者，必道是者也；丧其国，危其身者，必反是者也。故孔子曰："知者之知⑨，固以多矣，有以守少⑩，能无察乎！愚者之知，固以少矣，有以守多，能无狂乎！"此之谓也。

注释

① **豪末**：同"毫末"。

② **孤独鳏寡**：老而无妻曰鳏，老而无夫曰寡，老而无子曰独，幼而无父曰孤。

③ **尺寸寻丈**：这里借指处理各种事情的标准。寻，古代长度单位，八尺为一寻。

④ **吕尚**：姓姜，名尚，字子牙，世称姜太公，周文王出猎而访得了他，尊他为师。后辅佐武王灭商，封于齐。

● 召公

⑤ **召公**：姓姬，名奭，一说是周文王之子，因采邑在召（今陕西岐山一带），所以称召公。曾帮助武王灭商，被封于燕，成为燕国的始祖。

⑥ **县**：同"悬"。**泰**：同"汰"。**抏**：同"玩"。

⑦ **匡**：正。

⑧ **管仲**：名夷吾，字仲，春秋初期具有法家思想的政治家。

⑨ **知**：通"智"。

⑩ **有**：通"又"。**守**：管。

译文

君主没有不爱护百姓的，所以就用礼法来治理他们。君主对百姓如同养育婴儿一样。政治法令制度，是用来对待下层的老百姓的，即使是孤独鳏寡的人，如有丝毫不合理的东西也不能施加在他们身上。所以百姓亲近君主就如同亲近自己的父母一样，宁可被杀，也不能让他们不顺从君主。君臣之间、尊卑之间、长幼之间，甚至是老百姓，都把这个原则作为最高准则。然后都能从内心自省，谨慎于自己的职分。这是历代君主共同的做法，而且是礼法的关键。然后，农民各自耕种自己的田地，商人各自贩卖自己的货物，工匠们勤恳地工作，士大夫尽心职守、处理政事，各国诸侯各自管理自己的国家，三公总管全国事务，而天子只需拱手端坐就可以了。对内如此，对外也是这样，那么天下的万物就没有不均等的了，就没有治理不好的了，这是历代君主所共有的做法，也是礼法的关键。

至于那连续几天把政事治理妥当，合理地调节万物来使它们相称，严格规定各级官吏的衣服样式，各种宫室不同的标准，所用仆从有人数的限制，丧礼、祭祀器具的使用都做出明文规定，把这些规定贯彻运用到万事万物中去，就像尺、寸、寻、丈这样，都是按照规定的制度数量进行的，那么这些是各级大小官吏负责的事情，不值得在君主面前陈述。所以对于君主而言，如果为本朝所确立的最高原则都正确无误，任用的总领政事的宰相是德才兼备的仁人，那么君主自身就能非常安逸，国家也治理得很好，功绩伟大，而且声名美好，从大处说可以成为王者，从小处说，可以称霸诸侯。如果为本朝所确立的最高原则不得当，所任用总领政事的宰相不是德才兼备的仁人，那么君主就会劳苦不堪，国家就会陷入混乱，功业荒废，声名狼藉，国家就会危险。这实在是做君主的关键啊。因此，用人得当，就可以取得天下，用人不当，国家就危险。不能恰当任用一人，却说能恰当任用上千人、上百人，没有这种说法。既然用人得当，那么，自己还会有什么劳苦呢？只要修正自己的衣服，轻轻松松就可安定天下。所以，商汤王任用伊尹，周文王任用姜子牙，周武王任用召公，周成王任用周公旦。功绩稍差的就是春秋五霸，齐桓公沉湎后宫，悬挂乐器，一味追求游玩享乐，但在天下他并没有被认为是追求享乐的人，他多次会合诸侯，主持天下大事，使诸侯和他一致，成为五霸之首，这有什么别的原因吗，这是因为他懂得把政事交给管仲，这就是君主的重要守则啊。英明的君主很容易做到这点，从而使国家兴盛，自己也获得赫赫威名。舍弃这点谁还能做得到呢。所以古代的那些有杰出功业的人，一定是遵循了这一点；而丧失国家，并危及自身的，一定是违反这一点。所以孔子说："聪明人本来就懂得很多，主管国家重要的事情又少，能不明察吗？愚蠢人的智慧本来就很少，又偏要去管许多烦琐的事务，他怎么不惑乱呢？"说的就是这个道理。

原文

治国者分已定，则主相、臣下、百吏各谨其所闻，不务

听其所不闻；各谨其所见，不务视其所不见。所闻所见，诚以齐矣，则虽幽闲隐辟①，百姓莫敢不敬分安制以化其上，是治国之征也。

主道治近不治远，治明不治幽，治一不治二。主能治近则远者理，主能治明则幽者化，主能当一则百事正。夫兼听天下，日有余而治不足者，如此也，是治之极也。既能治近，又务治远；既能治明，又务见幽；既能当一，又务正百；是过者也。过犹不及也；辟之是犹立直木而求其景之枉也。不能治近，又务治远；不能察明，又务见幽；不能当一，又务正百；是悖者也，辟之是犹立枉木而求其景之直也。故明主好要，而暗主好详。主好要则百事详，主好详则百事荒。君者，论一相②，陈一法，明一指，以兼覆之，兼炤之③，以观其盛者也④。相者，论列百官之长，要百事之听，以饰朝廷臣下百吏之分⑤，度其功劳，论其庆赏，岁终奉其成功以效于君。当则可，不当则废。故君人劳于索之，而休于使之。

注释

①辟：通"僻"，偏僻。
②论：通"抡"，选择。
③炤：通"照"，洞察。
④盛：通"成"，成就。
⑤饰：通"饬"，整治。

译文

治理国家的人的等级名分已经确定，那么君主、宰相和臣下百官就要谨守自己所听到的，不追求自己所不该听到的事；谨慎地处理自己所应该见到的事，不致力于处理自己所不该见到的事。职权范围内所听到、见到的事，都要用统一的原则处理，这样，即使处在偏远的地方，也没有人敢不遵守职分，都会遵守国家制度，顺从君主，这就是国家安定的标志。

君主治理国家的原则，是管理近的，不管理远的，管理明显的，不管理暗处的，管理主要的，不管理烦琐复杂的。如果治理好近处的，那么远处的就会得到治理；如果治理好明显的，那么暗处的也会随之变化，如果处理好主要的，那么繁杂的也会得到解决。这样，每天全面管理天下大事，时间还绰绰有余，如果这样，那就是治理天下的最高境界了。既管理近处的，又兼管远处的；既管理明显的，又兼管暗处的；既管理主要的，又兼管烦琐的；这就是过分了，过分了和没有达到是一样的，就好比竖起笔直的木头但要求它的影子是弯曲的一样。不能处理近处的，却还要处理远处的；不能处理明显的，却要处理暗处的；不能处理主要的，却还要兼管烦琐的；这是违背事理的，就好比是竖起的是弯曲的木头但要求它的影子是直的一样。所以，英明的君主善于抓住要领，而愚昧的君主喜欢什么都管。君主善抓要领，那么各种事情就能办得周详，君主喜欢什么都管，那么各种事情就会荒废。君主，选择一个宰相，公布一个统一的法令制度，明确一个主要原则，用此来统帅一切，洞察一切，并以此来考察它的成就。宰相，总管各种政事的处理，以此来整顿朝廷上的大臣和各级官员的职分，衡量他们的功劳，论定他们的奖赏，到年终，捧着自己的成绩，呈报给君主。称职的就留用，不称职的就罢免。所以君主在寻求人才时是劳累的，但在使用的时候就安逸了。

● 桑林祷雨

原　文

　　用国者，得百姓之力者富，得百姓之死者强，得百姓之誉者荣。三得者具而天下归之，三得者亡而天下去之。天下归之之谓王,天下去之之谓亡。汤、武者,循其道,行其义,兴天下同利,除天下同害,天下归之。故厚德音以先之,明礼义以道之,致忠信以爱之,赏贤使能以次之①,爵服赏庆以申重之,时其事、轻其任以调齐之,潢然兼覆之,养长之,如保赤子。生民则致宽,使民则綦理,辩政令制度②,所以接天下之人百姓,有非理者如豪末,则虽孤独鳏寡,必不加焉。是故百姓贵之如帝,亲之如父母,为之出死断亡而不愉者③,无它故焉,道德诚明,利泽诚厚也。

注释

① 赏:当作"尚"字。
② 辩:通"办",置办。
③ 不:当为衍文。一说"愉"当为"偷"字。

译文

君主治理国家,能得到百姓尽力效劳的,国家就富有,得到百姓为他效力的,国家就强盛,得到百姓称颂的,自身就荣耀。具备了以上三个条件,天下人就会归顺他,失去了这三个条件,天下人就会背离他。天下人都归顺他,就是王者,天下人都背离他就是灭亡。商王汤、周武王都遵循这个原则,奉行这种道理,兴办天下人都认为有利的事,除掉天下人共同的祸害,天下人都归顺了他们。所以,君主重视用道德声望引导天下人,彰明礼义法度教导天下人,竭尽忠信爱护天下人,赏识贤人,重用能人,根据能力使用他们,安排不同等级的职位,加官晋爵来重用他们,依靠天时,减轻负担来调剂他们,量力而任用他们从而使他们协调一致抚养百姓,如同养育婴儿一样。养育百姓特别宽厚,使用百姓极其合理,制

● 泽及枯骨

定法令制度，是用来对待下层的老百姓的，所有不合理的东西，即便是孤独鳏寡的人，也务必不要施加在他们身上。所以百姓尊重他们如同尊敬上天，喜欢他们如同自己的父母，为他献出生命也心甘情愿，这没有其他原因，是由于君主的道德异常显明，恩惠确实深厚的缘故啊。

原文

乱世不然：污漫、突盗以先之，权谋倾覆以示之，俳(pái)优、侏儒、妇女之请谒以悖之①，使愚诏知，使不肖临贤，生民则致贫隘②，使民则綦劳苦。是故百姓贱之如㑌③，恶之如鬼，日欲司间而相与投藉之④，去逐之。卒有寇难之事⑤，又望百姓之为己死，不可得也，说无以取之焉。孔子曰："审吾所以适人，适人之所以来我也⑥。"此之谓也。

注释

① **俳优**：古代滑稽演员。
② **隘**：通"陁"，穷困，困苦。
③ **㑌**：通"尪"，骨骼呈弯屈状的残疾人。
④ **司**：同"伺"。
⑤ **卒**：通"猝"，突然。
⑥ **适**：当为衍文。

译文

乱世就不是这样，在乱世引导百姓的是肮脏、散漫、欺凌、盗窃的行为，他们公开玩弄权术阴谋、反复无常的伎俩，用唱戏的、侏儒、妇女等私下的请求来扰乱朝政，让愚蠢的人去教导有智慧的人，让不肖的人居于贤人之上，百姓的生活极端困苦，又使百姓极其劳苦。因此百姓鄙视君主如同鄙视女巫，憎恶君主如同憎恶魔鬼，整天都在寻求机会抛弃君主、践踏君主，背离君主、驱逐君主。如果突然有外敌入侵，君主还想百姓为他卖命，这是不可能的了，这种治国的做法毫无可取之处。孔子说："看看我怎么对待别人，别人就会用怎样的态度来对待我。"说的就是这个道理。

原文

伤国者何也？曰：以小人尚民而威①，以非所取于民而巧②，是伤国之大灾也。大国之主也，而好见小利，是伤国。其于声色、台榭、园囿也，愈厌而好新，是伤国。不好循正其所以有，啖(dàn)啖常欲人之有③，是伤国。三邪者在匈中④，而又好以权谋倾覆之人断事其外，若是则权轻名辱，社稷必危，是伤国者也。大国之主也，不隆本行，不敬旧法，而好诈故，若是则夫朝廷群臣亦从而成俗于不隆礼义，而好倾覆也。朝廷群臣之俗若是，则夫众庶百姓亦从而成俗于不隆礼义而好贪利矣。君臣上下之俗莫不若是；则地虽广，权必轻；人虽众，兵必弱；刑罚虽繁，令不下通；夫是之谓危国，是伤国者也。

注释

①以：使。尚：通"上"，居于……之上。
②所：手段，方法。
③啖啖：贪婪的样子。
④匈：通"胸"。

译文

危害国家的是什么呢？让小人居于百姓之上作威作福，用非法手段从百姓那里巧取豪夺，这是危害国家的大灾难。如果大国的君主喜好小利，便会危害国家；他爱好音乐美色、楼台亭阁、园林兽苑，乐此不疲而追求新奇，便会危害国家；不喜欢整顿治理自己已经拥有的一切，却总是贪婪地想要占有别人的东西，便会危害国

● 十侍乱政

家。这三种邪恶的念头充斥胸中,又喜欢让玩弄权术阴险狡猾的人决断政事,如果这样,君主就会权势轻微,声名狼藉,国家就会危险,这便是危害国家的人。大国的君主,不尊崇礼义,不谨守旧有的法令制度,而喜欢欺诈。如果这样,朝廷上的群臣也就不崇尚礼义,而喜好互相倾轧。朝廷中形成了这种风气,那么,广大民众也就不尊崇礼义,而喜好贪图私利了。如果举国上下都形成这样的风气,那么即使土地广阔,权威也必定趋于轻微;即使人口众多,兵力也必定趋于衰弱;即使刑罚繁多,政令却不能下达。这就是危险的国家,这就是危害国家的人。

原文

儒者为之不然:必将曲辨①:朝廷必将隆礼义而审贵贱,若是则士大夫莫不敬节死制者矣。百官则将齐其制度,重其官秩,若是则百吏莫不畏法而遵绳矣。关市几而不征②;质律禁止而不偏,如是则商贾莫不敦悫而无诈矣。百工将时斩伐,佻其期日③,而利其巧任,如是则百工莫不忠信而不楛矣④。县鄙将轻田野之税,省刀布之敛,罕举力役,无夺农时,如是则农夫莫不朴力而寡能矣。士大夫务节死制,然而兵劲。百吏畏法循绳,然后国常不乱。商贾敦悫无诈,则商旅安,货通财⑤,而国求给矣。百工忠信而不楛,则器用巧便而财不匮矣。农夫朴力而寡能,则上不失天时,下不失地利,中得人和,而百事不废。是之谓政令行,风俗美。以守则固,以征则强,居则有名,动则有功。此儒之所谓曲辨也。

注释

①辨:通"办",治理。
②几:通"讥",查问。

③佻：通"窕"，宽缓，放宽。
④楛：通"盬"，粗制滥造。
⑤货通财：当为"货财通"。

译 文

儒者就不会这样，他会周到而曲折地治理好。朝廷上必定会推崇礼义，明确贵贱的等级，这样，士大夫就没有不注重名节、不坚守法制的了。对于群臣百官，将统一他们的管理制度，注重他们的官职和俸禄，这样，则各级官吏就没有谁不畏惧法令，进而就会遵守法度的规定了。关卡和市场只查问而不收税，所规定的市场价格、所禁止的事情都公正不偏。这样，则商人就没有不忠厚诚实的了。要求各种工匠按时节砍伐木材，放宽他们的限期，以便充分发挥他们的技巧，这样，则各种工匠就无不忠诚守信而不粗制滥造了。减少城郊的农村税收的征缴，减少对赋税的聚敛，减少劳役，不侵夺农时，这样，则农民就会勤勤恳恳从事农耕而不从事其他的事情了。士大夫坚守节操，舍身殉职，这样，则兵力就会强大。各级官吏惧怕法令而遵守法度，国家法令就不会混乱。商人老老实实，没有欺骗行为，那么商人安业，财货通畅，国家的各种需求就能得到供应。工匠忠诚信实，就不会粗制滥造，那么器械用具就做得轻巧灵便，而资材也不会缺乏了。农民辛勤耕作而不误农事，那么就会上不失天时，下不失地利，中得人和，这样就会百业兴旺而不荒废了。这就叫政令通行，风俗美好。凭借这些，捍卫国家就能巩固，征战就能强劲有力，居守于自己的国家就享有名望，有所举动就会有功绩。这就是儒者所说的全面地治理啊。

君　道

题　解

　　"君道",即君主治国之道。本篇主要谈论君主治国的原则与方法,他主张君主要以身作则,做到"隆礼至法""尚贤使能"、善于用人、"慎取相",这样才能更好地治理国家。除君道外,也涉及臣道、父道、子道、兄道、弟道、夫道、妻道等,归为一点,即以礼为治。体现了荀子的治国思想,提供了许多值得借鉴之处。

原文

　　有乱君,无乱国;有治人,无治法。羿之法非亡也①,而羿不世中;禹之法犹存,而夏不世王。故法不能独立,类不能自行;得其人则存,失其人则亡。法者,治之端也;君子者,法之原也。故有君子,则法虽省,足以遍矣;无君子,则法虽具,失先后之施,不能应事之变,足以乱矣。不知法之义而正法之数者,虽博临事必乱。故明主急得其人,而暗主急得其势。急得其人,则身佚而国治,功大而名美,上可以王,

● 梦赉良弼

下可以霸；不急得其人，而急得其势，则身劳而国乱，功废而名辱，社稷必危。故君人者，劳于索之，而休于使之。《书》曰："惟文王敬忌，一人以择。"此之谓也。

> [!注释]
> ①羿：又称后羿、夷羿，夏代东夷族有穷氏的部落首领，善于射箭。

> [!译文]
> 有搞乱国家的君主，没有自行混乱的国家；有治理国家的人才，没有自行治理的法制。后羿的射箭方法并没有失传，但后羿并不能使世世代代的人都百发百中；大禹的法制仍旧存在，但夏后氏并不能世世代代称王天下。所以法制不可能单独有所建立，律例不可能自动被实行；得到了那种善于治国的人才，那么法制就存在；失去了那种人才，那么法制也就灭亡了。法制，是政治的开端；君子，是法制的本原。所以有了君子，法律即使省略，也足够用在一切方面了；如果没有君子，法律即使具备，也会失去先后的实施次序，不能应付事情的各种变化，足够形成混乱了。不懂得法治的道理而只是去定法律条文的人，即使了解得很多，碰到具体事情也一定会混乱。所以英明的君主急于得到治国的人才，而愚昧的君主急于取得权势。急于得到治国的人才，就会自身安逸而国家安定，功绩伟大而声名美好，上可以称王天下，下可以称霸诸侯；不急于得到治国的人才，而急于取得权势，就会自身劳苦而国家混乱，功业败坏而声名狼藉，江山社稷必然危险。所以统治人民的君主，在搜寻人才时劳累，而在使用他以后就安逸了。《尚书》说："文王恭敬戒惧，亲自去选择人才。"说的就是这种道理。

> [!原文]
> 合符节①、别契券者②，所以为信也；上好权谋，则臣下百吏诞诈之人乘是而后欺。探筹③、投钩者④，所以为公也；上好曲私，则臣下百吏乘是而后偏。衡石、称县者⑤，所以为平也；上好倾覆，则臣下百吏乘是而后险。斗、斛(hú)、敦(duì)、概者⑥，所以为啧(zé)也⑦，上好贪利，则臣下百吏乘是而后丰

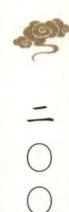

取刻与以无度取于民。故械数者，治之流也，非治之原也。君子者，治之原也。官人守数，君子养原；原清则流清，原浊则流浊。故上好礼义，尚贤使能，无贪利之心，则下亦将綦辞让，致忠信，而谨于臣子矣。如是则虽在小民，不待合符节、别契券而信，不待探筹、投钩而公，不待衡石、称县而平，不待斗、斛、敦、概而啧。故赏不用而民劝，罚不用而民服，有司不劳而事治，政令不烦而俗美；百姓莫敢不顺上之法，象上之志，而劝上之事，而安乐之矣。故藉敛忘费⑧，事业忘劳，寇难忘死，城郭不待饰而固，兵刃不待陵而劲。敌国不待服而诎，四海之民不待令而一。夫是之谓至平。《诗》曰："王犹允塞，徐方既来。"此之谓也。

注释

①**符节**：古代作为凭证的信物，一分为二，双方各执一半，验证时两片完全相合则可通行。

②**契券**：契据证券，古代作凭据用的契约，一分为二，双方各执一半。

③**探筹**：抽签。

④**投钩**：抓阄。

⑤**衡石**：泛指称重的器物。石，古代重量单位，一百二十斤为一石。**县**：通"悬"，指秤砣。

⑥**斗、斛、敦**：都为古代量器。**概**：刮平斗斛的木制板。

⑦**啧**：实际。

⑧**藉敛**：纳税。

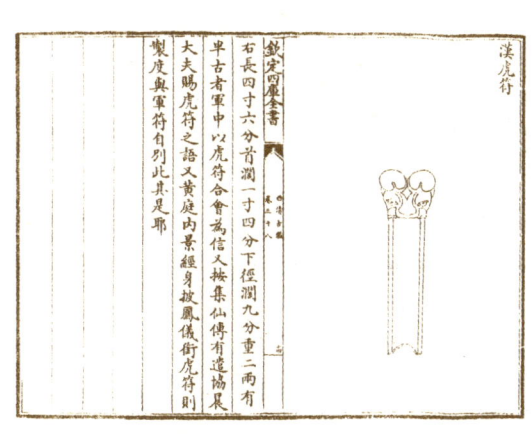

● 汉虎符

译　文

　　对合符节、辨认契券，是用来造成信用的；但如果君主喜好搞权术阴谋，那么大臣百官中那些搞欺骗诡诈的人就会乘机跟着搞欺诈。抽签、抓阄，是用来造成公正的；但如果君主喜欢偏私，那么大臣百官们就会乘机跟着搞偏私。用衡器来称重，是用来造成公平的；但如果君主喜好偏斜颠倒，那么大臣百官就会乘机跟着邪恶不正。各种量器量具，是用来造成统一标准的；但如果君主热衷于贪图财利，那么大臣百官就会乘机跟着多拿少给以致没有限度地剥削老百姓。所以各种有助于治理的器物与方法，只是政治的末流，并不是政治的源头；君主，才是政治的源头。官吏据守具体的方法条例，君主则保养源头。源头清澈，那么下边的水流也清澈；源头混浊，那么下边的流水也混浊。所以君主如果爱好礼义，尊重贤德的人、使用有才能的人，没有贪图财利的心思，那么臣下也就会极其谦让，忠诚老实谨慎地做一个臣子。像这样，即使是在卑微的人民之中，也不用等到对合符节、辨认契券就能做到有信用，不用等到抽签、抓阄就能做到公正，不靠衡器来称量就能做到公平，不需要各种量器量具就能做到标准统一。所以不用奖赏而民众就能勤勉，不用刑罚而民众就能服从，官吏不费力而事情就能治理好，政策法令不繁多而习俗就能变好，百姓没有谁敢不遵从君主的法令、依照君主的意志而为君主的事情卖力，而且对此感到安乐。所以，民众在纳税时不觉得破费，为国家干事业时忘掉了辛劳，外敌发动战争时能拼死作战；城墙不用等到修整就坚固，兵器的刀口不用淬炼就坚硬，敌国不用等到去征服就屈从，天下的民众不用命令就能统一行动。这叫作极其太平。《诗经》说："王道真大满四海，徐国已经来朝拜。"说的就是这种情形啊。

原　文

　　请问为人君？曰：以礼分施，均遍而不偏。请问为人臣？曰：以礼待君①，忠顺而不懈。请问为人父？曰：宽惠而有礼。请问为人子？曰：敬爱而致文。请问为人兄？曰：慈爱而见友。请问为人弟？曰：敬诎而不苟。请问为人夫？曰：致功而不流，致临而有辨。请问为人妻？曰：夫有礼则柔从听侍，夫无礼则恐惧而自竦也②。此道也，偏立而乱，俱立而治，其足以稽矣。

请问兼能之奈何？曰：审之礼也。古者先王审礼以方皇周浃于天下③，动无不当也。故君子恭而不难④，敬而不巩⑤，贫穷而不约，富贵而不骄，并遇变态而不穷，审之礼也。故君子之于礼，敬而安之；其于事也，径而不失；其于人也，寡怨宽裕而无阿，其所为身也，谨修饰而不危⑥；其应变故也，齐给便捷而不惑；其于天地万物也，不务说其所以然而致善用其材；其于百官之事、技艺之人也，不与之争能而致善用其功；其待上也，忠顺而不懈；其使下也，均遍而不偏；其交游也，缘义而有类；其居乡里也，容而不乱。是故穷则必有名，达则必有功，仁厚兼覆天下而不闵，明达用天地、理万变而不疑，血气和平，志意广大，行义塞于天地之间，仁知之极也。夫是之谓圣人审之礼也。

注释

① **待**：当为"侍"字，侍奉。
② **竦**：肃敬。
③ **方皇**：广大。**周浃**：周遍。
④ **难**：惧怕。
⑤ **巩**：通"恐"，害怕恐惧。
⑥ **饰**：同"饬"，整治。**危**：通"诡"，诡诈凶险。

译文

请问怎样做君主？回答说：要按照礼义去施舍，平均而不偏私。请问怎样做臣子？回答说：要按照礼义去侍奉君主，忠诚顺从而不懈怠。请问怎样做父亲？回答说：要宽厚仁爱而有礼节。请问怎样做儿子？回答说：要敬爱父母而极有礼貌。请问怎样做哥哥？回答说：要仁慈地爱护弟弟而付出自己的友爱。请问怎样做弟弟？回答说：要恭敬顺服而一丝不苟。请问怎样做丈夫？回答说：要尽力取得功业而不放荡淫乱，尽力亲近妻子而又有一定的界限。请问怎样做妻子？回答说：丈夫遵行礼义就温柔顺从听命侍候他，丈夫不遵行礼义就诚惶诚恐而独自保持肃敬。这些原则，只能部分地做到，那么天下仍会混乱；全都确立了，天下就会大治；它们足够用来作为楷模了。

请问要全部做到这些该怎么办？回答说：必须弄清楚礼义。古代圣王弄明白了礼义而普遍施行于天下，行动没有不恰当的。所以君子谦恭但不胆怯，肃敬但不恐惧，贫穷却不卑屈，富贵却不骄纵，同时遇到各种事变，也能应付自如而不会束手无策，这都是因为弄清楚了礼义的缘故。所以君子对于礼义，敬重并遵守它；他对于事务，做起来直截了当但不出差错；他对于别人，很少埋怨，宽宏大量但不阿谀奉承；他做人的原则，是谨慎地加强修养而不险诈；他应付事变，迅速敏捷而不迷惑；他对于天地万物，不致力于解说它们形成的原因而能做到很好地利用他的才能；他对于各种官府中的官吏和有技术的人才，不和他们竞争技能的高下而能做到很好地利用他们的工作成果；他侍奉君主，忠诚顺从而不懈怠；他使唤下边的人，公平而不偏私；他与人交往，依循道义而有法度；他住在家乡，待人宽容而不胡作非为。即便君子处境穷困时也能享有名望，显达时就一定能建立功勋；他的仁爱宽厚之德普照天下而不昏暗，他的明智通达能够治理天地万物、处理各种事变而不疑惑；他心平气和，思想开阔，德行道义充满在天地之间，仁德智慧达到了极点。这种人就叫作圣人，这是因为他弄明白了礼义的缘故啊。

原 文

请问为国？曰：闻修身，未尝闻为国也。君者仪也①，民者景也②，仪正而景正。君者槃也③，民者水也，槃圆而水圆。君者盂也④，盂方而水方。君射则臣决⑤。楚庄王好细腰，故朝有饿人。故曰：闻修身，未尝闻为国也。

注 释

①**仪**：日晷，利用日影来测量时间的仪器。

②景：通"影"。
③槃：通"盘"。
④盂：盛液体的器皿。
⑤决：古代在射箭时套在右手大拇指上的象骨套子，即"扳指"。

译 文

请问怎样治理国家？回答说：我只听说君主要修养自己的品德，不曾听说过怎样去治理国家。君主，就像测定时刻的标杆，民众，就像这标杆的影子，标杆正直，那么影子也正直。君主，就像盘子，民众，就像盘里的水，盘子是圆形的，那么盘里的水也呈圆形。君主，就像盂，民众就像盂中的水，盂是方形的，那么盂中的水也呈方形。君主射箭，那么臣子就会套上扳指。楚灵王喜欢细腰的人，所以朝廷上有饿得面黄肌瘦的臣子。所以说：我只听说君主要修养身心，不曾听说过怎样治理国家。

● 楚灵王灭陈蔡

原 文

君者，民之原也；原清则流清，原浊则流浊。故有社稷者而不能爱民不能利民，而求民之亲爱己，不可得也。民不亲不爱，而求其为己用为己死，不可得也。民不为己用不为己死，而求兵之劲城之固，不可得也。兵不劲城不固，而求敌之不至，不可得也。敌至而求无危削，不灭亡，不可得也。危削、灭亡之情举积此矣，而求安乐，是狂生者也。狂生者，不胥时而落①。故人主欲强固安乐，则莫若反之民；欲附下一民，则莫若反之政；欲修政美国②，则莫若求其人。彼或蓄积而得之者不世绝，彼其人者，生乎今之世而志乎

古之道。以天下之王公莫好之也，然而于是独好之③；以天下之民莫欲之也④，然而于是独为之。好之者贫，为之者穷，然而于是独犹将为之也⑤，不为少顷辍焉。晓然独明于先王之所以得之所以失之，知国之安危臧否若别白黑。是其人者也，大用之，则天下为一，诸侯为臣；小用之，则威行邻敌；纵不能用，使无去其疆域，则国终身无故。故君人者，爱民而安，好士而荣，两者无一焉而亡。《诗》曰："价人维藩，大师为垣。"此之谓也。

● 丹书受戒

注释

①胥：通"须"，等待。

②国：当为"俗"字。

③于是：当为"是子"。

④欲：当为"为"字。

⑤独：当为衍文。

译文

君主，就像人民的源头；源头清澈，那么下边的流水也清澈；源头混浊，那么下边的流水也混浊。所以掌握了国家政权的人如果不能够爱护人民，不能够使人民得利，却要求人民亲近爱戴自己，那是不可能办到的。人民不亲近、不爱戴，而要求人民为自己所用、为自己牺牲，那也是不可能办到的。人民不为自己所用、不为自己牺牲，而要求兵力强大、城防坚固，那是不可能办到的。兵力不强大、城防不坚固，而要求敌人不来侵犯，那是不可能办到的。敌人来了而要求自己的国家不危险削弱、不灭亡，那是不可能办到的。国家危险削弱以至灭亡的情况全都积聚在他这里了，却还想求得安逸快乐，这是狂妄无知的人。狂妄无知的人，不要等多久就会衰败死亡。所以君王想要强大稳固安逸快乐，那就没有什么比得上回到人民上来；想要使臣下归附、使人民与自己一条心，那就没有什么比得上回到政事上来；想要治理好政事、使风俗淳朴，那就没有什么比得上寻觅善于治国的人。那些善于治国的人或许有所积储，因而得到这种人的君主世世代代没断绝过。那些善于治国的人，生在今天的时代而向往着古代的政治原则。虽然天下的君主没有谁爱好古代的政治原则，但是这种人偏偏喜好它；虽然天下的民众没有谁想要古代的政治原则，但是这种人偏偏遵行它。爱好古代政治原则的人会贫穷，遵行古代政治原则的人会困厄，但是这种人还是要遵行它，并不因此而停止片刻。唯独这种人清楚地明了古代帝王取得国家政权的原因、失去国家政权的原因，他了解国家的安危、政治的好坏就像分辨黑白是非一样清楚明白。这种善于治国的人，如果君主重用他，那么天下就能被统一，诸侯就会来称臣；如果君主一般地任用他，那么威慑也能扩展到邻邦敌国；即使君主不能任用他，但如果能使他不离开自己的国土，那么国家在他活着的时候也就不会有什么事故。所以统治人民的君主，爱护人民就会安宁，喜欢士人就会荣耀，这两者一样都没有就会灭亡。《诗经》云："贤士就是那屏障，大众就是那围墙。"说的就是这个道理。

原文

　　道者，何也？曰：君道也①。君者何也？曰：能群也。能群也者，何也？曰：善生养人者也；善班治人者也②；善显设人者也③；善藩饰人者也。善生养人者人亲之，善班治人者人安之，善显设人者人乐之，善藩饰人者人荣之；四统者俱而天下归之，夫是之谓能群。不能生养人者，人不亲也，不能班治人者，人不安也，不能显设人者，人不乐也，不

能藩饰人者，人不荣也；四统者亡而天下去之，夫是之谓匹夫。故曰：道存则国存，道亡则国亡。省工贾，众农夫，禁盗贼，除奸邪，是所以生养之也。天子三公，诸侯一相，大夫擅官，士保职，莫不法度而公，是所以班治之也。论德而定次，量能而授官，皆使其人载其事而各得其所宜，上贤使之为三公，次贤使之为诸侯，下贤使之为士大夫，是所以显设之也。修冠弁、衣裳、黼黻、文章、琱琢、刻镂皆有等差④，是所以藩饰之也。

故由天子至于庶人也，莫不骋其能，得其志，安乐其事，是所同也；衣暖而食充，居安而游乐，事时制明而用足，是又所同也。若夫重色而成文章，重味而成珍备⑤，是所衍也。圣王财衍以明辨异，上以饰贤良而明贵贱，下以饰长幼而明亲疏；上在王公之朝，下在百姓之家，天下晓然皆知其非以为异也，将以明分达治而保万世也。故天子诸侯无靡费之用，士大夫无流淫之行，百吏官人无怠慢之事，众庶百姓无奸怪之俗无盗贼之罪，其能以称义遍矣。故曰：治则衍及百姓，乱则不足及王公。此之谓也。

注释

① **君道**：当作"君之所道"。
② **班**：通"办",治理。
③ **显**：提拔任用。**设**：设置,安排。
④ **弁**：冠名。古代男子戴的一种帽子。
⑤ **味**：食物。

译文

　　道这个词,是什么意思?回答说:是君主所遵行的原则。君这个词,是什么意思?回答说:是能够把人组织成社会群体的人。所谓能够把人组织成社会群体,是指什么?回答说:是指善于养活抚育人,善于治理人,善于任用安置人,善于用不同的服饰来区分人。善于养活抚育人的,人们就亲近他;善于治理人的,人们就安心顺从他;善于任用安置人的,人们就喜欢他;善于用服饰来区分人的,人们就赞美他。这四个要领具备了,天下的人就会归顺他,这就叫作能把人组织成社会群体的君主。不能养活抚育人的,人们就不会亲近他;不能治理人的,人们就不会安心顺从他;不能任用安置人的,人们就不会喜欢他;不能用服饰区分人的,人们就不会赞扬他。这四个要领都没有做到,天下的人就会背离他,这就叫作孤身一人的匹夫。所以说:正确的政治原则存在,国家就存在;正确的政治原则丧失了,国家就灭亡。减少手工业者和商人,增多农民人数,禁止小偷盗贼,铲除奸诈邪恶之徒,这就是用来养活抚育人的办法。天子配备太师、太傅、太保三公,诸侯配备一个相,大夫独掌某一官职,士谨守自己的职责,无不按照法令制度而秉公办事,这就是用来治理人的方法。审察德行来确定等级,衡量才能来授予官职,使他们每个人都承担他们的工作而各人都能得到和他的才能相适合的职务,上等的贤才使他们担任三公,次一等的贤才使他们做诸侯,下等的贤才使他们当大夫,这就是任用安置人的办法。修饰帽子衣裳、在礼服上绘画各种彩色花纹、在各种器具上雕刻图案等都有一定的等级差别,这就是用来打扮装饰人的方法。

　　从天子一直到普通平民,没有谁不想施展自己的才能、实现自己的志向、安逸愉快地从事自己的工作,这是每个人都相同的;穿得暖和而吃得饱,住得安适而玩得快乐，事情办得及时、制度明白清楚而财物用度充足，这些又是各人共同的愿望。至于那重叠使用多种颜色而绘成衣服上的彩色花纹，汇集多种食物而烹煮成珍馐美味，这是富饶有余的表现了。圣明的帝王控制好这种富饶有余的东西来彰显区别等级差别，在上用来装饰贤能善良的人而显示各人地位的高低，在下用来装饰老少而表明各人的亲疏关系。这样，上面在君主的朝廷，下面在平民百姓的家庭，天下人都明明白白地知道圣明的帝王并不是要用这些东西故意制造等级差别，而是要用它来明确名分、达到治理的目的，从而保持千秋万代永远太平。所以天子诸侯没有浪费的用度，士大夫没有放荡的行为，群臣百官没有怠慢的政事，群众百姓没有奸诈怪僻的习俗，没有偷盗抢劫的罪行，这就能够称为道义普遍了。所以说："国家安定，那么富裕会遍及百姓；国家混乱，那么拮据会延及天子王公。"说的就是这个道理。

原　文

　　至道大形：隆礼至法则国有常，尚贤使能则民知方，纂论公察则民不疑①，赏克罚偷则民不怠②，兼听齐明则天下归之；然后明分职，序事业，材技，官能，莫不治理，则公道达而私门塞矣，公义明而私事息矣。如是，则德厚者进而佞说者止，贪利者退而廉节者起。《书》曰："先时者杀无赦，不逮时者杀无赦。"人习其事而固，人之百事，如耳目鼻口之不可以相借官也；故职分而民不探③，次定而序不乱，兼听齐明而百事不留。如是，则臣下、百吏至于庶人莫不修己而后敢安正，诚能而后敢受职；百姓易俗，小人变心，奸怪之属莫不反悫，夫是之谓政教之极。故天子不视而见，不听而聪，不虑而知，不动而功，块然独坐而天下从之如一体如四胑之从心④，夫是之谓大形。《诗》曰："温温恭人，维德之基。"⑤此之谓也。

注释

① 纂论：集中审查。
② 克：当为"免"字，通"勉"。
③ 探：寻求。
④ 胑：同"肢"，四肢。

译文

最好的政治原则的最大效验：崇尚礼义，使法制高于一切，那么国家就会有常规；尊重贤德的人，任用有才华的人，那么民众就会知道努力的方向；集中审查，公正考察，那么民众就不会怀疑；奖赏勤劳的人，惩罚偷懒的人，那么民众就不会懈怠了；同时听取各种意见，完全明察一切事情，那么天下人就会归顺他。然后明确名分职责，根据轻重缓急的次序来安排工作，安排有技术的人做事，任用有才能的人当官，没有什么得不到治理，那么为公家效劳的道路就畅通了而谋私的门径就被堵塞了，为公的原则昌明了而谋私的事情就止息了。像这样，那么品德淳厚的人就得到起用而巧言诌媚的人就受到遏止，贪图财利的人被黜退而廉洁奉公的人被提拔。《尚书》说："在规定的时刻之前行动的，杀而不赦；没有赶上规定时刻而落后的，杀而不赦。"人们往往因为熟悉了自己的工作而固守本分不改行。人们的各种工作，就像耳朵、眼睛、鼻子、嘴巴等不可以互相替代功能一样。所以，职务划分后，民众就不会再谋求他职；等级确定后，秩序就不会混乱；同时听取各种意见，完全明察一切，那么各种事情就不会拖拉。像这样，那么大臣百官直到平民百姓就无不提高了自己的修养以后才敢安居，真正有了才能以后才敢接受官职；百姓改变了习俗，小人转变了思维，奸邪怪僻之流无不转向诚实谨慎，这就叫作政治教化的最高级别。所以天子不用察看就能发现问题，不用打听就能明白真相，不用考虑就能知道事理，不用动手就能功成业就，岿然不动地独自坐着而天下人顺从他就像长在一个身体上一样，就像四肢顺从思想的支配一样，这就是最好的政治原则的最大效验。《诗经》云："温柔谦恭的人们，是以道德为根本。"说的就是这种人。

原文

为人主者莫不欲强而恶弱，欲安而恶危，欲荣而恶辱，是禹、桀之所同也。要此三欲，辟此三恶，果何道而便？曰：在慎取相，道莫径是矣。故知而不仁，不可；仁而不知，不可；既知且仁，是人主之宝也，而王霸之佐也。不急得，不知；得而不用，不仁。无其人而幸有其功，愚莫大焉。

译文

做君主的无不希望强盛而厌恶衰弱，希望安定而厌恶危险，希望荣耀而厌恶耻辱，这是禹和桀所相同的欲望。要实现这三种愿望，避免这三种厌恶的东西，究竟采取什么办法最方便呢？回答说：在于慎重地选取相，没有什么办法比这个更简便的了。对于相的人选，有智慧而没有仁德，不行；有仁德而没有智慧，也不行；既有智慧又有仁德，这便是君主的宝贵财富，是成就王业霸业的助手。君主不急于求得相才，是不明智；得到了相才而不重用，是不仁慈。没有那德才兼备的相而希望取得那王霸之功，没有比这个更愚蠢的了。

原文

今人主有六患①：使贤者为之，则与不肖者规之；使知者虑之，则与愚者论之；使修士行之，则与污邪之人疑之；虽欲成功得乎哉！譬之是犹立直木而恐其景之枉也，惑莫大焉。语曰：好女之色，恶者之孽也。公正之士，众人之痤也②。循乎道之人③，污邪之贼也。今使污邪之人论其怨贼而求其无偏，得乎哉！譬之是犹立枉木而求其景之直也，乱莫大焉。

● 鸷鸟不群

注释

① 六：疑为"大"字之误。
② 痤：疖子。
③ 乎：当为衍文。

译文

现在君主有个大祸患：让贤能的人去做事，却和不贤的人去规范他；让明智的人去考虑问题，却和愚蠢的人去评判他；让品德美好的人去干事，却和肮脏邪恶的人去评估他。像这样，虽然想成功，能办得到吗？打个比方，这就好像是竖起一根笔直的木头而怕它的影子弯曲，迷惑没有比这个更厉害的了。俗话说："美女的姿色，是丑陋者的灾祸。公正的贤士，是众人的疖子。遵循道义的人，是肮脏邪恶者的祸害。"现在让肮脏邪恶的人来评判他们的冤家祸根而要求他们没有偏见，能办得到吗？打个比方，这就好像竖起一根弯曲的木头而要求它的影子笔直，昏庸没有比这个更厉害的了。

原文

故古之人为之不然：其取人有道，其用人有法。取人之道，参之以礼。用人之法，禁之以等。行义动静，度之以礼；知虑取舍，稽之以成；日月积久，校之以功。故卑不得以临尊，轻不得以县重①，愚不得以谋知，是以万举不过也。故校之以礼，而观其能安敬也；与之举措迁移，而观其能应变也；与之安燕，而观其能无流慆也②；接之以声色、权利、忿怒、患险，而观其能无离守也。彼诚有之者与诚无之者若白黑然，可诳邪哉！故伯乐不可欺以马③，而君子不可欺以人，此明王之道也。

注释

① 县：通"悬"，衡量。
② 慆：通"滔"，放荡享乐。

③伯乐：春秋秦穆公时人，姓孙，名阳，善于相马。

译　文

古代的君王做事就不是这样。他选取人有一定的原则，他任用人有一定的法度。挑选人的原则，是用礼制去检验他们；任用人的法度，是用等级去限制他们。对他们的品行举止，用礼制来衡量；对他们的智慧以及赞成或反对的意见，用最后的成果来考查；对他们日积月累的长期工作，用取得的功绩来考核。所以，地位卑下的人不准用来监督地位尊贵的人，权势轻微的人不准用来评判掌有大权的人，愚蠢的人不准用来计议明智的人，因此一切举措都不会失误。所以用礼制来校验他，看他是否能安泰恭敬；给他上下调动来回迁移，看他是否能应付各种变化；让他安逸舒适，看他是否能不放荡地享乐；让他接触音乐美色、权势财利、怨恨愤怒、祸患艰险，看他是否能不背离节操。这样那些真正有德才的人与的确没德才的人就像白与黑一样判然分明，还能进行歪曲吗？所以伯乐不可能被马的好坏骗了，而君子不可能被人的好坏欺骗了。以上这些就是英明帝王的政治措施。

原　文

人主欲得善射，射远中微者，县贵爵重赏以招致之①。内不可以阿子弟，外不可以隐远人，能中是者取之，是岂不必得之之道也哉！虽圣人不能易也。欲得善驭速致远者，一日而千里，县贵爵重赏以招致之。内不可以阿子弟，外不可隐远人，能致是者取之，是岂不必得之之道也哉！虽圣人不能易也。

欲治国驭民，调壹上下，将内以固城，外以拒难，治则制人，人不能制也；乱则危辱灭亡可立而待也；然而求卿相辅佐则独不若是其公也，案唯便嬖亲比己者之用也，岂不过甚矣哉！故有社稷者莫不欲强，俄则弱矣；莫不欲安，俄则危矣；莫不欲存，俄则亡矣。古有万国，今有数十焉，是无它故，莫不失之是也。故明主有私人以金石珠玉，无私人以官职事业，是何也？曰：本不利于所私也。彼不能而主使之，则是主暗也；臣不能而诬能，则是臣诈也。主暗于上，臣诈于下，灭亡无日，俱害之道也。

夫文王非无贵戚也，非无子弟也，非无便嬖也，倜然乃举太公于州人而用之②，岂私之也哉！以为亲邪？则周姬姓也，而彼姜姓也。以为故邪？则未尝相识也。以为好丽邪？则夫人行年七十有二，齳然而齿堕矣③。然而用之者，夫文王欲立贵道，欲白贵名，以惠天下，而不可以独也，非于是子莫足以举之，故举是子而用之。于是乎贵道果立，贵名果明④，兼制天下，立七十一国，姬姓独居五十三人，周之子孙，苟不狂惑者，莫不为天下之显诸侯，如是者，能爱人也。故举天下之大道，立天下之大功，然后隐其所怜所爱，其下犹足以为天下之显诸侯。故曰：唯明主为能爱其所爱，暗主则必危其所爱。此之谓也。

注释

①**县**：同"悬"，悬挂。
②**倜然**：超远世俗的样子。**州**：即"舟"，古国名。
③**齳**：没有牙齿的样子。
④**明**：疑为"白"之误。

译文

君主想要得到善于射箭，且射得又远又准的人，就得拿出高贵的爵位、丰厚的奖赏来招他们过来。对内不准偏袒自己的子弟，对外不准埋没关系疏远的人，能够射中这种目标的人就录取他，这难道不就是一定能求得善射者的办法吗？即使是圣人也不能改变它。君主想要得到善于驾驭车马的人，既追得上快速奔驰的车子又能到达远方的目的地的人，一天能跑千里，就拿出高贵的爵位、丰厚的奖赏来招引他们。对内不准偏袒自己的子弟，对外不准埋没关系疏远的人，能到达这种目的地的人就录取他，这难道不就是一定能求得善于驾车者的办法吗？即使是圣人也不能改变它。

君主想要治好国家，管好人民，协调统一上上下下；准备对内用他们来巩固城防，对外用他们来抵抗敌人的入侵。因为国家治理好了，就能制服别人，而别人不能制服自己；国家混乱，那么危险、屈辱、灭亡的局面就能立即等得到。但是君主在求取卿相辅佐的时候，他的公正却偏偏不如这样，而只任用些宠爱的小臣以及亲近依附自己的人，这难道不是错得很厉害了吗？所以掌握了国家政权的君主无不希望强盛，但不久就衰弱了；无不希望安定，但不久就危险了；无不希望国家存在，但不久就灭亡了。古代有上万个国家，今天只有十几个了，这没有其他的缘故，都是因为用人不公而丢失了政权啊。所以英明的君主有把金银宝石珍珠玉器私下给人的，但从来没有把官职政务私下给人的。这是为什么呢？回答说：因为私下给人官职根本不利于那些被偏爱的人。那些人没有才能而君主任用他，那么这就是君主昏庸；臣子无能而冒充有才能，那么这就是臣子欺诈。君主昏庸于上，臣子欺诈于下，灭亡就要不了几天了。所以这是对君主以及所宠爱的臣子都有害处的做法啊。

那周文王，并不是没有皇亲国戚，并不是没有儿子兄弟，并不是没有宠臣亲信，但他却离世脱俗地在别国人之中提拔了姜太公而重用他，这哪里是偏袒他呢？以为他们是亲族吧？但周族姓姬，而他姓姜。以为他们是老关系吧？但他们从来不认识。以为周文王爱漂亮吧？但那个人经历的年岁已七十二，牙齿都掉光了。但是还要任用他，那是因为文王想要树立宝贵的政治原则，想

● 昭示诸侯

要显扬尊贵的名声,以此来造福天下,而这些是不能单靠自己一个人办到的,但除了这姜太公又没有什么人可以选用,所以提拔了这个人而任用了他。于是宝贵的政治原则果然树立起来了,尊贵的名声果然明显卓著,全面控制了天下,设立了七十一个诸侯国,其中姬姓诸侯就独占五十三个,周族的子孙,只要不是发疯糊涂的人,无不成为天下显贵的诸侯。像这样,才算是能宠爱人啊。所以实施了统一天下的重大原则,建立了统一天下的丰功伟绩,然后再偏私自己所疼所爱怜的人,那么这些被疼爱的人最差的也还能成为天下的显贵诸侯。所以说:"只有英明的君主才能爱护他所宠爱的人,昏庸的君主就必然会危害他所宠爱的人。"说的就是这个道理。

原文

墙之外,目不见也;里之前^①,耳不闻也;而人主之守司,远者天下,近者境内,不可不略知也。天下之变,境内之事,弛易齵差者矣^②,而人主无由知之,则是拘胁蔽塞之端也。耳目之明,如是其狭也;人主之守司,如是其广也;其中不可以不知也如是其危也。然则人主将何以知之?曰:便嬖左右者,人主之所以窥远收众之门户牖向也,不可不早具也。故人主必将有便嬖左右足信者然后可,其知惠足使规物其端诚足使定物然后可,夫是之谓国具。

注释

①**里**:意指居民区,周代以二十五家为一里,里有门。

②**齵差**:参差不齐状。

译文

墙壁外面,眼睛看不到;里门前面,耳朵听不到;但君主所掌管的,远的遍及天下,近的国境之内,不可不概略地知道一些。天下的变化,境内的事情,已经有变动纷乱的了,然而君主却无从知道这种情况,那么这就是被挟制蒙蔽的开端了。耳朵眼睛的辨察力,这样狭隘;君主的掌管范围,这样广大，其中的情况不可以不知道；不知道其中的情况，就会有被挟制蒙蔽的危险。既然如此，那么君主将靠什么来了解情况呢？回答说：君主身边的亲信和侍从，是君主用来观察远处监督群臣百官的耳目，不能不及早配备好。所以君主一定要有了足够可信赖的亲信侍从，然后才行；他们的智慧要足可用来谋划事情，他们的正直诚实足可用来决定事情，然后才行。这种人叫作治国的工具。

原　文

人主不能不有游观安燕之时，则不得不有疾病物故之变焉。如是，国者事物之至也如泉原，一物不应，乱之端也。故曰：人主不可以独也。卿相辅佐，人主之基杖也①，不可不早具也。故人主必将有卿相辅佐足任者然后可，其德音足以填抚百姓、其知虑足以应待万变然后可②，夫是之谓国具。

注　释

①**基杖**：比喻依靠。基，通"几"。
②**填**：通"镇"，安定。

译　文

君主不能没有游览安逸的时候，也不可能没有疾病死亡的变故。在这种时候，国家的事情还像源泉一样不断地涌来，一件事情不能应付，就是祸乱的开端。所以说：君主不能单枪匹马。卿相辅佐，是君主的依靠，不能不及早具备。所以君主一定要有了足可胜任的卿相辅佐，然后才行；他们的道德声望要足可用来安抚百姓，他们的智慧心计要足可用来应付千变万化，然后才行。这种人叫作治国的工具。

原　文

四邻诸侯之相与，不可以不相接也，然而不必相亲也，故人主必将有足使喻志决疑于远方者然后可，其辩说足以解烦，其知虑足以决疑，其齐断足以距难①，不还秩不反君②，然而应薄扞患足以持社稷然后可③，夫是之谓国具。

注释

① 距：通"拒"，拒绝。
② 还秩：推脱职责。还，归还。
③ 薄：通"迫"，急迫。扞：通"捍"，抵挡，抵御。

译文

　　四邻诸侯国互相交往，不可能不互相接触，但是不一定都互相亲近，所以君主一定要有了足可出使到远方去传达君主旨意、解决疑难问题的人，然后才行；他们的辩说要足可用来解除麻烦，他们的智慧心计要足可用来解决疑难，他们的敏捷果断要足可用来排除危难，他们既不推卸职责，也不回到君主身边请示，然而应付紧急情况、抵御祸难的时候却足可保住国家政权，只有这样才行。这种人叫作治国的工具。

原文

　　故人主无便嬖左右足信者谓之暗，无卿相辅佐足任者谓之独，所使于四邻诸侯者非其人谓之孤，孤独而晻谓之危①。国虽若存，古之人曰亡矣。《诗》曰："济济多士，文王以宁。"此之谓也。

注释

① 晻：同"暗"。

译文

　　君主没有足可信赖的亲信侍从叫作不明，没有足可胜任的卿相辅佐叫作孤独，被派遣到四邻诸侯国的使者不是那称职的人叫作孤立，孤立、孤独而不明叫作危险。国家虽然似乎存在着，但古代的人却说它已经灭亡了。《诗经》云："人才济济多精英，文王因此得安宁。"说的就是这个道理。

原文

　　材人：愿悫拘录①，计数纤啬而无敢遗丧②，是官人使吏之材也。修饬端正，尊法敬分而无倾侧之心，守职循业③，不敢损益，可传世也，而不可使侵夺，是士大夫官师之材也。知隆礼义之为尊君也，知好士之为美名也，知爱民之为安国也，知有常法之为一俗也，知尚贤使能之为长功也，知务本禁末之为多材也，知无与下争小利之为便于事也，知明制度、权物称用之为不泥也，是卿相辅佐之材也，未及君道也。能论官此三材者而无失其次④，是谓人主之道也。若是则身佚而国治，功大而名美；上可以王，下可以霸，是人主之要守也。人主不能论此三材者，不知道此道，安值将卑势出劳⑤，并耳目之乐⑥，而亲自贯日而治详，一内而曲辨之⑦，虑与臣下争小察而紧偏能，自古及今，未有如此而不乱者也。是所谓"视乎不可见，听乎不可闻，为乎不可成"，此之谓也。

注释

① **愿悫**：诚实谨慎。**拘录**：通"劬碌"，勤劳之意。
② **纤啬**：精打细算。
③ **循**：应为"修"字。
④ **官**：任用。
⑤ **值**：同"直"，只是。
⑥ **并**：通"屏"，摒弃。
⑦ **内**：应为"日"字。

译文

安排任用人才的原则：诚实勤劳，计算查点时精细拘谨而不敢遗漏，这种人是一般官差吏役的材料。加强修养、端正身心，崇尚法制、尊敬名分，而没有偏斜不正的思想；谨守职责、遵循法律，不敢有所增减，使它们世代相传，而不让它们受损被侵夺，这种人是士大夫和群臣百官的材料。知道崇尚礼义是为了使君主尊贵，知道喜爱士人是为了得到美名，知道爱护民众是为了使国家安定，知道有了固定的法制是为了统一习俗，知道尊重贤士、使用能人是为了增长功效，知道致力于根本性的农业生产而限制非根本的工商业是为了增多国家财富，知道不与下属争夺小利是为了有利于办大事，知道彰明制度、权衡事情要符合实用是为了不拘泥于成规，这种人是做卿相辅佐的材料，还没有能懂得君主之道。能够选择任用这三种人才而对他们的安排没有失误，这才可以称为君主之道。如果能这样，那么君主自身安逸而国家大治，功业伟大而名声美好；上可以称王天下，下可以称霸诸侯，这是君主的主要职守。君主不能择取这三种人才，不知道遵循这个方法，只是降低自己的地位而竭尽劳力，抛弃声色娱乐，而亲自连续几天把事情治理得周详完备，一天之内就曲折周到地把事办好，总是想和臣下在细小的方面比精明而使尽某一方面的才能，从古到今，还没有像这样做而国家不混乱的。这就是所谓"看不可能看见的，听不可能听见的，做不可能成功的"。这所说的就是这种情况。

臣 道

题 解

　　臣道即"为臣之道",本篇论述了作为大臣应该遵循的原则,讲述了为臣的本分与道理。作者开篇分析了大臣的类型有四种:即态臣、篡臣、功臣、圣臣。大臣面对国君能够做到谏、诤、辅、拂的人,是社稷之臣,是国君之宝。作者也在文中赞同了"从道不从君"的为臣之道。

原文

　　人臣之论①:有态臣者,有篡臣者,有功臣者,有圣臣者。内不足使一民,外不足使距难;百姓不亲,诸侯不信;然而巧敏佞说,善取宠乎上,是态臣者也。上不忠乎君,下善取誉乎民;不恤公道通义,朋党比周,以环主图私为务②,是篡臣者也。内足使以一民,外足使以距难③,民亲之,士信之,上忠乎君,下爱百姓而不倦,是功臣者也。上则能尊君,下则能爱民;政令教化,刑下如影;应卒遇变④,齐给如响;推类接誉⑤,以待无方,曲成制象,是圣臣者也。故用圣臣者王,用功臣者强,用篡臣者危,用态臣者亡。态臣用,则必死;篡臣用,则必危;功臣用,则必荣;圣臣用,则必尊。故齐之苏秦⑥,楚之州侯⑦,秦之张仪⑧,可谓态臣者也。韩之张去疾⑨，赵之奉阳⑩，齐之孟尝，可谓篡臣也。齐之管仲，晋之咎犯⑪，楚之孙叔敖，可谓功臣矣。殷之伊尹，周之太公，可谓圣臣矣。是人臣之论也，吉凶贤不肖之极也，必谨志之而慎自为择取焉，足以稽矣。

注释

① 论：通"伦"，类别。
② 环：通"营"，蒙蔽。
③ 距：通"拒"，抵抗。
④ 卒：通"猝"，突然。
⑤ 誉：通"与"，同类。
⑥ 苏秦：战国时洛阳人，字季子。他曾游说燕、赵、韩、魏、齐、楚六国合纵抗秦，佩六国相印。合纵失败后至齐，与齐国大夫争宠，被刺杀。
⑦ 州侯：楚襄王的佞臣。
⑧ 张仪：战国时魏国人，曾任秦相，主张连横，破苏秦的六国合纵。秦武王即位后他入魏为相，不久便死去了。
⑨ 张去疾：战国时韩国之相，生平不详。
⑩ 奉阳：即奉阳君，战国时赵肃侯的弟弟，曾任赵相。
⑪ 咎犯：春秋时晋国人，名狐偃，字子犯，晋文公重耳的舅父，曾随重耳出亡十九年。咎，通"舅"。

译文

臣子的类别：有阿谀谄媚的臣子，有篡夺君权的臣子，有功名显赫的臣子，有圣明的臣子。对内不能够统一民众，对外不能够抵御外敌入侵；百姓不亲近他，诸侯不信任他；可是他花言巧语、能说会道，善于博取君主的宠幸：这是阿谀谄媚的臣子。对上不忠于君主，对下却善于在百姓中骗取声誉；不顾国家的原则制度和礼义准则，拉党结派结党营私，把迷惑蒙蔽君主、图谋私利当作自己的主要事务：这是篡夺君权的臣子。对内能够统一民众，对外能够抵御外敌入侵；百姓亲近他，士人信赖他；对上忠于君主，对下爱护百姓而不厌倦：这是功名显赫的臣子。上能尊敬君主，下能爱护百姓；对于颁布的政策法令和教化措施，百姓效法如同影子随形；应付突发变故迅速敏捷如响应声；依法推论类似的事物、综合对照同类的东西，从容对待变化无常的情况，他的举措处处能符合规章制度：这是圣明的臣子。所以任用圣明的臣子就可以称王天下，任用功名显赫的臣子就可以强盛，任用篡夺君权的臣子就会危险，任用阿谀谄媚的臣子就会灭亡。阿谀谄媚的臣子被任用，那么君主必定丧命；篡权的臣子被任用，那么君主必定危险；立功的臣子被任用，那么君主必定荣耀；圣明的臣子被任用，那么君主必定尊贵。所以齐国的苏秦、楚国的州侯、秦国的张仪，可以称为阿谀奉承的臣子。韩国的张去疾、赵国的奉阳君、齐国的孟尝君，可以称为篡夺君权的臣子。齐国的管仲、晋国的咎犯、楚国的孙叔敖，可以称为功名显赫的臣子了。商朝的伊尹、周朝的太公，可以称为圣明的臣子了。这就是臣子的类别，它是造成国家安危与辨别君主是否贤德的标准，君主一定要谨慎地记住它，亲自慎重地选用大臣，这足可用作借鉴了。

原　文

　　从命而利君谓之顺，从命而不利君谓之谄；逆命而利君谓之忠，逆命而不利君谓之篡；不恤君之荣辱；不恤国之臧否①，偷合苟容以持禄养交而已耳，谓之国贼。君有过谋过事，将危国家陨社稷之惧也，大臣、父兄，有能进言于君，用则可，不用则去，谓之谏；有能进言于君，用则可，不用则死，谓之争②；有能比知同力，率群臣百吏而相与强君挢君③（jiǎo），君虽不安，不能不听，遂以解国之大患，除国之大害，成于尊君安国，谓之辅；有能抗君之命，窃君之重，反君之事，以安国之危，除君之辱，功伐足以成国之大利，谓之拂④。故谏、争、辅、拂之人，社稷之臣也，国君之宝也，明君所尊厚也，而暗主惑君以为己贼也。故明君之所赏，暗君之所罚也；暗君之所赏，明君之所杀也。伊尹、箕子可谓谏矣，比干、子胥可谓争矣⑤，平原君之于赵可谓辅矣⑥，信陵君之于魏可谓拂矣⑦。传曰："从道不从君。"此之谓也。

注 释

①臧否：好坏。

②争：同"诤"，拼命规劝。

③拚：通"矫"，纠正。

④拂：通"弼"，矫正。

⑤子胥：姓伍，名员，字子胥，春秋时楚国人，受楚王迫害逃到吴国，为吴国大夫。后苦谏吴王夫差，反对与越国求和，被逼自杀。结果吴国被越国所灭。

⑥平原君：即赵胜，赵惠文王之弟，三任赵相，曾联合楚、魏抗秦救赵。

⑦信陵君：即魏无忌，战国时魏安釐王的弟弟。秦攻赵时，曾窃取兵符亲率军队破秦存赵。

● 父师少师图

译 文

听从君主的命令而有利于君主叫作恭顺，听从君主的命令而不利于君主叫作谄媚；违抗君主的命令而有利于君主叫作忠诚，违抗君主的命令而不利于君主叫作篡权。不顾君主的荣耀与耻辱，不顾国家的安危，而苟且迎合君主，放弃原则地求取容身，以此来保住自己的俸禄，豢养党羽罢了，这种人叫作国家的奸贼。君主有了错误的谋划，错误的行为，将要危害国家，将要毁灭政权，这时大臣或父兄中若是有人能向君主进言，意见被君主采用就留下，不被采用就离去，这叫作劝谏；如果有人能向君主进呈意见，意见被君主采用就留下，不被采用就誓死力争，这叫作苦净；如果有人能联合有见识的人同心协力，率领百官群臣一起纠正君主的过错，君主虽然感到不安，却不能不听从，于是靠此消解了国家的大忧患，去掉了国家的大祸害，使君主尊贵，使国家安定，这叫作辅佐；大臣或父兄中若是有人能抗拒君主的命令，窃取君主的权力，反对君主的错误行为，从而使国家转危为安，除去了君主遭受的耻辱，足够成就国家的重大利益，这叫作扶持。所以劝谏、苦诤、辅佐、扶持的人，是维护国家社稷的功臣，是国君的宝贵财富，是英明的君主所重用的人，而愚昧糊涂的国君却把他们看成是自己的敌人。所以英明的君主所奖赏的人，却是愚昧的君主所惩罚的人；愚昧的君主所奖赏的人，却是英明的君主所杀戮的人。伊尹、箕子可以称为谏臣了；比干、子胥可以称为苦诤之臣了；平原君对于赵国来说，可以称为辅臣了；信陵君对于魏国来说，可以称为拂臣了。古书上说："遵从治国之道而不遵从国君。"说的就是这个意思啊。

原文

　　故正义之臣设，则朝廷不颇；谏、争、辅、拂之人信，则君过不远；爪牙之士施，则仇雠不作；边境之臣处，则疆垂不丧①。故明主好同而暗主好独。明主尚贤使能而飨其盛②，暗主妒贤畏能而灭其功，罚其忠，赏其贼，夫是之谓至暗，桀、纣所以灭也。

注释

①垂：通"陲"，边疆。
②飨：享受。盛：通"成"，成果。

译文

　　所以坚持正义的臣子得到任用，那么朝廷就不会偏邪；劝谏、苦诤、辅佐、扶持的人得到信任，那么君主的错误就不会延续很久；勇猛有力的勇士得到任用，那么仇敌就不敢兴兵作乱；有得力的大臣驻守边疆，那么国土就不会丧失。所以英明的君主喜欢团结各种人才共事，愚昧的君主喜欢独断专行；英明的君主推崇贤德的人、任用有才能的人而奖励他们的功劳，愚昧的君主嫉妒贤德的人，害怕有才能的人而埋没他们的功绩。惩罚忠臣，奖赏奸贼，这就叫作极其昏庸，这就是夏桀、商纣之所以灭亡的原因。

原 文

　　事圣君者，有听从无谏争；事中君者，有谏争无谄谀；事暴君者，有补削无挢拂①。迫胁于乱时，穷居于暴国，而无所避之，则崇其美，扬其善，违其恶②，隐其败，言其所长，不称其所短，以为成俗。《诗》曰："国有大命，不可以告人，妨其躬身。"此之谓也。

注 释

①**削**：悄悄除去。
②**违**：通"讳"，回避。

译 文

　　侍奉圣明君主的大臣，只能听从而不能劝谏苦诤；侍奉一般君主的，只能劝谏苦诤而不能奉承阿谀；侍奉暴君的，只能弥补缺陷、消除过失而不能强行纠正。被迫生活在混乱的时代，不得已而住在暴君统治的国家，而又没有办法逃避这种处境，就推崇他的美德，宣扬他的善行，回避他的罪恶，隐瞒他的腐败，只称道他的长处，不说他的短处，把这些作为既成的习俗。《诗经》上说："国家有了重大的变化，不能把它告诉别人，否则就会危害自身。"说的就是这种情况。

原 文

　　恭敬而逊，听从而敏，不敢有以私决择也，不敢有以私取与也，以顺上为志，是事圣君之义也。忠信而不谀，谏争而不谄，挢然刚折端志而无倾侧之心，是案曰是，非案曰非，是事中君之义也。调而不流，柔而不屈，宽容而不乱，晓然以至道而无不调和也①，而能化易，时关内之②，是事暴君之义也。若驭朴马，若养赤子，若食餧人。故因其惧也而改其过，因其忧也而辨其故③，因其喜也而入其道，因其怒也而除其怨，曲得所谓焉。《书》曰："从命而不拂④，微谏而不倦，为上则明，为下则逊。"此之谓也。

注释

①然：当为衍文。

②关内：纳入。关，入。内，通"纳"。

③辨：通"变"，改变。

④拂：违背，违反。

译文

恭敬而又谦逊，听从命令而又敏捷地执行，不敢根据个人的偏私决断和选择事物，不敢再根据个人的偏私去取舍，而以顺从君主作为自己的志向，这是侍奉圣明君主的原则。忠诚守信而不阿谀奉承，敢于劝谏苦诤而不谄媚，刚强果断挫败君主，思想端正而没有私心杂念，对就说对，错就说错，这是侍奉一般君主的原则。顺从却不随波逐流，温柔却不低头屈从，宽容待人却不违反原则，用最正确的道理去启发君主而事实协调和顺，从而感化改变君主暴虐的本性，时时把正确的原则灌输到他心中去，这是侍奉暴君的合宜原则。侍奉暴君就像驾驭未经过训练的马，就像抚养初生的婴儿，就像喂饥饿的人吃东西一样，所以要趁他畏惧的时候使他改正错误，趁他忧虑的时候使他改变过去的行为，趁他高兴的时候使他走入正道，趁他发怒的时候使他除去仇人，这样就能处处达到目的。《尚书》说："服从命令而不违背，暗暗规劝而不懈怠；做君主要明智，做臣子要谦逊。"说的就是这种情况。

原文

事人而不顺者，不疾者也；疾而不顺者，不敬者也，敬而不顺者，不忠者也；忠而不顺者，无功者也，有功而不顺者，无德者也。故无德之为道也，伤疾、堕功、灭苦①，故君子不为也。

注释

①堕：同"隳"，毁坏。苦：辛苦。

译文

　　侍奉君主却不顺从君主的心意，是怠慢；积极却不顺从君主的心意，是不恭敬；恭敬却不顺从君主的心意，是不忠诚；忠诚了却不顺从君主的心意，是没有功绩；有了功绩却不顺从君主的心意，是没有品德。所以没有品德如果成为一种原则来实行，就会伤害积极，毁掉功绩，埋没苦心，所以君子是不会这样做的。

原文

　　有大忠者，有次忠者，有下忠者，有国贼者。以德复君而化之①，大忠也；以德调君而补之②，次忠也；以是谏非而怒之，下忠也；不恤君之荣辱，不恤国之臧否，偷合苟容以之持禄养交而已耳，国贼也。若周公之于成王也，可谓大忠矣，若管仲之于桓公，可谓次忠矣；若子胥之于夫差③，可谓下忠矣；若曹触龙之于纣者④，可谓国贼矣。

注释

①复：通"覆"，覆盖，影响。

②补：当为"辅"字。

③夫差：春秋时吴国国君，阖闾之子。他不听伍子胥的劝谏，放了越王勾践，结果被勾践所灭。

④曹触龙：商纣王的大臣，生平不详。

译文

　　有头等的忠臣，有次等的忠臣，有下等的忠臣，有国家的奸贼。用道德去熏陶君主而感化他，是头等的忠诚；用道德来调养君主而辅助他治理国家，是次一等的忠诚；用正确的道理去劝阻君主的错误而触怒了君主，是下等的忠诚；不顾君主的荣耀与耻辱，不顾国家的安危，只是苟且迎合君主，无原则地求取容身，以此来保住自己的俸禄、去豢养结交党羽罢了，这是国家的奸贼。像周公对于周成王，可以说是头等的忠诚了；像管仲对于齐桓公，可以说是次一等的忠诚了；像伍子胥对于夫差，可以说是下等的忠诚了；像曹触龙对于商纣王，可以说是国家的奸贼了。

原文

　　仁者必敬人。凡人非贤，则案不肖也。人贤而不敬，则是禽兽也；人不肖而不敬，则是狎虎也①。禽兽则乱，狎虎则危灾及其身矣。《诗》曰："不敢暴虎，不敢冯河②。人知其一，莫知其它。战战兢兢，如临深渊，如履薄冰。"此之谓也。

　　故仁者必敬人。敬人有道：贤者则贵而敬之，不肖者则畏而敬之；贤者则亲而敬之，不肖者则疏而敬之。其敬一也，其情二也。若夫忠信端悫而不害伤③，则无接而不然，是仁人之质也。忠信以为质，端悫以为统；礼义以为文，伦类以为理，喘而言，臑而动④，而一可以为法则。《诗》曰："不僭不贼⑤，鲜不为则。"此之谓也。

注释

① 狎：戏弄。
② 暴：空手搏斗。冯：同"凭"，徒步涉水。
③ 端悫：正直诚实。
④ 臑：通"蠕"。
⑤ 僭：过分，过失。

译文

　　仁德之人必定尊敬别人。一般说来，一个人不贤能，那就是没有德才的人。别人贤能却不去尊敬他，那就是禽兽了；别人没有德才而不去尊敬他，那就是在戏弄老虎。人如禽兽就会胡乱妄为，戏弄老虎就会十分危险，灾难就会落到自己身上了。《诗经》上说："不敢空手打老虎，不敢光脚渡过河。人们只知这是不勇敢，不知其他有害处。要谨慎啊要小心，要像面临深渊一样，要像脚踩薄冰一样。"说的就是这个道理。

所以仁德的人必定尊敬别人。尊敬别人有一定的原则：对贤能的人就崇尚地尊敬他，对不肖的人就畏惧地尊敬他；对贤能的人就亲近地尊敬他，对不肖的人就疏远地尊敬他。同样是尊敬，实际内容是不相同的。至于忠诚守信，正直老实而不伤害别人，无论同什么人交往都是这样的，这是仁德之人的本质。仁德之人以忠诚守信为本体，以正直老实为准则，以礼义为规范，以法律伦理为原则，即使是一言一行，都可以成为别人效法的典范。《诗经》上说："不犯错误不害人，很少不被人效法。"说的就是这个道理。

原 文

恭敬，礼也；调和，乐也；谨慎，利也；斗怒，害也。故君子安礼乐利，谨慎而无斗怒，是以百举不过也①。小人反是。

注 释

①**百举**：办理各种事情。

译 文

恭恭敬敬，是礼节的要求；协调和谐，是音乐的要求；谨慎小心，会得到利益；争斗发怒，会得到祸害。所以君子安守礼节喜爱音乐、利益，谨慎小心而不争斗发怒，因此各种行动都不会有过错。小人却与此相反。

原 文

通忠之顺，权险之平，祸乱之从声，三者非明主莫之能知也。争然后善，戾然后功①，出死无私，致忠而公，夫是之谓通忠之顺；信陵君似之矣。夺然后义，杀然后仁，上下易位然后贞②，功参天地，泽被生民，夫是之谓权险之平；汤、武是也。过而通情，和而无经，不恤是非，不论曲直，偷合苟容，迷乱狂生，夫是之谓祸乱之从声，飞廉、恶来是也。传曰："斩而齐，枉而顺，不同而一。"《诗》曰："受小球大球，为下国缀旒③。"此之谓也。

注释

① 戾：违背。

② 贞：正。

③ 球：通"捄"，法度。缀旒：表率。缀，表记；旒，旌旗下的垂饰物。

译文

使忠诚达到通畅，改变国家危险的局面而达到安定，祸乱已经出现了还随声附和，这三种情况不是明智的君主，是不可能明白的。向君主谏诤，然后才能行善；违背君主的意志，然后才能建立功勋；出生入死而毫无私心，极其忠诚而公正：这就叫作使忠诚畅通无阻从而达到顺从，信陵君类似于这样的大臣。夺取政权，然后才能实行道义；杀掉君主，然后才能成就仁德；君臣交换位置，然后才能做到有操守；功业能与天地相并列，恩泽普及到广大民众：这叫作改变国家危险的局面而达到安定，商汤和周武王就是这样的人。君主有了过错却还和他齐心，无原则地附和君主，不顾是非，不讲曲直，只知道迎合君主从而求得容身，迷荒淫放荡地追求享受：这叫作祸乱已经出现了还随声附和，飞廉和恶来就是这种人。古书上说："有了参差才有整齐，有了委曲才有顺从，有了不同才有相同。"《诗经》上说："接受小法与大法，成为各国的典范表率。"说的就是这种情况啊。

● 百官朝武王

致 士

题 解

本篇主要阐述如何来招引贤士。荀子认为,君子能够兼听、显幽、重明、退奸、进良,任用贤士,对治理国家来说极其重要。招徕君子要注重礼义。除此之外还需要有良好的法规。对于君主方面,用贤不能仅停留在口头之上,而要付诸行动,言行一致的话,贤者的招揽就会变得很容易了。

原文

衡听①、显幽、重明、退奸、进良之术:朋党比周之誉,君子不听;残贼加累之谮②,君子不用;隐忌雍蔽之人,君子不近;货财禽犊之请,君子不许。凡流言、流说、流事、流谋、流誉、流愬③,不官而衡至者,君子慎之。闻听而明誉之,定其当而当,然后士其刑赏而还与之④,如是则奸言、奸说、奸事、奸谋、奸誉、奸愬莫之试也,忠言、忠说、忠事、忠谋、忠誉、忠愬莫不明通,方起以尚尽矣⑤。夫是之谓衡听、显幽、重明、退奸、进良之术。

注释

①衡:通"横",到处,广泛。
②累:祸害。谮:诬陷。
③愬:通"诉",诉说。

④士：应为"出"字。

⑤尚：通"上"，向上。尽：通"进"，上进，呈献。

译文

广泛听取意见、显达隐居的贤士、令显达的贤士进一步显达、退却奸恶、进用忠良之法：团体互相勾结的吹捧，君子不去听从；残害忠良、硬添罪名的诬陷，君子不去采用；猜忌而埋没人才的人，君子不去靠近；用财物进行贿赂的请求，君子不去准许。凡是无根据的流言、无根据的学说、无根据的事情、无根据的计谋、无根据的赞誉，无根据的诉说等不是通过正途而是从四处流传而来的事物，君子要慎重地对待，听到了就把它们公示出去，确定它们是恰当还是不恰当的，然后对它们作出或赏或罚的决定并立刻实施。这样一来，奸诈的言论、奸诈的学说、奸诈的事情、奸诈的计谋、奸诈的赞誉、奸诈的诉说就没有敢前来试探的了，忠诚的言论、忠诚的学说、忠诚的事情、忠诚的计谋、忠诚的赞誉、忠诚的诉说就都能够被畅通无阻地公开表达出来，并一起进献给君主了。以上这些就是广泛听取意见、显达隐居的贤士、令显达的贤士进一步显达、退却奸恶、进用忠良之法。

原文

　　川渊深而鱼鳖归之，山林茂而禽兽归之，刑政平而百姓归之，礼义备而君子归之。故礼及身而行修，义及国而政明，能以礼挟而贵名白①，天下愿，令行禁止，王者之事毕矣。《诗》曰："惠此中国，以绥四方。"此之谓也。川渊者，龙鱼之居也；山林者，鸟兽之居也；国家者，士民之居也。川渊枯则龙鱼去之，山林险则鸟兽去之②，国家失政则士民去之。

　　无土则人不安居，无人则土不守，无道法则人不至，无君子则道不举。故土之与人也，道之与法也者，国家之本作也，君子也者，道法之总要也，不可少顷旷也。得之则治，失之则乱；得之则安，失之则危；得之则存，失之则亡。故有良法而乱者有之矣，有君子而乱者，自古及今，未尝闻也。传曰："治生乎君子，乱生于小人。"此之谓也。

注释

① 挟：通"浃"，周遍。

② 险：通"俭"，草木稀疏。

译文

江河的水深了，鱼鳖就会归聚，山上丛林茂密了，禽兽就会归聚，刑罚政令公平，老百姓就会归聚，礼法道义完善周备，有道德的君子就会归聚。所以礼法贯彻于自身，品行就会美好，道义贯彻于国家，政治就会清明，若是能够把礼制贯彻于各个方面，那么高贵的名声就会显著，天下的人就会心生仰慕，命令发布了就能实行，禁约颁布了就能制止，这样，称王于天下的事业也就完成了。《诗经》上说："赐予城中的民众恩惠，以安抚四方。"说的就是这个意思。湖泊江河是龙、鱼居住之地；高山丛林是鸟、兽栖息之地；国家是士、民居住之地。江河湖泊干枯了，那么龙、鱼就会离开它；高山树林环境恶劣了，那么鸟、兽就会离开它；国家政治混乱了，那么士、民就会离开它。

没有土地的话，人民就不能安居；没有人民的话，土地就不能守住；没有正确的原则和法制的话，人民就不会来归附；没有君子的话，正确的原则就不能实行。所以土地和人民，正确的原则和法制这些事物，是国家的根本，君子是总管正确原则与法制的，不可空缺片刻。有了他，就能够治理好国家；失去他，国家就会变得混乱；有了他，国家就能保持安定，失去他，国家就会发生危险；有了他，国家就能维存，失去他，国家就会走向灭亡。所以，曾经有过国家有着良好的法制却发生混乱的情况，但是国家有了君子却发生混乱的，从古至今，还没有听说过。古书上说："国家的安定来源于君子，国家的混乱来源于小人。"说的就是这个意思。

原文

得众动天。美意延年。诚信如神。夸诞逐魂。

译文

得到民众则可感动上天。心情愉悦则可延年益寿。真诚老实则可精明如神。

浮夸欺诈则会落魄丧魂。

原文

　　人主之患，不在乎不言用贤，而在乎诚必用贤。夫言用贤者口也，却贤者行也，口行相反而欲贤者之至，不肖者之退也，不亦难乎！夫耀蝉者务在明其火①，振其树而已，火不明，虽振其树，无益也。今人主有能明其德，则天下归之，若蝉之归明火也。

注释

　　①耀蝉：一种捕蝉方法。即在夜晚用灯火照蝉，蝉扑向火光，便可捕捉。

译文

　　君主的问题，不在不谈论任用贤人的方面上，而是在于不能坚定地去任用贤人，在口头上谈任用贤人，在行动上屏退贤人，口头和行动方面相反，却想要贤士前往，不贤之人退散，不也是很困难的吗！那照蝉的人，他的工作只是把灯火点燃，摇动树干而已，如果灯火没有燃起，那么即使摇动了树干，也没什么用处。当今的君主中如果有谁能贤明自己的德行，那么天下之人就会像蝉扑向明亮的火光一样来投奔他了。

原文

　　临事接民而以义，变应宽裕而多容，恭敬以先之，政之始也；然后中和察断以辅之，政之隆也①；然后进退诛赏之②，政之终也。故一年与之始，三年与之终。用其终为始，则政令不行而上下怨疾，乱所以自作也。《书》曰："义刑义杀，勿庸以即，女惟曰'未有顺事'。"言先教也。

注释

　　①隆：中间。
　　②进：指选拔贤良。退：指斥退奸臣。诛：指惩处罪犯。赏：指奖赏功臣。

译 文

面临政事与接触民众时，根据道义变通地来对待，广泛宽大地去容纳民众，态度恭敬地来引导他们，这是政治的第一步；然后辅之以中正和谐的观察决断，这是政治的中间步骤；然后选拔贤臣，斥退奸臣，赏罚分明，这是政治的最后一步。所以第一年实施第一步，第三年才实施最后一步。如果把最后一步作为第一步，那么政策法令就无法行使，而官民上下也会产生怨恨，这就是为什么产生动乱的原因。《尚书》说："即使是合理的刑罚与杀戮，也不要立即执行，你只能说：'我尚未理顺政事。'"这是说应该先进行教育的意思。

原 文

程者①，物之准也；礼者，节之准也。程以立数，礼以定伦，德以叙位，能以授官。凡节奏欲陵②，而生民欲宽，节奏陵而文，生民宽而安。上文下安，功名之极也，不可以加矣。

注 释

①程：度量衡的总称。
②陵：严格。

译 文

度量衡，是测量物体的标准；礼制，是确定礼节等法度的标准。以度量衡来确定物体的数量，以礼制来确定人之间的伦理关系，以德行来排列级别地位，以能力来授予官职。凡是礼节礼仪等制度要严格制定，然而养育人民要宽容。礼节礼仪制度严格，国家就会文明；养育人民宽容，国家就会安定。国家上层文雅下层安定，这就是立功成名的最高境界，不可能再有所超越了。

原 文

君者，国之隆也；父者，家之隆也。隆一而治，二而乱，自古及今，未有二隆争重而能长久者。

译 文

君主，是国家中最高贵的人；父亲，是家庭中最高贵的人。最高贵的人只有一个的话，就能保持安定；如果有两个的话，就会造成混乱。从古至今，还没有两个最高贵的人相互争权夺势而能维持长久的。

原 文

师术有四，而博习不与焉：尊严而惮，可以为师；耆艾而信①，可以为师；诵说而不陵不犯，可以为师；知微而论，可以为师。故师术有四，而博习不与焉。水深而回，树落则粪本，弟子通利则思师。诗曰："无言不雠②，无德不报。"此之谓也。

注 释

① 耆艾：五十岁称"艾"，六十岁称"耆"。
② 雠：应答。

译 文

成为老师的方法有四种，但是博学并不包含在内。庄重肃穆而尊贵威严，则可以成为老师；年老而有威信，则可以成为老师；解说经典而行动上不超越、不违反它，则可以成为老师；懂得精微的道理而又能论述出来，则可以成为老师。所以成为老师的办法有四种，但是博学并不包含在内。水深了就会有旋涡，树叶落下就做了树根的肥料，学生通达了就会想起老师。《诗经》云："出言总会有回应，施德总能得回报。"说的就是这个道理啊。

原 文

赏不欲僭①，刑不欲滥，赏僭则利及小人，刑滥则害及君子。若不幸而过，宁僭无滥；与其害善，不若利淫。

注 释

① 僭：过分。

译 文

奖赏不要过分，刑罚不要滥用。奖赏过分，那么好处就会给予小人；刑罚滥用，那么危害就会涉及君子。若是不幸发生了差错，那么宁可奖赏过分也不要滥用刑罚；与其伤害善人，不如让邪恶的人得利。

天 论

题 解

　　天论是一篇荀子用来论述天人之间,也就是自然与社会关系的文章。荀子认为"天行有常",即自然的运行有其自身规律,不会受任何人类意志的影响。因此他提出了"名于天人之分"的观点,认为人应该做自己所做的事,从而与天相参。他所说的人之所参,不是指违背自然规律去行事,而是在顺应、利用客观规律的基础之上来对自然进行改造,从而达到为人类谋福利的目的,也就是所谓的"物畜而制之""制天命而用之"之意。

原 文

　　天行有常①,不为尧存,不为桀亡②。应之以治则吉③,应之以乱则凶。强本而节用④,则天不能贫,养备而动时⑤,则天不能病;修道而不贰⑥,则天不能祸。故水旱不能使之饥渴,寒暑不能使之疾,祆怪不能使之凶⑦。本荒而用侈,则天不能使之富;养略而动罕⑧,则天不能使之全;倍道而妄行,则天不能使之吉。故水旱未至而饥,寒暑未薄而疾⑨,祆怪未至而凶。受时与治世同,而殃祸与治世异,不可以怨天,其道然也。故明于天人之分,则可谓至人矣。

　　不为而成,不求而得,夫是之谓天职。如是者,虽深,其人不加虑焉;虽大,不加能焉;虽精,不加察焉:夫是之谓不与天争职。天有其时，地有其财，人有其治，夫是之谓能参⑩。舍其所以参而愿其所参，则惑矣。

注　释

①**天行**：天道，自然界中的运行规律。**常**：有一定之常轨。
②**尧**：上古的圣君。**桀**：夏朝最后的君主，荒淫无道的恶君。
③**应**：接应。
④**本**：农业。因古代以农桑立国。
⑤**养**：衣食方面之物。**动时**：动之以时。此处意指不违背时令来役使百姓。
⑥**修**：通"循"，遵循。**贰**：差错。
⑦**祅**：通"妖"，指自然界中的变异现象。
⑧**略**：不足。**动罕**：怠慢懒惰。
⑨**薄**：迫近。
⑩**参**：并列。

译　文

大自然有着自己的运行规律，它不会为尧的仁而存在，也不会因为桀的残暴而灭亡。用合理的措施去承接它就吉利，用不合理措施去承接它就凶险。加强农业这个根本，节约用度，那么上天就不会让他贫穷，衣食给养充足，百姓适时劳作，那么上天就不能使他生病；遵循自然规律而无差错，那么上天就不会降祸于他。所以水涝旱灾不能使他受饿，严寒酷暑不能使他生病，自然界的灾异也不能使他遭殃。荒废农业这个根本而用度奢侈，那么上天就不会使他富裕；衣食给养不足又懒于劳作，那么上天就不会保全其健康；违背规律而恣意妄为，那么上天就不会让他吉利安康。所以没有水涝旱灾他就挨饿了，没有严寒酷暑迫近他就生病了，没有出现自然界的灾异现象他就遭殃了。遇到的天时和治世相同，而灾祸却与社会安定时期不同，这不可以归咎于上天，这是由于人自己的行为造成的。所以明白了大自然与人类社会的区分，便可以称得上圣人了。

不用作为而有所成，不用求取而有所得，这叫作自然的职能。像这种情况，天道虽然意义深远，圣人也不会随意揣度；天道即使影响广大，圣人对它也不加以干预；天道即使道理精妙，那圣人对它也不加以考察，这就叫作不和上天争职。天有自己的时令季节，地有自己的自然资源，人类有自己的治理能力，这就叫作天地参与配合。人如果舍弃了自己配合参与的能力，而只羡慕天时地财的功能，那就是糊涂了。

原　文

列星随旋，日月递炤①，四时代御②，阴阳大化，风雨博施，万物各得其和以生，各得其养以成，不见其事而见其功，夫是之谓神。皆知其所以成，莫知其无形，夫是之谓天。唯圣人为不求知天。

天职既立，天功既成，形具而神生，好恶、喜怒、哀乐臧焉③，夫是之谓天情④。耳、目、鼻、口、形能，各有接而不相能也，夫是之谓天官⑤。心居中虚以治五官⑥，夫是之谓天君。财非其类⑦，以养其类，夫是之谓天养。顺其类者谓之福，逆其类者谓之祸，夫是之谓天政。暗其天君，乱其天官，弃其天养，逆其天政，背其天情，以丧天功，夫是之谓大凶。圣人清其天君，正其天官，备其天养，顺其天政，养其天情，以全其天功。如是，则知其所为，知其所不为矣，则天地官而万物役矣⑧。其行曲治⑨，其养曲适⑩，其生不伤，夫是之谓知天。

注　释

①炤：同"照"。
②代御：交替进行。
③臧：通"藏"。

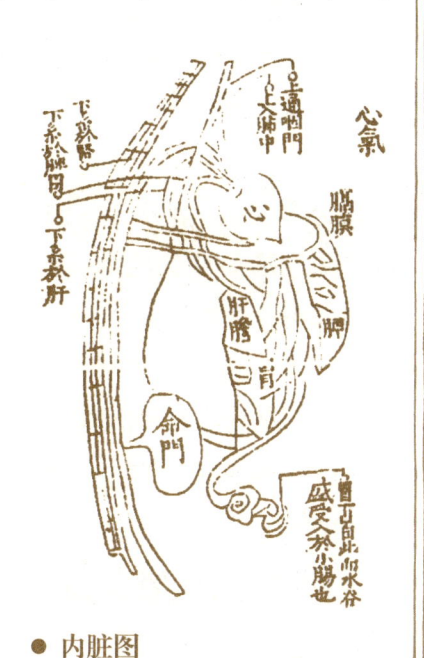

● 内脏图

④**天情**：人所自然具有的情感。

⑤**天官**：人所自然具有的感官。

⑥**治**：统治，支配。

⑦**财**：通"裁"，利用。

⑧**役**：役使。

⑨**曲治**：方方面面都治理得很好。

⑩**曲适**：各个方面都很适宜。

译 文

群星互相伴随着旋转，日月交替照耀，四季循环控制着节气，阴阳二气化生万物，风雨普施加于万物。万物各自得其调和而产生，各自得到滋养而成长。看不见它化生万物的痕迹而只见到成果，这就是大自然的神妙。人们都能看见自然已经生成的万物，却不知道它那无影无踪的生成过程，这就是天之所以为天的原因啊。只有圣人才会不费力地去了解天。

自然的职能已经确立，天的功绩已经成就，人的形体也就具备，于是精神也就产生了，好恶、喜怒、哀乐都蕴藏在人的形体和精神里面，这些就是人天生的情感。耳朵、眼睛、鼻子、嘴巴、身体，它们各有不同感触外界的能力而不能互相替代，这些就是天生的感官。心处于身体中来管理五种感官，这也就是天生的主宰。人类能够利用与自己不是同类的万物，用它们来供养自己的口腹身体，这叫作上天自然的供养。能使自然之物顺从人类叫作福，使自然之物反对人类叫作祸，这就是天之政令。心智混乱不清，扰乱了天生感官，抛弃天然供养，违反天然的政治原则，背离天生情感，以致丧失了天生的生成之功，这就叫作大凶。圣人则清醒天生的主宰，管理好天生的感官，完备天然的供养，顺应天然的政治原则，调和喜怒哀乐之情感，从而保全了天的生成之功。这样的话，就知道自己应该做的事了，也知道自己不应该做的事了，天地都能发挥出自己的作用而万物也就能被人类驱使了，人的行动就能处处有条理，养民之术处处恰当，万物生长而不受伤害，这就叫作了解了天。

原 文

故大巧在所不为，大智在所不虑。所志于天者①，已其见象之可以期者矣②；所志于地者，已其见宜之可以息者矣③；

所志于四时者，已其见数之可以事者矣④；所志于阴阳者，已其见和之可以治者矣。官人守天而自为守道也⑤。

注释

①**志**：通"识"，了解，知道。
②**已**：止。**见**：通"现"。
③**息**：生长繁殖。
④**数**：四季变化的次序。**事**：此处意为农业生产。
⑤**官人**：指掌管农业生产与天文历法之官。

译文

所以最大的技巧在于不去做那些不能做与不应做的事，最大的智慧在于不去考虑那些不能考虑和不应考虑的事。从上天那了解的，是通过它所显现的天象可以测定气候变化；从大地那了解的，是它所显现的适宜条件可以便利庄稼的种植；从四季变化那了解的，是利用它们变化的次序可以安排农业生产；从阴阳调和那了解的，是利用阴阳和气可以治理事物。官人只是观察自然现象而圣人是按照上面的道理去掌握治理天下。

原文

治乱天邪？曰：日月、星辰、瑞历，是禹、桀之所同也，禹以治，桀以乱，治乱非天也。时邪？曰：繁启蕃长于春夏①，畜积收藏于秋冬，是又禹、桀之所同也，禹以治，桀以乱，治乱非时也。地邪？曰：得地则生，失地则死，是又禹、桀之所同也，禹以治，桀以乱，治乱非地也。《诗》曰："天作高山，大王荒之②。彼作矣，文王康之③。"此之谓也。

注释

①**繁**：多。**启**：发。**蕃**：茂盛，繁盛。
②**荒**：大。
③**康**：安定。

译 文

　　社会安定还是混乱是由上天决定的吗？日月、星辰、历象，在禹与桀的时代都是相同的，禹使天下安定，桀使天下混乱，由此可见社会安定还是混乱并不是由上天决定的。是季节决定的吗？春生夏长，秋收冬藏，这在禹与桀的时代也是相同的，禹使天下安定，桀使天下混乱，由此可见社会安定与混乱并不是季节决定的。是地决定的吗？植物得到土地而生长，失去了大地而死亡，这在禹与桀的时代也是相同的，禹使天下安定，桀使天下混乱，由此可见社会安定与混乱并不是地决定的。《诗经》云："高耸的岐山自然天成，创业的大王苦心经营。荒山变成了良田沃野，文王来继承欣欣向荣。"说的就是这个道理。

原 文

　　天不为人之恶寒也辍冬①，地不为人之恶辽远也辍广，君子不为人小人匈匈也辍行②。天有常道矣，地有常数矣，君子有常体矣③。君子道其常而小人计其功。《诗》曰："礼义之不愆(qiān)兮④，何恤人之言兮⑤！"此之谓也。

注 释

①辍：停。
②匈匈：喧哗的声音。
③常体：一定的规矩。
④愆：差错，过失。
⑤恤：在乎，担忧。

译 文

　　上天不会因为人们厌恶寒冷而废止冬季，大地不会因为人们厌恶辽远而废除宽广，君子不会因为小人的喧闹烦扰而中止善行。上天有亘古不变的规律，大地有亘古不变的法则，君子有亘古不变的规矩。君子执守常规，小人却计较功利。《诗经》云："礼义上没有差错，又何必担忧人说长道短？"说的就是这个道理。

原文

楚王后车千乘①，非知也②；君子啜菽饮水③，非愚也；是节然也。若夫志意修，德行厚，知虑明，生于今而志乎古，则是其在我者也。故君子敬其在己者，而不慕其在天者；小人错其在己者，而慕其在天者。君子敬其在己者而不慕其在天者，是以日进也；小人错其在己者而慕其在天者④，是以日退也。故君子之所以日进与小人之所以日退，一也。君子小人之所以相县者在此耳⑤。

注释

① 乘：量词，古代称一车四马。
② 知：通"智"，聪慧。后同。
③ 啜：食。菽：粗粮。
④ 错：通"措"，放弃。
⑤ 县：同"悬"，悬殊，差距远。

译文

随从楚王的车子有上千辆，并不是因为他聪慧；君子吃粗粮喝白水，并不是因为他愚蠢；只是时势命运的安排。如果一个人思想美好，德行敦厚，思虑精明，生在今天而能向往古代的圣贤品德，这就是那取决于我们自己的事情。所以君子慎重对待取决于自己的事情，而不去羡慕那些上天决定的东西，小人舍弃取决于自己的事情，而去指望那些取决于上天的东西。君子重视取决于自己的事情，而不去羡慕那些取决于上天的东西，所以每日有所进步；小人舍弃那些取决于自己的事情，而指望那些取决于上天的东西，所以每日有所退步。所以君子日进的原因与小人日退的道理是一样的。君子与小人相差悬殊的原因也就在这里。

原文

星队①、木鸣②，国人皆恐。曰：是何也？曰：无何也，是天地之变，阴阳之化，物之罕至者也，怪之可也；而畏之非也。夫日月之有蚀，风雨之不时，怪星之党见③，是无世而不常有之。上明而政平，则是虽并世起，无伤也；上暗而政险，则是虽无一至者，无益也。夫星之队，木之鸣，是天地之变，阴阳之化，物之罕至者也，怪之可也，而畏之非也。

　　物之已至者，人祆则可畏也④。楛耕伤稼⑤，楛耨失岁，政险失民，田薉稼恶⑥，籴贵民饥⑦，道路有死人，夫是之谓人祆。政令不明，举错不时，本事不理，夫是之谓人祆。礼义不修，内外无别，男女淫乱，则父子相疑，上下乖离，寇难并至，夫是之谓人祆。祆是生于乱，三者错，无安国。其说甚尔，其菑甚惨⑧。勉力不时，则牛马相生，六畜作祆，可怪也，而不可畏也。传曰："万物之怪，书不说。无用之辩，不急之察，弃而不治。"若夫君臣之义，父子之亲，夫妇之别，则日切瑳而不舍也。

注释

① **星队**：即"星坠"，流星坠落。
② **木鸣**：树木发声。
③ **怪星**：指扫帚星之类。**党**：通"倘"，偶尔，偶然。
④ **人祆**：人为的祸患。
⑤ **楛**：恶劣。
⑥ **薉**：通"秽"，荒芜。
⑦ **籴**：购买粮食。
⑧ **菑**：通"灾"。

译文

　　流星坠落、树木发声，人们都很害怕，说：这是怎么回事呢？回答道：

这没有什么。这只是天地的变异，阴阳二气的变化，事物中很少出现的现象。感觉它奇怪是可以的；但害怕它就错了。太阳、月亮发生日食、月食，风雨不合时节地突袭，怪星偶然出现，这些现象哪个时代都曾有过。君主贤明而政治清明，那么即使这些现象在同一时代都出现，也不会有什么妨害；君主昏庸而政治险恶，那么即使这些现象一样都不曾出现，也没有丝毫的用处。所以流星的坠落、树木的发声，这些只不过是自然界的变异与阴阳的变化，是事物中很少出现的现象。觉得它奇怪是可以的；但害怕它就错了。

在已出现的事情中，人事上的反常现象才是可怕的。粗劣耕种，伤害庄稼，粗放锄草，妨害收成，政治险恶，而失民心，田地荒芜，庄稼粗劣，米价昂贵，百姓受饿，道路上有饿死的人，这些就叫作人为的祸患。法令政治不明确，举措不合时宜，不对根本意义上的农业生产加以管理，这也是人为的祸患。不加整顿礼义，内外没有区别，男女关系淫乱，就会导致父子互相猜疑，君臣离心离德，内忧外患同时到来，这也是人为的祸患。人祸产生于混乱。上面这三类祸患交错发生，就不会有安宁的国家。这种人祸的道理说起来很简单，但它造成的灾难却十分惨重。发起劳役不顺农时，那么牛就会生出像马似的怪胎，马就会生出像牛似的怪胎，六畜就会发生怪异的事情，这些就是人为的祸患，这是可怕的，但不值得奇怪。古书上说："各种事物的怪现象，经书上是不作解说的。"无用的辩说，不急需的考察，应该抛弃而不再研究。至于君臣之间的道义，父子之间的相亲，夫妻之间的分别，才是应该每天研究琢磨而不能停止的啊。

原　文

雩而雨①，何也？曰：无何也，犹不雩而雨也。日月食而救之，天旱而雩，卜筮然后决大事②，非以为得求也，以文之也③。故君子以为文，而百姓以为神。以为文则吉，以为神则凶也。

注　释

①雩：古时的一种求雨祭祀活动。
②卜：古时使用龟甲来占卜吉凶。筮：用蓍草来卜吉凶。

③文：文饰。

【译文】

祭祀神灵求雨而得到了雨，这是为什么呢？回答说：这没什么，如同不祭祀神灵求雨而下雨一样。发生了日食月食人们就会去求救，天气干旱了就会去祭祀神灵求雨，通过算卦占卜来决定大事，古人并不认为这些做法就能得到所祈求的东西，只是起文饰政事的作用罢了。所以君子认为这些活动只是文饰，可老百姓却把它们看得神乎其神。认为这些活动是一种宣传形式是一件好事，可若是把它们看成真实神灵而祭祀就不是件好事了。

【原文】

在天者莫明于日月，在地者莫明于水火，在物者莫明于珠玉，在人者莫明于礼义。故日月不高，则光晖不赫，水火不积，则晖润不博；珠玉不睹乎外①，则王公不以为宝；礼义不加于国家，则功名不白②。故人之命在天，国之命在礼。君人者隆礼尊贤而王，重法爱民而霸，好利多诈而危，权谋、倾覆、幽险而尽亡矣。

大天而思之，孰与物畜而制之？从天而颂之，孰与制天命而用之？望时而待之，孰与应时而使之？因物而多之，孰与骋能而化之？思物而物之，孰与理物而勿失之也？愿于物之所以生，孰与有物之所以成？故错人而思天，则失万物之情。

【注释】

①睹：当作"睹"，显露光彩。

②白：显露。

译　文

　　天上的事物没有什么比日月更加明亮的了，地上的事物没有什么比水、火更加明亮的了，在万物之中没有什么比珍珠、宝玉更加明亮的了，在人类社会中没有什么比礼义更加明亮的了。日月不高悬于空中，那么它们的光辉就不显赫；水、火不积聚，那么火的光辉、水的光泽就不多；珍珠，宝玉的光彩不显露于外，那么王公贵卿就不会把它们当成宝贝之物，礼义不在国家之中施行，那么功绩与名声就不会显著。所以人的命运在于天，国家的命运在于礼义。君主推崇礼义、尊重贤者，方能称王于天下；注重法制、爱护百姓，方能称霸于诸侯，贪图财利而狡诈，国家就会变得危险；玩弄权术、坑害人民、诡计多端，国家就会彻底灭亡。

　　认为大自然伟大而思慕它，哪里及得上把它当作物资积蓄起来而控制它？顺从自然而颂扬它，哪里及得上掌握自然规律而利用它？盼望时令而等待它，哪里及得上因时制宜而使它为我所用？依靠万物的自然增殖，哪里及得上施展人的才能而使它们根据人的需要来变化？思慕万物而把它们当作与己无关的外物，哪里及得上管理好万物而不失去它们？希望了解万物产生的原因，哪里及得上占有那已经生成的万物？所以放弃了人的努力而寄希望于天，那就违背了万物的实际情况。

原　文

　　百王之无变，足以为道贯①。一废一起，应之以贯，理贯不乱。不知贯，不知应变，贯之大体未尝亡也。乱生其差，治尽其详。故道之所善，中则可从，畸则不可为，匿则大惑②。水行者表深，表不明则陷；治民者表道，表不明则乱。礼者，表也。非礼，昏世也。昏世，大乱也。故道无不明，外内异表，隐显有常，民陷乃去。

注　释

①贯：贯穿铜钱的绳索叫作贯，引申指惯例。此指礼义。

②匿：通"慝（tè）"，差错。

译文

历经百余代帝王都没有改变的东西，可以用作政治原则的惯例。国家的兴衰之间，都应有这种常规去应付它。治理好这种常规，国家就不会发生混乱。如果不了解这种常规，就不知道怎样去应变。这种常规的基本内容从未消失过。社会的混乱，是源于这个常规的实施出了差错；社会安定，源于这种常规的实施详尽周密。所以，政治原则中那些被一般人看作为好的东西，若符合这种常规就可依从；如果偏离了这种常规就不能实行；违反常规就会造成极大的混乱。涉水之人靠表明深度的标志来渡过，若是标志不明确，就会陷入深水淹死；统治百姓的君主用标准来表明自己的政治原则，若是标准不明就会造成混乱。礼就是治理民众的法则。违背了礼制，就是昏暗的社会；昏暗的社会，国家就会大乱。所以，政治原则没有不明确的，对于内外都有不同的标准，对隐蔽或显露之事都有一定的规则，这样百姓的祸患就可以避免了。

原文

万物为道一偏，一物为万物一偏，愚者为一物一偏，而自以为知道，无知也。慎子有见于后①，无见于先。老子有见于诎②，无见于信③；墨子有见于齐④，无见于畸；宋子有见于少⑤，无见于多。有后而无先，则群众无门；有诎而无信，则贵贱不分；有齐而无畸，则政令不施；有少而无多，则群众不化。《书》曰："无有作好，遵王之道；无有作恶，遵王之路。"此之谓也。

注释

①**慎子**：指慎到，战国中期赵国人，主张法治、势治。

● 老子

② 诎：同"屈"，弯曲，指抑退忍让。
③ 信：通"伸"，伸直，指舒展抱负积极进取。
④ 墨子：即墨翟，墨家创始人。
⑤ 宋子：即宋钘，战国时宋国人。

译 文

　　世界上的万物只是自然规律的一部分，某一种事物只是万物的一部分，愚昧无知的人只认识某一种事物的一个方面，就自以为认识了所有的自然规律，实在是十分无知。慎子只看到了跟从法制的作用，但对预先引导却一无所知；老子只强调柔顺无为，但对积极进取的方面却毫无认识；墨子主张兼爱非攻，却不知道尊卑有序的道理；宋子对寡欲的一面有所认识，却不知道人生来就是好利与声色的。若是只在后服从而不在前引导，那么群众就没有继续前行的门路；若是只委曲忍让而不积极进取，那么贵贱就不会有所分别；若是只有齐同平等而没有等级差别，那么政策法令就不能贯彻实施；若是只求寡欲而不见多欲，那么群众就不易得到教化。《尚书》上说："不要任凭个人的偏好，要遵循君主的正道；不要任凭个人的偏恶，要遵循君主的正路。"说的就是这个道理。

乐 论

题 解

本篇论述了音乐的起源及其社会作用，批判了墨子反对音乐的主张。荀子认为，音乐在教化中有巨大的作用，"乐中平则民和而不流，乐肃庄则民齐而不乱"，所以先王制《雅》《颂》以"感动其善心"。而那些淫声、奸声的坏作用也是显而易见的，它们都是乱世的征兆。荀子还指出音乐与礼发挥功用的形式是不同的，音乐能达到有效沟通，礼则使人有所区别。所以统治者必须制定正声雅乐来加以引导，使它能"感动人之善心"，从而使它为巩固统治服务。

原 文

夫乐者，乐也，人情之所必不免也，故人不能无乐。乐则必发于声音，形于动静，而人之道①，声音、动静、性术之变尽是矣。故人不能不乐，乐则不能无形，形而不为道②，则不能无乱。先王恶其乱也，故制《雅》《颂》之声以道之，使其声足以乐而不流，使其文足以辨而不为䚋(xǐ)③，使其曲直、繁省、廉肉、节奏足以感动人之善心④，使夫邪污之气无由得接焉。是先王立乐之方也，而墨子非之，奈何！

故乐在宗庙之中，君臣上下同听之，则莫不和敬；闺门之内，父子兄弟同听之，则莫不和亲；乡里族长之中，长少同听之，则莫不和顺。故乐者，审一以定和者也，比物以饰节者也⑤，合奏以成文者也，足以率一道，足以治万变。是先王立乐之术也，而墨子非之，奈何！

注释

①**人之道**：指人之所为。

②**道**：同"导"，引导。

③**諰**：暗藏心机的花言巧语。

④**廉肉**：指声音的清晰和饱满。

⑤**比**：并列，配合。**物**：乐器。**饰**：通"飭"，整治。

译文

音乐的意思就是欢乐，它是人的情感必然的不可抑制的流露。人不可能没有欢乐，有了欢乐就必然要在歌唱吟咏的声音中抒发出来，在手舞足蹈的动作中体现出来；可见人的所作所为、声音、动作、性情及其表现方式的变化，就全都体现在音乐之中了。因此，人不可能不快乐，快乐了就不会不表现出来，有了表现形式如果不予以正确引导，就不可能没有祸乱。古代的圣王憎恶祸乱的局面，所以创作了《雅》《颂》的音乐用来引导人们，让歌声足够用来表达快乐的情感但不淫荡，让歌词足够用来通礼达义而不邪僻，使音律的曲折或平直、繁复或简约、清亮或重浊、节奏的快慢，完全可以感动人们后天的善良的心，使那些邪恶肮脏的风气无法和民众相接触。此乃古代圣王创制乐曲的原则。但是墨子却反对音乐，可又能怎么样呢？

因此在祖庙里演奏音乐，君臣上下一起来倾听，就再也没有人不和谐恭敬的了；在家门之内，父子兄弟一起来倾听，就再也没有人不和睦相亲的了；在乡村之中，无论老少都一起来倾听，就再也没有人不和谐顺从的了。音乐，是先审定一个主音再确定其他和音的，是合上各种乐器来调整节奏的，是一

● 恒舞酣歌图

起演奏来组成众音和谐的乐曲的；它足能用来率领统一人们的所作所为，足够用来调整各种复杂的变化。此乃古代圣王创制音乐的方法啊！可是墨子却反对音乐，可又能怎么样呢？

原文

故听其《雅》《颂》之声，而志意得广焉；执其干戚①，习其俯仰屈伸，而容貌得庄焉；行其缀兆②，要其节奏③，而行列得正焉，进退得齐焉。故乐者，出所以征诛也，入所以揖让也。征诛揖让，其义一也④。出所以征诛，则莫不听从；入所以揖让，则莫不从服。故乐者，天下之大齐也，中和之纪也，人情之所必不免也。是先王立乐之术也，而墨子非之，奈何！

且乐者，先王之所以饰喜也；军旅铁钺者⑤，先王之所以饰怒也。先王喜怒皆得其齐焉。是故喜而天下和之，怒而暴乱畏之。先王之道，礼乐正其盛者也，而墨子非之。故曰：墨子之于道也，犹瞽之于白黑也，犹聋之于清浊也，犹欲之楚而北求之也。

注释

① 干戚：武舞的舞具。干，盾牌；戚，斧头。
② 缀兆：指舞蹈时舞者的行列位置。
③ 要：迎合。
④ 义：意义，指作用。
⑤ 铁钺：古代斩杀的刑具。

译文

因此，人们听《雅》《颂》的演奏，心胸意志就变得宽广了；拿起盾牌斧头等舞具，练习低头抬头弯曲伸展等舞蹈动作，容貌就显得庄重了；行动在舞蹈的行列位置上，迎合舞曲的节奏，

● 干

队列就能不偏不斜，进退就整齐一致了。因此音乐，对外可以用来征伐杀敌，对内可以用来行礼让。对于征伐与礼让，音乐的作用是相同的。出外用音乐作为征伐的工具，就无人不听从；在内用音乐作为礼让的手段，就无人不服从。因此音乐是齐一天下的工具，使人们的性情和顺，符合礼法的纲纪，这是人的情感绝对不能够脱离的。这就是古代圣王创制音乐的动机。可是墨子却反对音乐，可又能怎么样呢？

并且古代的圣王用音乐来表现喜悦之情；古代的圣王用军队和刑具来表现愤怒之情。古代圣王的喜怒都能通过音乐与军队刑具而表达得恰如其分。因此，圣王喜悦了，天下人都来迎合；圣王愤怒了，凶暴作乱的人就害怕他。礼制和音乐在古代圣王的治国原则中是最重要的，可墨子却反对它们。所以墨子对于正确的治国原则，如同瞎子分不清黑白，如同聋子听不清声音的清浊一样，也好比想去南方的楚国却往北走一样。

原 文

夫声乐之入人也深，其化人也速，故先王谨为之文。乐中平则民和而不流，乐肃庄则民齐而不乱。民和齐则兵劲城固，敌国不敢婴也①。如是，则百姓莫不安其处，乐其乡，以至足其上矣。然后名声于是白，光辉于是大，四海之民，莫不愿得以为师。是王者之始也。乐姚冶以险，则民流僈鄙贱矣。流僈则乱，鄙贱则争。乱争则兵弱城犯，敌国危之。如是，则百姓不安其处，不乐其乡，不足其上矣。故礼乐废而邪音起者，危削侮辱之本也。故先王贵礼乐而贱邪音。其在序官也，曰："修宪命，审诗商②，禁淫声，以时顺修，使夷俗邪音不敢乱雅，太师之事也。"

注 释

① 婴：通"撄"，触犯。
② 诗商：原作"诛赏"。商，通"章"，乐章。

译文

音乐对人的影响很深刻，感化人心的速度也很快，所以古代的圣王慎重地修订乐章。音乐中正平和，那么民众就和睦协调而不淫荡；音乐严肃庄重，那么民众就同心同德而不混乱。民众和顺齐心，那么兵力就强大，城防就坚固，敌国就不敢来加以侵犯了。像这样，老百姓就无不安于自己的住处，喜爱自己的家乡，并尽力去侍奉君主的了。此后，君主的名声就会因此而显赫，光辉因此而增强，天下的百姓都希望得到这样的君主。这是称王于天下的开端啊！音乐浮薄轻佻而邪恶的话，那么民众就散漫放纵、卑鄙下贱了。民众散漫放纵，就会造成混乱；卑鄙下贱，就会发生争夺。混乱而又争夺，那就会造成兵力衰弱、城池不牢固，敌国就会乘机进犯了。像这样，那么百姓就不会安心在自己的住处，就不会喜欢自己的家乡，也不能对君主尽力奉养了。所以国家危险削弱、遭受侮辱的根本原因在于礼崩乐坏而靡靡之音乘机而起。因此古代的圣王尊崇礼乐，鄙视邪音。他在论列官职时说："遵循法令公告，审订诗歌乐章，禁止淫乱的音乐，适时加以整顿和修订，使蛮夷的落后风俗和邪音不敢扰乱正声雅乐，这是太师的职责所在。"

● 九歌劝民图

原文

墨子曰："乐者、圣王之所非也，而儒者为之，过也。"君子以为不然。乐者，圣人之所乐也，而可以善民心，其感人深，其移风易俗，故先王导之以礼乐而民和睦。

译文

墨子说："音乐，是圣明的帝王所反对的，而儒者却提倡它，这是错误的。"君子认为并不是这样的。音乐是圣人所喜欢的，它可以使民心向善，它感人至深，也容易去移风易俗，所以古代的圣王用礼制音乐来引导民众，民众就和睦相处了。

原文

　　夫民有好恶之情而无喜怒之应则乱。先王恶其乱也，故修其行，正其乐，而天下顺焉。故齐衰之服，哭泣之声，使人之心悲；带甲婴胄①，歌于行伍②，使人之心伤；姚冶之容，郑、卫之音③，使人之心淫；绅、端、章甫④，舞《韶》歌《武》，使人之心庄。故君子耳不听淫声，目不视女色，口不出恶言。此三者，君子慎之。

● 演练《韶》舞

注释

① **婴**：系。**胄**：头盔。

② **行伍**：军队。古代军队以五人为伍，二十五人为行。

③ **郑、卫之音**：《诗经》中郑国和卫国的民歌，古时以郑声和卫声为淫声。

④ **绅**：古时士大夫系在腰间的大带子。**端**：礼服。**章甫**：礼帽。

译文

　　民众有了爱憎的情感，如果没有表达喜悦愤怒的音乐来与之应和，就会造成混乱。古代的圣王憎恶混乱，因此修养自身的德行，雅正国内的音乐，天下人从而归附顺从于他了。服孝的丧衣，哭泣的声音，能使人们内心中产生悲哀的共鸣；身穿铠甲，戴着头盔，在行军队伍中高歌，会使人的内心忧伤；妖艳的容貌，加上郑国、卫国的靡靡之音，会使人的内心淫荡；腰系大带、身着礼服、头戴礼帽，随着《韶》《武》的乐曲载歌载舞，会使人的内心肃穆。所以君子的耳朵不聆听淫荡的音乐，眼睛不注视女子的美色，嘴巴不说出丑恶的语言。这三条是君子要慎重加以对待的。

原文

　　凡奸声感人而逆气应之，逆气成象而乱生焉；正声感人而顺气应之，顺气成象而治生焉。唱和有应，善恶相象，故君子慎其所去就也。

译文

　　大凡淫邪的音乐都污染人，于是歪风邪气相应而生，歪风邪气形成了气候，那么也就形成了混乱的局面。雅正的音乐都感染人，于是浩然正气相应而生，和顺的风气成了气候，那么也就形成了安定井然的局面。一唱一和相互呼应，也随之而形成了善或恶的风气，所以君子要慎重地对待音乐上的取舍。

原文

　　君子以钟鼓道志①，以琴瑟乐心，动以干戚，饰以羽旄②，从以磬管。故其清明象天，其广大象地，其俯仰周旋有似于四时。故乐行而志清，礼修而行成，耳目聪明，血气和平，移风易俗，天下皆宁，美善相乐。故曰：乐者，乐也。君子乐得其道，小人乐得其欲。以道制欲，则乐而不乱；以欲忘道，则惑而不乐。故乐者，所以道乐也。金石丝竹，所以道德也。乐行而民乡方矣③。故乐者，治人之盛者也，而墨子非之。

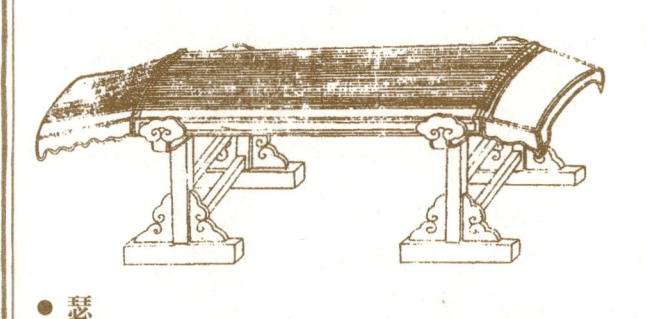

注释

①**道**：同"导"，引导。

②**羽旄**：野鸡毛和牦牛尾，均为舞具。

③**乡**：通"向"，向往，仰慕。**方**：道。

● 瑟

译文

君子用钟鼓之声来引导人们的志向，用琴瑟之音来陶冶人们的性情。手持盾牌斧头等舞具起舞，用野鸡毛和牦牛尾等舞具做点缀装饰，用箫管来伴奏。这乐声清朗明净如天空，广阔宏大如大地，舞姿的俯仰旋转如有规律地运行变换的四季。所以推行音乐后人们的志向就变得高洁，遵循礼制后人们的德行就能养成，使人们耳聪目明，气血平和，社会风俗改变，天下都太平安宁，人人赞美高尚的品德，彼此和顺欢乐相处。所以说：音乐，就是欢乐的表现。君子把从音乐中获得的道义当作欢乐，小人把从音乐中满足私欲当作欢乐。用道义来控制欲望，那就能欢乐而不淫乱；为满足私欲却忘记了道义，那就会迷惑而得不到快乐。所以音乐是用来引导人们去获得真正的快乐的。钟磬弦管等乐器，是用来引导人们修养道德的。音乐推行之后民众就归向正道了。所以音乐是治理人民的一个重要方面，可墨子却反对它。

原文

且乐也者，和之不可变者也；礼也者，理之不可易者也。乐合同，礼别异。礼乐之统，管乎人心矣。穷本极变，乐之情也；著诚去伪，礼之经也。墨子非之，几遇刑也。明王已没，莫之正也。愚者学之，危其身也。君子明乐，乃其德也。乱世恶善，不此听也。於乎哀哉！不得成也。弟子勉学，无所营也①。

注释

①**营**：通"荧"，惑乱。

译文

而且音乐，体现了人们协调一致的原则；礼制，体现了社会伦理制度不可更易的原则。音乐使人们同心同德，礼制能够使等级差别有所区分。所以礼制音乐的纲要，能够对人们的思想有所约束。从根本上改变人的心性，是音乐本质上的特征；彰明真诚、去除虚伪，是礼制的永恒原则。墨子反对音乐，近乎犯罪。圣明的帝王已经死去，没人纠正他的错误。愚蠢的人向他学习，就会危害自己的生命。君子提倡音乐，这才是仁德。混乱的社会厌恶美好的事物，不喜欢听赏音乐。哎呀可悲啊！音乐因此而不能充分发挥它的用处了。弟子们可要努力学习，不要被那些胡言乱语所迷惑啊。

原　文

声乐之象①：鼓大丽②，钟统实③，磬廉制④，竽笙箫和⑤，guǎn yuè 筦籥发猛⑥，埙篪翁博⑦，瑟易良，琴妇好⑧，歌清尽，舞意天道兼。鼓，其乐之君邪！故鼓似天，钟似地，磬似水，竽笙、箫和筦籥似星辰日月⑨，táo zhù fǔ gé qiāng qià 鞉、柷、拊、鞷、椌、楬似万物⑩。曷以知舞之意？曰：目不自见，耳不自闻也，然而治俯仰、诎信⑪、进退、迟速，莫不廉制，尽筋骨之力以要钟鼓俯会之节，而靡有悖逆者，众积意 chí 谆谆乎⑫！

注　释

① **象**：象征。
② **丽**：通"厉"，声音激越高亢。
③ **统**：通"充"，指声音洪亮。**实**：充满，指声音浑厚。
④ **廉制**：清静而有节奏。
⑤ **和**：小笙。
⑥ **筦籥**：古代编管乐器，似排箫。筦，同"管"。
⑦ **埙**：一种陶土烧制的吹奏乐器。**篪**：一种单管横吹乐器。**翁博**：通"滃渤"，形容气势如大水涌流一样浩瀚磅礴。
⑧ **妇好**：犹"女好"，柔婉。
⑨ **箫和**：当为衍文。
⑩ **鞉、柷、拊、鞷、椌、楬**：都是古代打击乐器。
⑪ **诎信**：同"屈伸"。弯屈和伸直。
⑫ **谆谆**：谆谆，诚恳谨慎的样子。

● 埙

译 文

　　音乐的象征：鼓声激越且高亢，钟声浑厚且洪亮，磬声清越且富有节奏，竽、笙、箫、和、管、籥等管乐器的声音振奋激昂，埙、篪的声音雄伟澎湃，瑟的声音和顺温柔，琴的声音柔美婉曲，歌声明朗清晰且乐曲尽抒情意，舞蹈的意象兼容并包了自然界的全部现象。鼓，也就是音乐的主宰吧！所以鼓声像天一样，钟声像地一样，磬声像水一样，竽、笙、管、籥等管乐器的声音像日月星辰一样，鞉、柷、拊、鞷、椌、楬的声音像万事万物。怎么来了解舞蹈中所蕴含的意象呢？回答道：舞者的眼睛看不见自己的形体，耳朵听不见自己的声音，但是在进行低头抬头、弯屈伸直、前进后退、快速缓慢的动作时无一不利落潇洒，尽可能地用自己身体的力量来迎合钟鼓的节奏，而没有相违背的，众人集中注意力是多么诚恳认真啊！

● 笙

原 文

　　吾观于乡①，而知王道之易易也。主人亲速宾及介②，而众宾皆从之，至于门外，主人拜宾及介而众宾皆入，贵贱之义别矣。三揖至于阶，三让以宾升，拜至，献酬③，辞让之节繁。及介省矣。至于众宾，升受，坐祭，立饮，不酢(zuò)而降④。隆杀之义辨矣。工入，升歌三终⑤，主人献之；笙入三终，主人献之；间歌三终⑥，合乐三终，工告乐备，遂出。二人扬觯(zhì)⑦，乃立司正⑧。焉知其能和乐而不流也。宾酬主人，主人酬介，介酬众宾，少长以齿，终于沃洗者焉。知其能弟长而无遗也。降，说屦⑨，升坐，修爵无数。饮酒之节，朝不废朝，莫不废夕。宾出，主人拜送，节文终遂。焉知其能安燕而不乱也⑩。贵贱明，隆杀辨，和乐而不流，弟长而无遗，安燕而不乱：此五行者，足以正身安国矣。彼国安而天下安。故曰：吾观于乡，而知王道之易易也。

注 释

①乡：指乡中饮酒之礼。

②主人：指乡大夫，即主管乡中政教禁令的官。逆：迎接。宾、介：都是宾客。在饮酒的礼仪中，最贤能的人叫宾，德行稍次于宾的叫介，德行次于介的叫众宾。

③献酬：古代主客互相敬酒，主人向客人敬酒叫"献"，客人回敬主人后，主人再次向客人敬酒以表答谢叫"酬"。

④酢：客人用酒回敬主人叫"酢"。

⑤终：将一首歌曲或乐曲从头到尾歌唱或演奏一遍叫一终。

⑥间：间隔，轮流。

⑦觯：古代饮酒的圆形器皿。

⑧司正：专门监督正确地行使礼仪的人。

⑨说：当作"脱"。

⑩燕：通"宴"，安逸快乐。

译 文

我看到乡中饮酒的礼仪后就知道先王的治国方法是非常容易实施的了。主人亲自去迎接贤能的贵宾和德行稍次的陪客，且普通客人也就都跟着他们进来了；到达门外时，主人向贵宾和陪客行礼，而普通客人就都进入门中；这样对于高贵与卑贱的人通过不同的礼仪也就有所区分了。主人在进行三次作揖拱手之后方与贵宾来到厅堂的阶梯之下，再进行三次谦让之后让贵宾登上厅堂，然后对于贵宾的到来进行拜谢，主人向宾客敬酒与回敬，这期间有着非常繁多的推辞谦让礼节；到了陪客上就省了许多礼节；至于普通客人，登堂接受敬酒，坐着酹酒来祭祀神灵，站立而饮酒，无须以酒来回敬主人就退堂下去了；这样看来复杂隆重与简单省略的礼仪就有所区分了。乐工进入，登上厅堂，把《鹿鸣》《四牡》《皇皇者华》三首乐曲各唱一遍，主人进行敬酒；吹笙者进入，把《南陔》《白华》《华黍》三支乐曲各吹奏一遍，主人进行敬酒；乐工与吹笙者各轮流交替着歌唱演奏三曲，再各合着歌唱演奏三曲，乐工报告乐曲已演奏完毕后就出去了。主人的两个侍从举起酒杯帮助敬酒，于是又设立了专门监督行礼的人员。通过这些礼仪就能知道他们能够和睦安乐却不淫荡。贵宾向主人敬酒表示感谢，主人向陪客敬酒表示感谢，陪客向普通客人敬酒表示感谢，主人根据年龄依次对年长年幼的客人都一一进行酬谢，最后轮到向主人手下清洗酒杯的人进行酬谢。从这些礼仪之中可以知晓他们能够长幼并尊而不遗漏一个人。退堂后，脱下鞋履，再登堂就座，连续不断地依次敬酒。招待人饮酒的限度是，在早晨饮酒而不耽误早上的工作，在傍晚喝酒而不耽误晚上的事情。贵宾出门，主人拱手鞠躬以送行，像这样礼节仪式就算完成了。从这些礼仪中可以知道他们能够安然而不混乱。有所清晰区分的高贵者和卑贱者，分别开来的隆重与简省的礼仪，和睦安乐而不淫荡，长幼并尊而不遗漏一个人，安然而不混乱，这五种行为，是足够用来端正自身与安定国家的了。国家安定了，那么整个天下也就安定了。所以说：我看到乡中饮酒的礼仪后就知道先王的治国方法是非常容易实施的了。

原 文

乱世之征：其服组①（chǔ），其容妇，其俗淫，其志利，其行杂，其声乐险，其文章匿而采②（tè），其养生无度，其送死瘠墨③，贱礼义而贵勇力，贫则为盗，富则为贼。治世反是也。

注 释

①**组**：五彩缤纷，华丽。
②**匿**：通"慝"，邪恶。
③**瘠墨**：苟简、俭薄。

译 文

混乱不安定时代的特征：人们衣着华丽，男人将自己的容貌打扮得像妇女一样妖媚，有淫荡的风俗，人们的志向是唯利是图，人们的行为繁杂混乱，有着邪恶的音乐，文章文辞华美却充满邪恶，人们无限度地奢养身体，俭省刻薄地葬送逝者，轻视礼法道义却崇尚勇猛蛮力，贫穷的人就去偷盗，富裕的人则残害他人。治理得道的社会则与这样的社会正相反。

性 恶

题 解

本篇对孟子的性善论进行了批判，阐明了荀子思想中最著名的观点——"性恶论"，这也是他政治思想的基石。文章首先从人的物质欲望和心理需求出发，论证了"人之性恶"的道理。为了改变人性之恶，荀子一方面强调了后天的教育和环境的影响，另一方面强调了政治的作用。

原文

人之性恶，其善者伪也①。

注释

①伪：人为。

译文

人的本性是恶劣的，那些善良的行为是出于人为。

原文

今人之性①，生而有好利焉，顺是，故争夺生而辞让亡焉；生而有疾恶焉②，顺是，故残贼生而忠信亡焉；生而有耳目之欲，有好声色焉，顺是，故淫乱生而礼义文理亡焉③。然则从人之性④，顺人之情，必出于争夺，合于犯分乱理，而归于暴。故必将有师法之化，礼义之道⑤，然后出于辞让，合于文理，而归于治。用此观之，然则人之性恶明矣，其善者伪也。

注释

① **今**：犹"夫"，发语词。
② **疾**：通"嫉"，嫉妒。
③ **文理**：区别等级的礼义制度。
④ **从**：通"纵"。
⑤ **道**：同"导"。

译文

人的本性，一生下来就有喜欢财利的本能，顺着这种本能，所以掠夺的行动就产生，而推辞谦让就消失；一生下来就有妒忌憎恨的心理，顺着这种本能，所以残杀的行动就产生，而忠诚守信就消失；一生下来就有耳朵与眼睛的私欲，具有爱好音乐、美色的本能，顺着这种本能，所以淫荡的行动就产生，而礼义法度的表现就消失了。这样看来，放纵人的本性，顺从人的情欲，必然要出现争抢掠夺，同违犯等级本分、扰乱礼义法度的行为合拍，最终趋向于暴乱的行径。所以必须要有师长与法度的教化，礼义的引导，然后人们才会做到推辞谦让，符合礼法，而归于安定太平。由此看来，人的本性是邪恶的道理是很明显的，他们那些善良的行为是出于人为。

原文

故枸木必将待檃栝(yǐn kuò)、烝矫然后直①，钝金必将待砻(lóng)厉然后利②。今人之性恶，必将待师法然后正，得礼义然后治。今人无师法，则偏险而不正；无礼义，则悖乱而不治，古者圣王以人之性恶，以为偏险而不正，悖乱而不治，是以为之起礼义、制法度，以矫饰人之情性而正之③，以扰化人之情性而导之也。始皆出于治，合于道者也。今之人化师法、积文学、道礼义者为君子；纵性情、安恣睢而违礼义者为小人。用此观之，然则人之性恶明矣，其善者伪也。

注释

①枸：通"钩"，弯曲。**檃栝**：竹木的整形工具。**烝**：同"蒸"，用蒸气加热，这是为了使被矫正的木材柔软以便矫正。

②金：指有锋刃的武器或工具。**砻**：磨。厉：同"砺"，磨。

③饰：通"饬"，整治。

译文

所以弯曲的木料必须要依靠整形器进行熏蒸、矫正，然后才能够挺直；钝的金属器具必须要经过石头的磨砺，然后才能够锋利。人的本性恶劣，必须要依靠师法的教化，才能够端正，要得到礼义的引导，然后才能够治理好。人们得不到师法的教化，就会偏邪险恶而不端正；得不到礼义的引导，就会叛逆作乱而不守秩序。古代圣明的君王认为人的本性是恶劣的，认为人们是偏邪险恶而不端正的，叛逆作乱而不守秩序的，所以给他们建立了礼义、制定了法度，用来强制整治人们的性情而端正他们，用来驯服感化人们的性情而引导他们。使他们都能从遵守秩序出发、合乎正确的道德原则。现在的人，能够被师长和法度所感化，积累文献经典方面的知识、遵行礼义的，就是君子；纵情任性、习惯于恣肆放荡而违反礼义的，就是小人。由此看来，人的本性是邪恶的道理是很明显的，他们那些善良的行为是出于人为。

原文

孟子曰①："人之学者，其性善。"曰：是不然。是不及知人之性②，而不察乎人之性、伪之分者也。凡性者，天之就也，不可学，不可事③。礼义者，圣人之所生也，人之所学而能，所事而成者也。不可学，不可事，而在人者，谓

● 民相敌仇图

之性；可学而能，可事而成之在人者，谓之伪。是性伪之分也。今人之性，目可以见，耳可以听；夫可以见之明不离目，可以听之聪不离耳，目明而耳聪，不可学明矣。

注　释

①**孟子**：即孟轲。
②**及**：达到，够。
③**事**：从事，做，人为。

译　文

孟子说："人们所以学习，就是由于本性善良。"

我说：实际上是不对的。这是还不够了解人的本性，而且也不明察人的先天本性和后天人为表现的一种说法。大凡本性，是天生造就的，是不可能学来的，不可能是人为做到的。礼义，是由圣人创建出来的，人们努力学习就可以学到，努力做事就能做到。人身上不可能学到、不可能人为做到的东西，叫作本性；人身上可以学会、可以通过努力从事而做到的，叫作人为。这便是本性与人为的区别。一般人的本性，眼睛可以观看，耳朵可以听取。可以用来观看的明亮离不开眼睛，可以用来听取的聪顺离不开耳朵。眼睛明亮和耳朵聪顺，不可能学到的道理是很清楚的。

原　文

孟子曰："今人之性善，将皆失丧其性故恶也①。"

曰：若是则过矣。今人之性，生而离其朴，离其资②，必失而丧之。用此观之，然则人之性恶明矣。所谓性善者，不离其朴而美之，不离其资而利之也。使夫资朴之于美③，心意之于善，若夫可以见之明不离目，可以听之聪不离耳，故曰目明而耳聪也。

注　释

①**将**：犹"必"。一说"故"下当有"恶"字，增之。一说上句"性善"当作

"性恶"。

②**资**：资质。

③**使**：犹"夫"，提示之词。

译文

孟子说："一般人的本性善良，他们的作恶一定都是由于丧失了他们的本性。"

我说：这种说法是错误的。一般人本性善良，如果生下来就脱离他的素质，脱离他的本体，必然会丧失掉的，由此看来，人的本性是邪恶的道理是很明显的。所谓本性善良，是由于不离开他的质朴而觉得美，不脱离他的资质，而觉得好。质朴、资质对于美，心意对于善良，就像可以看得清楚离不开眼睛，可以听得清楚离不开耳朵一样，所以说眼明耳顺。

原文

今人之性，饥而欲饱，寒而欲暖，劳而欲休，此人之情性也。今人饥，见长而不敢先食者，将有所让也；劳而不敢求息者，将有所代也。夫子之让乎父，弟之让乎兄，子之代乎父，弟之代乎兄，此二行者，皆反于性而悖于情也；然而孝子之道，礼义之文理也。故顺情性则不辞让矣，辞让则悖于情性矣。用此观之，然则人之性恶明矣，其善者伪也。

译文

人的本性，饿了就想要吃饱，冷了就想要穿暖，累了就想要休息，这是人的情欲和本性。饿了，看见长者而不敢先吃，是因为要有所谦让；累了，并不敢先要求休息，这是因为要有所代替。儿子谦让父亲，弟弟谦让哥哥；儿子代替父亲劳动，

● 亲尝汤药

弟弟代替哥哥劳动；这两种行为，都是违反本性而背离情感的，然而这都是孝子之道、礼义之制度。所以顺着自己的情欲本性就不会推辞谦让了，推辞谦让就悖乱情欲本性了。由此看来，人的本性是邪恶的道理是很明显的，他们那些善良的行为是出于人为。

原文

问者曰："人之性恶，则礼义恶生？"

应之曰：凡礼义者是生于圣人之伪，非故生于人之性也①。故陶人埏（shān）埴（zhí）而为器②，然则器生于陶人之伪，非故生于人之性也。故工人斫木而成器，然则器生于工人之伪，非故生于人之性也。圣人积思虑，习伪故，以生礼义而起法度，然则礼义法度者，是生于圣人之伪，非故生于人之性也。若夫目好色，耳好听，口好味，心好利，骨体肤理好愉佚③，是皆生于人之情性者也；感而自然④，不待事而后生之者也⑤。夫感而不能然必且待事而后然者，谓之生于伪。是性、伪之所生，其不同之征也。

故圣人化性而起伪，伪起而生礼义，礼义生而制法度；然则礼义法度者，是圣人之所生也。故圣人之所以同于众，其不异于众者，性也；所以异而过众者，伪也。夫好利而欲得者，此人之情性也。假之有弟兄资财而分者，且顺情性⑥，好利而欲得，若是则兄弟相拂夺矣⑦；且化礼义之文理，若是，则让乎国人矣。故顺情性则弟兄争矣，化礼义则让乎国人矣。

注释

①**故**：通"固"，本来，原先。

②埏：以水和土并揉捏捶击。埴：细密的黄黏土。
③佚：同"逸"，安逸。
④然：形成。
⑤事：从事。
⑥且：犹"若"。
⑦拂：违戾，不顺。

译 文

有人问："人的本性是恶劣的，那么礼义是怎样产生的呢？"

我回答他说：所有的礼义，都产生于圣人的作为，而不是产生于人的本性。所以陶工搅拌揉打黏土而制成陶器，那么陶器产生于陶工的作为，而不是原先产生于人的本性。木工砍伐木材而制成木器，那么木器产生于木工的作为，并不是原先产生于人的本性。圣人深思熟虑、熟悉人为的事情，从而使礼义产生了、使法度建立起来了，那么礼义法度便是产生于圣人的人为努力，而不是原先产生于人的本性。至于那眼睛爱看美色，耳朵爱听音乐，嘴巴爱吃美味，内心爱好财利，身体喜欢舒适安逸，这些才都是产生于人的本性的东西，是一有感觉就自然形成、不依赖于人为的努力就会产生出来的东西。那些并不由感觉形成、必须要依靠努力从事然后才能形成的东西，便叫作产生于人为。这便是先天本性和后天人为所产生的东西及其不同的特征。圣人改变了恶劣的本性而对于人为进行努力，人为做出努力后，就出现了对礼义的努力。礼义产生后就制定了法度。那么礼义法度这些东西，便是圣人所创制的了。圣人和众人相同而跟众人没有什么不同的地方，是作为人的本性；圣人做到与众人不同而又超过众人的地方，是后天做到的人为努力。爱好财利而希望得到，这是人的本性。假如弟兄之间要分财产，如果依顺爱好财利而希望得到，那么兄弟之间也会反目为仇、互相争夺了；如果受到礼义规范的教化，那就会推让给国内所有的人了。所以依顺本性，那就兄弟相争；受到礼义教化，那就会推让给国内所有的人了。

原 文

凡人之欲为善者，为性恶也。夫薄愿厚，恶愿美，狭

愿广，贫愿富，贱愿贵，苟无之中者，必求于外。故富而不愿财，贵而不愿势，苟有之中者，必不及于外。用此观之，人之欲为善者，为性恶也。今人之性，固无礼义，故强学而求有之也；性不知礼义，故思虑而求知之也。然则性而已①，则人无礼义，不知礼义。人无礼义则乱，不知礼义则悖。然则性而已，则悖乱在己。用此观之，人之性恶明矣，其善者伪也。

注释

①性：作"生"。

译文

一般地说，众人同意去行善，是因为自身恶劣的缘故。那单薄的希望丰厚，丑陋的希望美丽，狭窄的希望宽广，贫穷的希望富裕，卑贱的希望高贵，如果自己没有它，就肯定要向外去追求；所以富裕了就不羡慕钱财，显贵了就不羡慕权势，如果本身有了它，就不会必须向外去追求了。由此看来，人们想行善，是因为自身恶劣的缘故。人的本性中是没有礼义的，所以要去努力学习而力求掌握它；本性里是不明白礼义的，所以才开动脑筋而力求知道它。那么如果只存在本性，就不会明白礼义。没有礼义就会混乱无序，不懂礼义就会悖逆不道。要是人只有本性，在他身上就只剩逆乱了。由此看来，人的本性是恶劣的就很明显了，他们做出的善良的行为是出于人为。

原文

孟子曰："人之性善。"

曰：是不然。凡古今天下之所谓善者，正理平治也；所谓恶者，偏险悖乱也；是善恶之分也矣。今诚以人之性固正理平治邪？则有恶用圣王①，恶(wū)用礼义矣哉？虽有圣王礼义，将曷加于正理平治也哉？今不然，人之性恶。故古者圣人以人之性恶，以为偏险而不正，悖乱而不治，故为之立君上之势以临之，明礼义以化之，起法正以治之，重刑罚以禁之，使天下皆出于治，合于善也。是圣王之治而礼义之化也。今当试去君上之势②，无礼义之化，去法正之治，无刑罚之禁，倚而观天下民人之相与也。若是，则夫强者害弱而夺之，众者暴寡而哗之③，天下悖乱而相亡不待顷矣。用此观之，然则人之性恶明矣，其善者伪也。

注释

① **有**：通"又"。**恶**：哪里。
② **当试**：此处意为"倘若"。
③ **哗**：当作"跨"，犹据，言众者据寡者之上而使之出己之下。

译文

孟子说："人本性是善良的。"

我说：不是这样的。凡是从头到尾、全天下所谓的善良，是说正确的顺理安定有秩序；所说的恶劣，是指阴险的恶悖作乱。这就是善良和恶劣的分别。如果认为人的本性就应该是端正顺理安定守秩序的，那么怎么还用得着圣明的帝王、用得上礼义了呢？即有了圣明的帝王和礼义，在那端正顺理安定守秩序的本性上还能添加些什么呢？其实不是这样的，人的本性是恶劣的。古代的圣人觉得人的本性就是恶劣的，认为人们就应该是偏邪险恶而不端正、悖逆作乱而不守秩序的，所以让他们树立了君主的权势去整治他们，确定了礼义去教化他们，建

● 沈酗败德图

立起法治去统治他们，加重刑罚去管制他们，使全天下人都懂得从遵守秩序出发、符合善良的标准。这是圣明帝王的管理和礼义的教化。如果舍弃掉君主的权势，失去礼义的教化，废除法治的管理，没有刑罚的约束，就在一旁观看天下民众之间的相互相处；那么，那些强大的就会欺负软弱的而抢夺他们，人多的就会欺负人少的而欺压他们，天下人出现悖逆作乱而国家之间互相毁灭的局面不久就会发生了。由此看来，人的本性是邪恶的道理就很明显的，他们这些善良的行径还是出于人为。

原文

故善言古者必有节于今①，善言天者必有征于人。凡论者，贵其有辨合②，有符验③。故坐而言之，起而可设，张而可施行。今孟子曰："人之性善。"无辨合符验，坐而言之，起而不可设，张而不可施行，岂不过甚矣哉！故性善则去圣王、息礼义矣，性恶则与圣王，贵礼义矣。故檃栝之生，为枸木也；绳墨之起，为不直也；立君上，明礼义，为性恶也。用此观之，然则人之性恶明矣，其善者伪也。

直木不待檃栝而直者其性直也，枸木必将待檃栝烝矫然后直者以其性不直也。今人之性恶，必将待圣王之治，礼义之化，然后始出于治，合于善也。用此观之，人之性恶明矣，其善者伪也。

注释

①**节**：验。

②**辨**：通"别"，即"别券"，或称"傅别"，是古代的一种凭证，将一券剖分为两半而成，故称"别券"，双方各执一半为据，验证时将两"别"相合，即可定其真伪。它与如今凭骑缝章核对的票据原理相似。

③**符**：即符节。古代出入门关时的凭证，用竹片做成，上书文字，剖而为二，双方各存一半，验证时两片完全相合，才可通行。

译 文

善于讨论古代的人，一定对现代有考证；善于讨论天的人，一定会对人事有考证。凡是讨论，难得在于像契券般可核对、像信符般可验证。所以坐着讨论它，站着就能部署安排，进行推广就可以实行。现在孟子说"人的本性善良"，没有能跟它匹配的证据及可以验证的事实，坐着讨论它，站起来不能部署安排，推广以后不能实行，这不是错得很厉害了吗？同意人的本性善良，那就会撤除圣明的帝王、撤销掉礼义了；同意人的本性恶劣，那就会推崇圣明的帝王、拥护礼义了。整形器的出现，是因有弯曲的木料的存在；墨线墨斗的出现，因为有不直的东西存在；设立君主，彰明礼义，是出于人的本性恶劣。因此来看，人的本性是险恶的道理是明显的，他们这些善良的行径是归于人为。

竖直的木材不需要整形器就笔直，因为它的本性就是笔直的。弯曲的木材需要靠整形器进行熏蒸矫正然后才能竖直，因为它的本性不直。人的本性险恶，需要圣明帝王的整治、礼义的教导感化，然后才会从遵守秩序出发、达到善良的标准。由此看来，人的本性是邪恶的道理是很显著的，他们那些善良的作为是出于人为。

原 文

问者曰："礼义积伪者①，是人之性，故圣人能生之也。"

应之曰：是不然。夫陶人埏埴而生瓦，然则瓦埴岂陶人之性也哉②？工人斫木而生器，然则器木岂工人之性也哉③？夫圣人之于礼义也，辟则陶埏而生之也④。然则礼义积伪者，岂人之本性也哉！凡人之性者，尧、舜之与桀、跖，其性一也；君子之与小人其性一也。今将以礼义积伪为人之性邪？然则有曷贵尧、禹，曷贵君子矣哉！凡贵尧、禹、君子者，能化性，能起伪，伪起而生礼义。然则圣人之于礼义积伪也，亦犹陶埏而生之也。用此观之，然则礼义积伪者，岂人之性也哉！所贱于桀、跖、小人者，从其性，顺其情，安恣睢，以出乎贪利争夺。故人之性恶明矣，其善者伪也。

注释

①礼义积伪：即"使积伪为礼义"。
②瓦埴：使埴为瓦。
③器木：使木为器。
④辟：通"譬"。

译文

有人问："积攒人为因素而制成礼义，这就是人的本性，所以圣人才会制造出礼义来啊。"

回答他说：这不对。制成陶器的人搅动揉打黏土而制造出瓦器，那么将黏土制造成瓦器难道就是陶器工人的本性吗？木工削改木材而生产出器具，那么把木材制造成器具难道就是木工的本性吗？圣人关于礼义，打个比方来讲，也就像陶器工人搅动揉打黏土而制造出瓦器一样，那么积攒人为因素而制定成礼义，这难道是人的本性了吗？但凡是人的本性，圣明的尧、舜和残暴的桀、跖，他们的本性都是一致的；有道德的君子和没有德行的小人，他们的本性是一样的。如果要把积累人为因素而制定成礼义就当是人的本性吧，那么又为什么要推举尧、禹，为什么要推举君子呢？一般说来，人们想要推举尧、禹、君子，是知道他们能改掉自己的本性，能做出人为的努力，人为的努力做出后就会出现礼义；既然这样，圣人对积攒人为因素而制成礼义，也就等同陶器工人搅动揉打黏土而制造出瓦器一样。由此看来，那么积攒人为因素而制造规定出礼义，怎么会是人的本性呢？人们之所以要抵触桀、跖、小人，是因为他们想纵使自己的本性，放纵自己的情欲，习惯于恣肆放荡，然后做出贪婪财利抢劫掠夺的暴行来。所以，人的本性是险恶的道理非常明显的，他们那些善良的做法是出于人为。

● 制瓷图

原 文

天非私曾、骞、孝己而外众人也①，然而曾、骞、孝己独厚于孝之实，而全于孝之名者，何也？以綦于礼义故也②。天非私齐、鲁之民而外秦人也，然而于父子之义，夫妇之别，不如齐、鲁之孝具敬文者③，何也？以秦人之从情性，安恣睢，慢于礼义故也，岂其性异矣哉！

注 释

①**曾、骞**：指曾参、闵子骞，俱为孔子的学生，以孝著名。**孝己**：殷高宗的长子，同样以孝著名。

②**綦**：极。

③**具**：当为"共"字之误。"共"，通"恭"。**文**：原作"父"，当为"文"字之误，指有礼节。

译 文

上天并不想袒护曾参、闵子骞、孝己而舍弃众人，但是只有曾参、闵子骞、孝己丰富了孝道的主要内容而成就了孝子的名声，为什么呢？是他们都竭力奉行礼义的缘故啊。上天并不会袒护齐国、鲁国的人民而舍弃秦国人，但是在父子中的礼义、夫妻中的分别上，秦国人不及齐国、鲁国的孝顺宗敬、庄重有礼，为什么呢？是秦国人放肆任性、习惯于恣肆放荡而怠慢礼义的缘故啊，哪里是他们的本性不同呢？

原 文

"涂之人可以为禹①。"曷谓也？

曰：凡禹之所以为禹者，以其为仁义法正也。然则仁义法正有可知、可能之理，然而涂之人也，皆有可以知仁义法正之质，皆有可以能仁义法正之具，然则其可以为禹明矣。今以仁义法正为固无可知、可能之理邪？然则唯禹不知仁义法正②，不能仁义法正也。将使涂之人固无可以知仁义法正之质，而固无可以能仁义法正之具邪？然则涂之人也，且内不可以知父子之义，外不可以知君臣之正。今不然，涂之人者，皆内可以知父子之义，外可以知君臣之正，然则其可以知之质，可以能之具，其在涂之人明矣。今使涂之人者，以其可以知之质、可以能之具，本夫仁义之可知之理③，可能之具，然则其可以为禹明矣。今使涂之人伏术为学④，专心一志，思索孰察，加日县久⑤，积善而不息，则通于神明，参于天地矣⑥。故圣人者，人之所积而致矣。

注释

①**涂之人**：走路的人，指普通老百姓。涂，通"途"。**禹**：指圣贤之人。

②**唯**：通"虽"。

③**本**：掌握。**夫**：那。

④**伏**：通"服"。

⑤**加日**：累日。**县**：同"悬"，维系。

⑥**参**：崇拔，立于。

译文

"路上的普通人可以成为禹。"这话该如何讲解呢？

回答说：一般说来，禹之所以能够成为禹，是因为他能够遵行仁义法度。既然这样，仁义法度就有能够了解、能够做到的性质，如此说来，路上的普通人，都可以拥有可以知道仁义法度的资质，都有做到仁义法度的条件；既然这样，他们就能够成为禹也就很明显了。如果觉得对仁义法度根本就没有需要了解、可以做到的道

● 单衣顺母

性恶

理，那么，纵然是禹也不可能懂得仁义法度、无法做到仁义法度了。假如走路的人根本就没法了解仁义法度的资质，本来就没法能够成为仁义法度的条件吧，那么，走路的人内心不会懂得父子之间的礼义，在外界不可能明白君臣之间的规则。如今实际上并不是这样。普通人内心都能懂会父子之间的礼义，在外界都能懂得君臣之间的规则。那么，那些可以接触仁义法度的资质、可以成为仁义法度的才具，存在于普通人身上也就很显著了。现在假如让普通人用他们能够了解仁义的资质、可以办到仁义的才具，去掌控把握那具有可以了解、可以办到的性质的仁义，那么，他们能够成为禹也就很明显的了。现在假如让普通人信服道术而去学习，诚心诚意，思考研究仔细审察，日复一日锲而不舍，积累善行而永不停息，那就能够与神明相交接，同天地相并列了。所以圣人，就是由于人积攒善行而形成的。

原文

曰："圣可积而致，然而皆不可积，何也？"

曰：可以而不可使也①。故小人可以为君子，而不肯为君子；君子可以为小人，而不肯为小人。小人、君子者，未尝不可以相为也，然而不相为者，可以而不可使也。故涂之人可以为禹则然，涂之人能为禹则未必然也。虽不能为禹，无害可以为禹。足可以遍行天下，然而未尝有遍行天下者也。夫工匠农贾，未尝不可以相为事也，然而未尝能相为事也。用此观之，然则可以为，未必能也；虽不能，无害可以为。然则能不能之与可不可，其不同远矣，其不可以相为明矣。

注释

①使：迫使。

译文

有人问："圣人可以通过积累善行而做到，然而一般人都无法积累善行，这是为什么呢？"

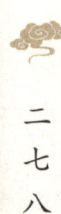

回答说：能够积累，而无法强迫他们做到。所以小人可以成为君子而不肯做君子，君子能够成为小人而不肯当小人。小人和君子，未尝不可互相成为，但是他们没有互相成为，是因为可以做到而不可以强迫他们做到啊。所以，普通人能够成为禹，是这样的；普通人能够成为禹，但并不妨碍他能够成为禹。脚可以走遍天下，然而不曾有走遍天下的人。工匠、农夫、商人，未尝不可互相交换作业，然而未必能够这样做。由此看来，可以做到，而未必就会去做到；虽然不能做到，也不妨碍去做到。那么，能不能够和可以不可以，它们的距离是很遥远的了，他们不可以互相交换作业的道理也是很清楚的了。

原文

尧问于舜曰："人情何如？"

舜对曰："人情甚不美，又何问焉！妻子具而孝衰于亲，嗜欲得而信衰于友，爵禄盈而忠衰于君。人之情乎！人之情乎！甚不美，又何问焉？"唯贤者为不然。

译文

尧问舜说："人之常情怎样？"

舜回答说："人之常情很不美妙，又为何要问呢？具备了妻子儿女，因而对父母的孝心就减轻了；欲望达到了，因而对朋友的守信就减少了；官爵俸禄满足了，因而对君主的忠心就减轻了。人之常情啊！人之常情啊！很不美妙，又为何要问呢？"只有贤德的人不会是这样。

原文

有圣人之知者，有士君子之知者，有小人之知者，有役夫之知者。多言则文而类①，终日议其所以，言之千举万变，其统类一也，是圣人之知也。少言则径而省，论而法②，若佚之以绳③，是士君子之知也。其言也谄④（tāo），其行也悖⑤，其举事多悔，是小人之知也。齐给便敏而无类⑥，杂能旁魄而无用⑦，析速粹孰而不急⑧，不恤是非，不论曲直，以期胜人为意，是役夫之知也。

注释

①**文**：文采，花纹，引申指表现义的礼仪制度，如表示等级制度的车制、旗章、服饰、各种礼节仪式等。**类**：依规范类推出来的具体准则。

②**论**：通"伦"，条理。

③**佚**：当为"扶"字之误。

④**谮**：荒诞。

⑤**悖**：违背。

⑥**齐给便敏**：等于说"齐给便利"，见第二篇注。

⑦**旁魄**：通"磅礴"，广大无边。

⑧**粹**：通"萃"，连缀文辞。**孰**：同"熟"。

译文

有圣人的智慧，有士君子的智慧，有小人的智慧，有仆役的智慧。言论广博，但表现得文采而美善，终日谈论他的理由，说起话来千头万绪，他的纲纪法度一贯始终，这便是圣人的智慧。言论不多，但直截了当而简洁率直，既有伦次而又有法度，就如同墨线比着一样，这便是士君子的智慧。他的话奉承讨好，行为却悖乱无礼，他做事经常后悔，这便是小人的智慧。嘴尖舌快而语无伦次，偏才不少，而不符实用，分析问题迅速、遣词造句精熟但无关紧要，不顾是非，不论曲直，总是把希望胜过别人作为心愿，这便是仆役的智慧。

原文

有上勇者，有中勇者，有下勇者。天下有中①，敢直其身；先王有道，敢行其意；上不循于乱世之君，下不俗于乱世之民②；仁之所在无贫穷，仁之所亡无富贵；天下知之，则欲与天下同苦乐之；天下不知之，则傀然独立天地之间而不畏③，是上勇也。礼恭而意俭，大齐信焉，而轻货财，贤者敢推而尚之④，不肖者敢援而废之，是中勇也。轻身而重货，恬祸而广解苟免，不恤是非然不然之情，以期胜人为意，是下勇也。

注释

①中：中正之道，指礼义。
②俗：指与世沉浮。
③傀然：同"岿然"。
④尚：通"上"。

译文

有上勇之人，有中勇之人，有下勇之人。天下有了中正之道，敢于挺身捍卫；古代的圣王有正道传下来，敢于贯彻执行他们的原则精神；上不依顺动乱时代的君主，下不混同于动乱时代的人民；在仁德存在的地方不顾贫苦穷厄，在仁德丧失的地方不愿富裕高贵；天下人都知道他，就要与天下人同甘共苦；天下人不知道他，就岿然屹立于天地之间而无所畏惧，这便是上勇之人。礼貌恭敬而心意谦让，重视中正诚信而看轻钱财，对于贤能的人敢于推荐而使他处于高位，对于不贤的人敢于把他拉下来罢免掉，这便是中勇之人。看轻自己的生命而看重钱财，不在乎闯祸而又多方解脱苟且逃避罪责；不顾是非、正误的实际情况，把希望胜过别人作为自己的心愿，这便是下勇之人。

原文

繁弱、钜黍①，古之良弓也；然而不得排𣐑则不能自正②。桓公之葱③，太公之阙④，文王之录⑤，庄君之曶⑥，阖闾之干将、莫邪、钜阙、辟闾⑦，此皆古之良剑也；然而不加砥厉则不能利⑧，不得人力则不能断。骅骝、騹骥、纤离、绿耳⑨，此皆古之良马也；然而必前有衔辔之制⑩，后有鞭策之威，加之以造父之驭⑪，然后一日而致千里也。夫人虽有性质美而心辩知，必将求贤师而事之，择良友而友之。得贤师而事之,则所闻者尧、舜、禹、汤之道也。得良友而友之,则所见者忠信敬让之行也。身日进于仁义而不自知也者,靡使然也⑫。今与不善人处,则所闻者欺诬诈伪也,所见者污漫、淫邪、贪利之行也⑬,身且加于刑戮而不自知者⑭,靡使然也。传曰:"不知其子视其友,不知其君视其左右。"靡而已矣!靡而已矣!

注释

①**繁弱、钜黍**:古代良弓名。

②**排檠**:矫正弓弩的器具。

③**葱**:桓公所用的良剑名,因剑呈青色,故名"葱"。

④**阙**:太公所用的良剑名。

⑤**录**:通"绿",文王所用的良剑名,因剑呈绿色,故名"录"。

⑥**庄君**:指楚庄王。**曶**:楚庄王所用的良剑名,因剑光恍惚,故名"曶"。

⑦**干将、莫邪、钜阙、辟闾**:都是阖闾使用的良剑名。干将、莫邪是阖闾让吴国剑匠干将与其妻子莫邪所铸,钜阙是越国人欧冶所铸、由越王允常献给阖闾的。

⑧**厉**:作"砺",据世德堂本改。

⑨**骅骝**:黑鬣黑尾的赤色骏马,也名枣骝。**骐**:通"骐",青黑色的骏马,其纹路如棋盘,故名。**纤离**:毛纹细密的黑色骏马。离,通"骊"。**绿**:通"騄",千里马。

⑩**必前**:作"前必"。

⑪**造父**:周穆王的车夫,善于驾驭车马。

⑫**靡**:通"摩""磨",磨炼,接触,指受外力的影响。

⑬**污漫**:也作"污慢",污秽卑鄙之意。

⑭**加**:被施加。

译文

繁弱、钜黍，都是古代的良弓，然而得不到矫正器的矫正，就不会自然周正。齐桓公的葱，齐太公的阙，周文王的录，楚庄王的忽，吴王阖闾的干将、莫邪、钜阙、辟闾，这些都是古代的好剑，然而不加以磨砺就不能够锋利，得不到人力就无法斩断东西。骅骝、骐骥、纤骊、騄，这些都是古代的好马，然而必须前面有御辔的控制，后面有鞭策的威胁，再加上造父的驾驭，然后才能一日千里。一般的人即使具有美好的资质，而且具有明辨的心怀，也必定要寻求可以侍奉的贤能明师，选择交往德才优良的朋友。得以侍奉贤能名师，那么所听到的就都是尧、舜、禹、汤的正道，得以结交德才优良的朋友，那么所看到的就是忠诚守信恭敬谦让的行为；自己一天天地进入到仁义的境界之中，可自己察觉不出来，这是耳鬓厮磨的接触使他这样的啊。如果和德行不好的人在一起，那么所听到的就都是欺骗造谣、诡诈说谎的举动，所见到的就是污秽卑鄙、淫乱恶劣、贪图财利的行为，自己将要受到刑罚杀戮，可自己察觉不出来，这是耳鬓厮磨的接触使他这样的啊。古书上说："不了解这个人就看看他的朋友，不了解这个君主就看看他的左右。"这是由于耳鬓厮磨啊！这是由于耳鬓厮磨啊！

君子

题 解

　　本题所称"君子"指天子，文章主要对为君之道进行了论述，认为天子要统治天下，必须摒弃"刑罚怒罪，爵赏逾德，以族论罪，以世举贤"的做法，而应该"论法圣王"，"以义制事"，"尚贤使能，等贵贱，分亲疏，序长幼"，"刑当罪"，"爵当贤"，强调尚贤任能的重要意义，只有这样，才能使国家的政治局面安定和谐。

原 文

　　天子无妻①，告人无匹也。四海之内无客礼，告无适也②。足能行，待相者然后进③；口能言，待官人然后诏。不视而见，不听而聪，不言而信，不虑而知，不动而功，告至备也④。天子也者，势至重，形至佚，心至愈⑤，志无所诎⑥，形无所劳，尊无上矣。《诗》曰："普天之下，莫非王土；率土之滨⑦，莫非王臣。"此之谓也。

注 释

　　①**天子无妻**："妻"就是"齐"的意思，即与丈夫齐等。但是天子至高无上，不能有人与他齐等，所以天子之妻称"后"而不称"妻"，即"天子无妻"。
　　②**适**：往。
　　③**相者**：辅助行礼的人。
　　④**至备**：指天子的臣属极其完备。
　　⑤**愈**：通"愉"。

⑥诎：同"屈"，竭，尽。

⑦率土之滨：指海边以内的国土。古人认为中国四周都是海，所以沿着海边而包抄，也就是指中国而言。说"率土之滨"，等于说"四海之内"，它与"普天之下"同义。

译文

"天子没有妻子"，就是说天下没有人能和他地位相匹敌的。"天子在四海之内的任何地方，没有人用对待客人的礼节来接待他"，就是说没有人能够做他的主人。"天子的脚虽然能够走路，但必须由赞礼的傧相作引导才向前走；天子的嘴虽能说话，但必须通过负责传旨的官吏才下达命令。天子不必去看就能见到天下的情况，不必去听就能清楚天下的状况，不必说话就能有信用，不必思考就能知道一切，不必动手就能取得成效"，这是说天子的臣属极其完备。天子权势极其尊贵，身体极其安逸，心境极其愉快，志向不会屈服，身体不会劳累，他尊贵的地位是无以复加的了。《诗经》云："凡是苍天覆盖之下的，没有一处不是天子的土地；从陆地到海滨，没有谁不是天子的臣民。"说的就是这个道理。

原文

圣王在上，分义行乎下，则士大夫无流淫之行，百吏官人无怠慢之事，众庶百姓无奸怪之俗，无盗贼之罪，莫敢犯上之大禁。天下晓然皆知夫盗窃之不可以为富也，皆知夫贼害之不可以为寿也，皆知夫犯上之禁不可以为安也。由其道则人得其所好焉，不由其道则必遇其所恶焉。是故刑罚綦省而威行如流，世晓然皆知夫为奸则虽隐窜逃亡之由不足以免也，故莫不服罪而请。《书》曰："凡人自得罪。"此之谓也。

译文

圣明的帝王在上，按照等级关系的准则治理天下，那么士大夫就没有放肆的行为，群臣百官就没有怠慢职务的事情，普通群众就没有奸邪怪僻的习气，没有偷窃劫杀的罪行，没有人敢冒犯君主的禁令。天下的人都清楚地知道盗窃是不可能致富发财的，都知道残害别人是不能长寿的，都知道违反了君主的禁令是不得安宁的；遵循君王的法令规定，人们就能得到他所喜欢的奖赏；如果不遵循君王的法令规定，那就一定会招致他所憎恨的刑罚。所以刑罚极其简略，但威力却像流水一样无处不到，人人都清楚地知道做了坏事之后即使躲藏或逃亡也还是不能够免受惩罚，所以无不自首请罪。《尚书》说："人人都承认自己应得的罪行。"说的就是这种情况。

原 文

故刑当罪则威，不当罪则侮；爵当贤则贵，不当贤则贱。古者刑不过罪，爵不踰德。故杀其父而臣其子，杀其兄而臣其弟。刑罚不怒罪①，爵赏不踰德，分然各以其诚通②。是以为善者劝，为不善者沮；刑罚綦省而威行如流，政令致明而化易如神③。传曰："一人有庆，兆民赖之④。"此之谓也。

注 释

① 怒：多，超过。
② 通：上行下达，贯彻实行。
③ 致：同"至"，极。易：通"施"，蔓延。
④ 庆：善。兆：数量单位，此指数量之多。赖：依靠。也可解为"利""受惠"。

译 文

所以刑罚与罪行相当就具有威力，和罪行不相当就会失去威力；官爵与贤德相当就会尊贵，与贤德不相当就会卑贱。古代刑罚不超过罪行，官爵不超过功德，所以处死了父亲而任命儿子做臣子，处死哥哥而任命弟弟做臣子。刑律的处罚不超过罪行，官爵的奖赏不超过功德，刑赏区分得十分清楚并且根据罪与德的实际情况来实施刑赏。因此行善的受到鼓励，作恶的得到阻止；刑罚极简略而威力像流水一样无处不到，政令极英明而教化像神明一样蔓延四方。古书上说："天子有善行，亿万人民就能得以仰赖他。"说的就是这种情况。

原文

乱世则不然：刑罚怒罪，爵赏踰德，以族论罪，以世举贤。故一人有罪而三族皆夷①，德虽如舜，不免刑均，是以族论罪也。先祖当贤②，后子孙必显，行虽如桀、纣，列从必尊，此以世举贤也。以族论罪，以世举贤，虽欲无乱，得乎哉！《诗》曰："百川沸腾，山冢崒崩③，高岸为谷，深谷为陵。哀今之人，胡憯莫惩④！"此之谓也。

注释

① **故**：犹"夫"。**三族**：指父族、母族、妻族。
② **当**：通"尝"，曾经。
③ **冢**：山顶。**崒**：此通"碎"。
④ **胡**：何，为什么。**憯**：助词，曾，乃。**惩**：警戒。

译文

混乱的时代却不是这样：刑律的处罚超过罪行，官爵的奖赏超过功德，论罪牵连族人，举用贤人根据世系先人。所以一个人有罪三族都被诛灭，即使德行如舜一样，也不免受到同样的刑罚，这就是所谓的论罪牵连族人。祖先曾经贤能，后世的子孙就一定显贵，即使行为如夏桀、商纣王一样，也会在朝中身居显要，这是所谓的举用贤人根据世系先人。论罪牵连族人，举用贤人根据世系先人，即使想令天下没有祸乱，实际上办得到吗？《诗经》云："很多河流在沸腾，山峰碎裂崩塌，高高的山崖成为深谷，深深的峡谷成为山陵。哀痛当今的人啊，胡作非为得不到惩罚！"说的就是这种情况啊。

原文

论法圣王，则知所贵矣；以义制事，则知所利矣；论知所贵，则知所养矣；事知所利，则动知所出矣。二者，是非之本，得失之原也。故成王之于周公也①，无所往而不听，知所贵也。桓公之于管仲也②，国事无所往而不用，知所利也。吴有伍子胥而不能用③，国至于亡，倍道失贤也。故尊圣者王，贵贤者霸，敬贤者存，慢贤者亡，古今一也。故尚贤使能，等贵贱，分亲疏，序长幼，此先王之道也。故尚贤使能，则主尊下安；贵贱有等，则令行而不流④；亲疏有分，则施行而不悖⑤；长幼有序，则事业捷成而有所休。故仁者，仁此者也⑥；义者，分(fèn)此者也⑦；节者，死生此者也；忠者，惇(dūn)慎此者也⑧；兼此而能之备矣；备而不矜，一自善也，谓之圣。不矜矣，夫故天下不与争能而致善用其功。有而不有也，夫故为天下贵矣。《诗》曰："淑人君子，其仪不忒，其仪不忒，正是四国。"此之谓也。

注释

①故：犹"夫"。**成王**：周武王的儿子，姓姬，名诵。武王死时，他年幼，由叔父周公旦摄政，后来成王年长，周公旦归政于他。**周公**：即周公旦，周文王之子，武王之弟，姓姬，名旦，因采邑在周（今陕西岐山县东北），故称周公。他曾辅助武王灭商，有功而受封于鲁，但他没到封地而留在京城辅佐成王执政，是著名的贤臣。

②**桓公**：齐桓公，姜姓，名小白，齐国国君，他任用管仲为相，实行改革，使齐国国富兵强，成为春秋时代第一个霸主。**管仲**：名夷吾，字仲，是春秋初期具有法家思想的政治家，他开始侍奉公子纠出奔鲁国，公子纠争位失败被杀后，他由鲍叔牙推荐当了齐桓公的相，他辅助桓公成就了霸业，桓公尊他为"仲父"。

③**伍子胥**：姓伍，名员，字子胥，春秋时楚国大夫伍奢的次子，受楚平王迫害而逃到吴国，为

● 夫差

吴国大夫。他帮助吴王阖闾攻破楚国，成就霸业。吴王夫差时，他屡次不顾老命极力劝阻夫差，夫差怒，赐剑逼他自杀，结果吴国被越国所灭。

④**流**：通"留"。

⑤**施**：恩惠。**行**：赐，给予。**悖**：谬误。

⑥**仁**：爱。

⑦**分**：职分，这里用作意动词。

⑧**惇**：忠厚，诚实。**慎**：真诚。

译文

议论效法圣王，就知道什么人是最可贵的；根据道义来处理政事，就知道什么是有利的了。议论时知道什么是最可贵的，那就会懂得什么是最可取的；处理政事时知道什么是有利的，那么行动时就会懂得什么是该做的。这两个方面，是正确与错误的根本，是成功与失败的根源。所以周成王对于周公，没有什么方面是不听从的，这是懂得了什么最可贵。齐桓公对于管仲，凡是国家大事没有什么方面是不听从的，这是懂得了什么是有利。吴国有了伍子胥而不能听从，以至于国家落到灭亡的地步，这是因为吴国违背了正道失掉了贤人啊。所以尊崇圣人的君主就能称王天下，尊重贤人的君主就能称霸诸侯，敬重贤人的君主就保存国家，轻视怠慢贤人的君主就会灭亡，从古到今都是一样的。所以崇尚贤士使用能人，划分高贵和卑贱等级，区分亲近和疏远，按照长幼年龄排列次序，这就是古代圣王的治国正道。所以崇尚贤士使用能人，就可以使君主尊贵而臣民安宁；高贵的和卑贱的有所差别，就可以使政令通行而无滞留；亲近的和疏远的有了分别，就可以施行恩惠而不违背情理；年长和年幼排列有序，就可以使事业迅速成功而完美。所以讲究仁德的人，就是喜欢上面所说的这些事；讲究道义的人，就是能分辨这些事；讲究节操的人，就是为这些事而献身的人；讲究忠诚的人，就是忠厚谨慎地奉行这些事；这些事全能做到，德行就完备了；德行完备而不自我夸耀，全部尽量地自然美好，就可以叫作圣人了。不自我夸耀了，所以天下的人就无人和他争能，因而他就能最有效地发挥它的功效。虽有了德才而不自我矜夸有德才，所以受到天下人尊重。《诗经》云："善人君子忠于仁，坚持道义不更改。他的道义不更改，四方国家他治理。"说的就是这种情况啊。

赋

题 解

赋：铺叙朗诵，引申而为一种着意铺陈事物，"不歌而诵"的文体名称。它像诗一般全篇押韵，但句式又不似诗而似散文，无固定格式，因此可以说它是一种用韵的散文，介乎于诗歌与散文。荀子的《赋篇》，与后来的古赋、骈赋、律赋、文赋等相比，具有不同的特点。前五篇赋有着托物讽喻的特色，毫无疑问这种特点对后代"劝百讽一"的赋诵传统的形成具有极大的影响。

原文

爰有大物①，非丝非帛，文理成章②；非日非月，为天下明；生者以寿，死者以葬，城郭以固，三军以强；粹而王，驳而伯，无一焉而亡。臣愚不识，敢请之王？

王曰：此夫文而不采者与？简然易知而致有理者与？君子所敬而小人所不者与③？性不得则若禽兽，性得之则甚雅似者与？匹夫隆之则为圣人，诸侯隆之则一四海者与？致明而约，甚顺而体，请归之礼。——礼。

注释

①爰：于是，在这里。
②文理：这里语带双关，字面上承丝帛而言，指丝织品的花纹；此处是指礼节仪式。章：指有花纹的纺织品，此处是指规章制度。

③**不**：通"否"。

译　文

在这里有个最大的东西，既不是丝也不是帛，但它的文理成章；既不是太阳也不是月亮，但天下数它明亮；活人靠它长寿，死者靠它埋葬，内城外城靠它坚固，全军实力靠它盛强；专一依它就能称王，驳杂用它就能称霸，完全不用就会遭到灭亡。我很愚昧不知其详，大胆请教于君王。

大王说：这是具有文饰而不华丽的吗？是简单易懂而最有条理的吗？是被君子所敬重而小人所轻视的吗？这是本性没得到它熏陶就会像禽兽，本性得到它熏陶就会典雅端正的吗？这是平民尊崇它就能成为圣人，诸侯尊崇它就能使天下统一的吗？极其明白而又简约，非常有条理而得体，请求把它归结为礼。——礼。

原　文

　　皇天隆物①，以示施下民，或厚或薄，常不齐均；桀、纣以乱②，汤、武以贤③；涽涽淑淑④，皇皇穆穆⑤；周流四海，曾不崇日⑥。君子以修，跖(zhí)以穿室⑦；大参乎天，精微而无形；行义以正，事业以成；可以禁暴足穷⑧，百姓待之而后宁泰⑨。臣愚不识，愿问其名？曰：此夫安宽平而危险隘者邪⑩？修洁之为亲而杂污之为狄者邪⑪？甚深藏而外胜敌者邪？法禹、舜而能弇(yǎn)迹者邪⑫？行为动静待之而后适者邪？血气之精也，志意之荣也。百姓待之而后宁也，天下待之而后平也。明达纯粹而无疵也，夫是之谓君子之知⑬。——知。

注　释

①**隆**：通"降"。

②**桀、纣**：即夏桀、商纣。

③**汤、武**：即成汤、周武王。汤，姓子，名履，又称武汤、天乙、成汤，原为商族领袖，后来任用伊尹为相，灭掉夏桀而建立了商朝。武，周武王，姓姬，

名发，周文王之子，他继承文王的遗志，打败了商纣王而建立了周朝。

④**潪潪**：水混浊的样子，比喻人神志不清。**淑淑**：水清澈的样子，比喻人头脑清醒。

⑤**皇皇**：盛大的样子，形容智慧的浩瀚。**穆穆**：静穆的样子，形容智慧的无声无息。

⑥**崇**：通"终"。

⑦**跖**：此借指为盗者。**穿室**：打洞入室，指偷窃行为。

⑧**足穷**：使穷者富足。

⑨**宁泰**：当作"泰宁"。

⑩**险**：不平坦。

⑪**狄**：通"逖"，远。

⑫**弇**：覆盖，承袭。

⑬**知**：通"智"。

译 文

上天降下一种东西，用来施给天下百姓，有人丰厚有人微薄，常常是不平均整齐的；夏桀、商纣因此而昏乱，成汤、武王因此而贤明；有的混沌有的清明，浩瀚无涯而静穆无闻；周流在四海之内，竟然不到整一天。君子凭借它来修身养性，盗跖凭借它来凿墙挖窟；它的高大与天相并，它的细微不见其形；道义靠它得以端正，事业靠它得以办成；足以用来禁止暴行，足以用来脱贫致富，百姓群众依靠它，然后才能得到安宁。我很愚昧不知其情，想要问问它的名字？回答说：这是安宁于宽广和平坦，而惧怕崎岖不平和狭窄的吗？这是亲近美好廉洁修饬，而疏远肮脏污秽的吗？这是深藏于心中而对外能战胜敌人的吗？这是效法禹、舜而能沿着他们的足迹继续前进的吗？这是行为举止依靠它才能恰如其分的吗？它是血气的精华，是意识的精英。百姓依靠它才能获得安宁，天下依靠它才能获得太平。它明智通达纯粹而没有污点瑕疵，这叫作君子的聪明智慧。——智慧。

原 文

有物于此，居则周静致下，动则崇高以钜；圆者中规，

方者中矩；大参天地，德厚尧、禹①；精微乎毫毛而充盈乎大寓②；忽兮其极之远也，攭兮其相逐而反也③，卬卬兮天下之咸蹇也④，德厚而不捐，五采备而成文；往来惛惫，通于大神，出入甚极⑤，莫知其门，天下失之则灭，得之则存。弟子不敏，此之愿陈，君子设辞，请测意之？曰：此夫大而不塞者与？充盈大宇而不窕⑥，入郤穴而不偪者与⑦？行远疾速而不可托讯者与？往来惛惫而不可为固塞者与？暴至杀伤而不亿忌者与⑧？功被天下而不私置者与⑨？托地而游宇，友风而子雨，冬日作寒，夏日作暑，广大精神，请归之云。——云。

注释

① **德厚尧、禹**：云能化成雨而滋润万物，所以说德厚尧、禹。

② **精**：小。

③ **攭**：云气回旋的样子。**反**：通"返"。

④ **卬卬**：同"昂昂"，高高的样子。**蹇**：困苦。

⑤ **惛惫**：晦暝。**极**：通"亟"，急。

⑥ **窕**：有间隙。

⑦ **郤**：通"隙"，空隙。**偪**：狭窄。

⑧ **暴至**：突然猛烈地到来，指浓云化为大暴雨袭来。**亿**：通"意"，疑，迟疑不定。**忌**：顾忌，忌惮。

⑨ **置**：通"德"，以为有德。

译文

在这里有一种东西，停止时就周遍地静处在下方，活动时就极高而广大；它圆得合乎圆规的法度，方得合乎角尺画的法度；大的可与天地相齐，德行比尧、禹还慈善敦厚；小的时候细微如毫毛，而大的时候可充满寥廓的太空；迅速啊它们到达了很远很远，分开啊它们互相追赶而返回，高升啊它们走遍了天下。德行敦厚而不遗弃任何人，具备五种色彩而成为花纹；它来去无踪，像天神一般变化莫测，它进出疾速，无人知晓它的进出之门，天下人失去了它就会导致灭亡，得到了它就能够生存。学生我不聪慧，愿意把它陈述给先生，君子设置这些隐辞，请您猜猜它的名称是什么？回答说：这是庞大而不会被堵塞的吗？这是充满辽阔的太空而不会有间隙，进入缝隙洞穴而不觉狭窄的吗？这是走得又远又快但不可寄托信息的吗？这是来去无踪而不可能被固定做障蔽的吗？这是突然来杀伤万物而毫不可抑止的吗？这是功德覆盖天下而不私有的吗？它们依托着大地而遨游于太空，以风为朋友而以雨为子女，冬季兴起寒流，夏季兴起热浪，它广大而又神通，请求把它归结为云。——云。

原文

有物于此，儳(luǒ)儳兮其状①，屡化如神，功被天下，为万世文。礼乐以成，贵贱以分，养老长幼待之而后存；名号不美，与暴为邻；功立而身废，事成而家败；弃其耆(qí)老②，收其后世；人属所利，飞鸟所害。臣愚不识，请占之五泰③？五泰占之曰：此夫身女好而头马首者与？屡化而不寿者与？善壮而拙老者与？有父母而无牝牡者与？冬伏而夏游，食桑而吐丝，前乱而后治，夏生而恶暑，喜湿而恶雨，蛹以为母，蛾以为父，三俯三起④，事乃大已，夫是之谓蚕理。——蚕。

注释

① 儳：同"倮""裸"，没有毛、羽的样子。
② 耆老：老年人，此处指蚕蛾。
③ 占：推测。
④ 三：泛指多次。俯：蛰伏，指蚕眠。

译文

在这里有种东西，它的样子赤身裸体，屡次变化奇妙如神，它的功德布满天下，为万代的文采。礼乐制度靠它来完成，高贵卑贱靠它来区分，侍奉老人抚育小孩，依靠它来完成。它的名称并不好听，竟和残暴相互邻近；功业建立而身体废弃，事业成功而家被破坏；它们的老一辈被抛弃，只收留了它的后代；它被人类所利用，也被飞鸟所伤害。我愚昧而不知道，请长老们把它猜一猜？长老们推测它说：这是身体像女人一样柔美而头似马头的吗？是屡次蜕化而不得长寿的吗？是善于度过壮年时期而不善于度过年老时期的吗？是有父母而没有雌雄分别的吗？是冬天潜伏而夏天出游的吗？它吃桑叶而吐出细丝，起先纷乱而后顺理。生长在夏天却害怕酷暑，喜欢湿润却害怕雨淋，把蛹当作母亲，把蛾当作父亲，多次伏眠多次苏醒，事情才算最终完成。这就是关于蚕的道理。——蚕。

原文

有物于此，生于山阜①，处于室堂；无知无巧，善治衣裳；不盗不窃，穿窬(yú)而行②，日夜合离，以成文章；以能合从③，又善连衡④；下覆百姓，上饰帝王；功业甚博，不见贤良⑤；时用则存，不用则亡。臣愚不识，敢请之王？王曰：此夫始生钜其成功小者邪⑥？长其尾而锐其剽(piáo)者邪⑦？头铦达而尾赵缭(xiān)者邪⑧？一往一来，结尾以为事；无羽无翼，反复甚极⑨；尾生而事起，尾(zhān)遭而事已⑩；簪以为父⑪，管以为母⑫；既以缝表，又以连里：夫是之谓箴理⑬。——箴。

注释

①**生于山阜**：针以铁为材料制成，而铁矿在山中，所以说"生于山阜"。

②**穿窬**：打通洞。窬，洞。

③**以**：通"已"，既。**合从**：战国时，苏秦游说山东六国诸侯联合抗秦，六国的位置呈南北向，故称合纵。从，通"纵"，竖向，南北方向。

④**连衡**：战国时，秦国为了对付合纵，采纳张仪的主张，与六国分别结成联盟，以便各个击破。秦在六国之西，东西联合，故称连横。衡，通"横"，横向，东西方向。

⑤见：同"现"，表现，显示。
⑥始生钜：指制针的铁很大。成功小：指成的针很小。
⑦尾：指线。剽：末梢，指针尖。
⑧铦：锐利。挑达：形容畅通无阻、来去自由的样子。赵缭：摇曳而缠绕的样子，形容线之长。赵，通"掉"，摇。
⑨极：通"亟"，急。
⑩遵：转，回旋，指打结。
⑪簪：可以把衣服之类别在一起的一种大针。
⑫管：盛装针的工具。
⑬箴：同"针"。

译文

在这里有一种东西，它们产生于山冈之中，放置在屋堂之内；没有智慧与技巧，却善于缝制衣裳；不行窃偷盗，却穿穴而行；日夜联合零散的东西，从而制成花纹式样；既能够联合竖向，又善于联结横向。下能够笼罩百姓，上能够装饰君王。功劳业绩非常广博，却不炫耀自己的贤良；用它之时，就在身旁，不用它时，它就躲藏。我很愚昧，不知其详，大胆把它请教君王？君王说：这是开始产生时很大而制成后很小的吗？这是尾巴很长而头很尖削的吗？这是头部锐利而畅通无阻，尾巴摇曳而缠绕的吗？它一来一往地活动，把尾打结才开始操作；它们没有羽毛也没有翅膀，反复来回很迅速；长好尾巴就开始工作，尾巴打结操作就停止；簪子是父亲，而母亲则是管子；既用它来缝合外表，又用它来联结夹里；这是关于针的道理。——针。

原文

天下不治，请陈佹诗①：天地易位②；四时易乡③；列星殒坠④；旦暮晦盲；幽晦登昭，日月下藏⑤；公正无私，反见纵横⑥；志爱公利，重楼疏堂⑦；无私罪人，憼革贰兵⑧；道德纯备，谗口将将⑨。仁人绌约⑩，敖暴擅强；天下幽险，恐失世英；螭龙为蝘蜓⑪，鸱枭为凤凰⑫；比干见刳⑬，孔子拘匡。

昭昭乎其知之明也，郁郁乎其遇时之不祥也，拂乎其欲礼义之大行也⑭，暗乎天下之晦盲也，皓天不复，忧无疆也；千岁必反，古之常也；弟子勉学，天不忘也；圣人共手⑮，时几将矣；与愚以疑，愿闻反辞。

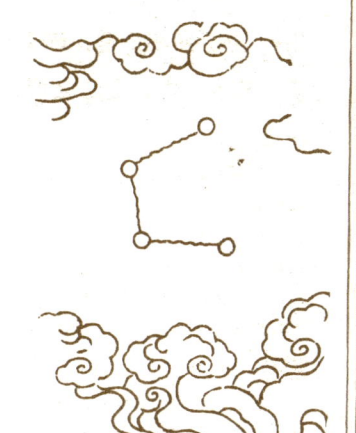

注释

①佹：同"诡"，奇异反常。

②天地易位：喻指战国时君臣易位的现象。

③四时易乡：四季变换了方向，指四季的运行次序颠倒了，意指历史的进程错乱了。乡，通"向"。

④列星：排列位置固定而定时出现的星，即恒星，如二十八宿。列星殒坠：比喻百官被罢免废弃。殒，通"陨"，坠落。

⑤日月下藏：指光明磊落如同日月的君子被埋没在民间。

⑥纵横：即合纵连横，比喻结党营私。

⑦重楼：重叠之楼，即楼房。**疏**：窗。

⑧慗：同"儆"，戒备，防备。**革**：铠甲，指代战争。**贰兵**：戒备兵器，贰，当为"戒"字之误。

⑨将将：同"锵锵""玱玱"，声音吵吵嚷嚷。

⑩绌：通"黜"，废，贬退。**约**：穷困。

⑪螭：传说中一种没有角的龙，此文喻指圣贤。**蝘蜓**：壁虎，此文喻指低劣的庸才。

⑫鸱枭：猫头鹰。

⑬比干：商纣王的叔父，商王文丁即太丁之子，故又称王子比干。因劝说纣王而被剖腹挖心。**刳**：剖开挖空。

⑭拂：违背，指违背时世。

⑮共：同"拱"，拱手，两手在胸前相合，表示恭敬。

译文

如今天下不平治，请把怪诗叙一叙：天地变更了位置，四季改换了方向；天上恒星都陨落，早晚昏暗不分明；阴暗小人登显位，光明君子在下藏。正直为公无私心，却被说成结私党；心爱公利，被当作是高楼大厦；对于没有袒护有罪的人，却被当作敌人用兵严防；道德纯全，横遭信口毁谤。仁人罢黜遭穷困，而骄横暴徒逞凶狂；天下这样黑暗凶险，时代精英恐怕要丢光。蛟龙被当作是壁虎，鸱枭被看成是凤凰。比干被挖心，孔子被拘禁。明明白白啊他们的智慧是这样光明。忧忧郁郁啊他们碰上的时运是如此不祥。违背时世啊他们想把礼义大力推广。黑沉沉啊天下是这样昏暗不明亮，光明之天不复返，忧思无边无垠长。千载定有反复时，古来常规是这样。弟子努力去学习，上天不会把你忘。圣人拱手来等待，即将重见好时光。我因愚昧而疑惑，愿听您反复说。

● 彗星

原文

其小歌曰：念彼远方①，何其塞矣②；仁人绌约，暴人衍矣；忠臣危殆，谗人服矣③。

琁、玉、瑶、珠④，不知佩也；杂布与帛⑤，不知异也；闾娵（jū）⑥、子奢⑦，莫之媒也；嫫（mó）母⑧、力父，是之喜也。以盲为明，以聋为聪，以危为安，以吉为凶。呜呼！上天！曷维其同！

注释

①**远方**：指荀子所在的楚国。

②**塞**：阻塞，指仕途不畅，贤能不被任用。

③**谗人**：说人坏话而陷害好人的人。**服**：被任用。

④**琁**：同"璇""璿"，美玉。**瑶**：像玉一样的美石，美玉。

⑤**布**：麻布。**帛**：有彩色花纹的丝织品。

⑥**闾娵**：战国时魏国的美女。此文指代美女。

⑦**子奢**：即子都，春秋时郑国的美男子。此指代美男子。

⑧**嫫母**：传说是黄帝的妃子，容貌虽然很丑，但黄帝却很爱她。

译 文

这段小歌唱道：想那遥远的地方，多么闭塞有阻碍。仁人被废遭穷困，暴徒得意多自在。忠诚之臣遭危险，进谗之人受委派。美玉琼瑶和宝珠，竟然不知去佩戴。将布同帛相杂混，竟然不知区别开。美如闾娵与子都，无人给他们做媒。丑如嫫母与力父，这种人却被人爱。认为瞎子眼力好，认为聋子听力好，错把危险当安全，还把吉利当凶兆。呜呼哀哉老天爷！怎能和他们同道？

宥 坐

题 解

本篇摘取"宥坐之器"中的前两字作为篇名,实指"宥坐之器",即古代放在座位右边的一种器皿。这种器皿注满水后就会翻倒,而空了就会倾斜,只有水注得不多不少方才能端正。放在座位右边是为了提醒人过犹不及。全篇的内容主要是记载了孔子的一些言行事迹,表现了荀子对孔子思想的继承与向往,对于春秋战国时期的政治思想状况,以及儒家学派学说的研究具有很大的史料价值。

原文

孔子观于鲁桓公之庙①,有欹器焉②。孔子问于守庙者曰:"此为何器?"守庙者曰:"此盖为宥坐之器。"孔子曰:"吾闻宥坐之器者,虚则欹,中则正,满则覆。"孔子顾谓弟子曰:"注水焉。"弟子挹水而注之。中而正,满而覆,虚而欹。孔子喟然而叹曰:"吁!恶有满而不覆者哉!"子路曰:"敢问持满有道乎?"③孔子曰:"聪明圣知,守之以愚;功被天下,守之以让;勇力抚世,守之以怯;富有四海,守之以谦④。此所谓挹而损之之道也⑤。"

注释

① **鲁桓公**:名轨,鲁惠公之子,鲁隐公之弟。
② **欹器**:一种易于倾斜的器皿。

③**子路**：即仲由，春秋时卞邑人，字子路，一字季路，孔子的学生，有勇力，曾在卫国的蒲邑（在今河南长垣县西南）当过邑长。

④**谦**：谦逊。

⑤**挹**：通"抑"。

译 文

孔子在鲁桓公的庙中参观，看到有一个倾斜的器皿在那里。孔子问守庙的人说："这是什么器皿？"守庙的人说："这大概是君主放在座位右边用以警戒自己的器皿。"孔子说："我听说君主座位右边的器皿，空着就会倾斜，注入一半水就会端正，注满水后就会翻倒。"孔子回头对弟子说："向里面注水吧。"学生舀水去灌注它。注了一半就端正了，注满后就翻倒了，空了就倾斜着。孔子喟然长叹说："唉！哪有满了不翻的呢！"子路说："我大胆地想问一下有什么能保持满的方法吗？"孔子说："聪明智慧，要用笨拙来保持它；功劳普惠天下，要用谦让来保持它；勇敢有力而能压住世人，要用怯弱来保持它；富足得拥有天下，要用节俭来保持它。这就是所说的抑制并贬损满的方法。"

原 文

孔子为鲁摄相，朝七日而诛少正卯①。门人进问曰："夫少正卯鲁之闻人也，夫子为政而始诛之，得无失乎？"孔子曰："居！吾语女其故。人有恶者五，而盗窃不与焉②：一曰、心达而险，二曰、行辟而坚，三曰、言伪而辩，四曰、记丑而博，五曰、顺非而泽。此五者，有一于人，则不得免于君子之诛，而少正卯兼有之；故居处足以聚徒成群，言谈足饰邪营众，强足以反是独立，此小人之桀雄也③，不可不诛也。是以汤诛尹谐，文王诛潘止，周公诛管叔④，太公诛华仕⑤，管仲诛付里乙，子产诛邓析、史付。此七子者，皆异世同心，不可不诛也。《诗》曰：'忧心悄悄，愠于群小。'

小人成群，斯足忧也。"

注释

①**少正卯**：春秋时鲁国大夫，曾与孔子同时在鲁国讲学而多次把孔门弟子吸引过去，致使孔子之门"三盈三虚"。鲁定公十四年（前496），孔子任鲁国司寇（主管司法的最高长官）而代理宰相时，少正卯被杀。

②**与**：参加，归入。

③**桀**：通"杰"，特异的、超出一般的人。**雄**：强有力的、杰出的人。

④**周公**：即周公旦，周文王之子，武王之弟，姓姬，名旦，因采邑在周（今陕西岐山县），故称周公。**管叔**：指周武王之弟叔鲜，他被封于管（今河南郑州），故史称管叔。

⑤**太公**：姜太公。**华仕**：西周初年的隐士。

译文

孔子做了鲁国的代理宰相，上朝听政才七天就杀了少正卯。他的学生上前问孔子说："那少正卯是鲁国的名人，先生当政就先把他杀了，能不失去人心吗？"孔子说："坐下！我告诉你其中的缘故。人有五种罪恶行为，而盗窃不算在内：一是内心通达而用心险恶，二是行为邪僻而又顽固不化，三是说话虚伪却有理有据，四是记述丑恶之事且十分广博，五是赞同错误而又加以润色。这五种罪恶，一个人身上只要有一种，就不能免掉君子的杀戮，而少正卯却兼有这五种罪恶；他居住的地方足够聚集成群的门徒，他的言谈足够用来掩饰邪说迷惑众人，他刚强的意志足够用来反对正确的东西而独树一帜，这是小人中的豪杰，不可以不杀。因此商汤杀了尹谐，周文王杀了潘止，周公旦杀了管叔，姜太公杀了华仕，管仲杀了付里乙，子产杀了邓析、史付。这七个人，虽处在不同的时代但都有同样的邪恶心肠，不可以不杀。《诗经》云：'忧愁之心多凄楚，被群小人所怨怒。'若是小人成群结队，那就会让人忧虑。"

原文

孔子为鲁司寇①，有父子讼者，孔子拘之，三月不别。其父请止，孔子舍之。季孙闻之②，不说③，曰："是老也欺予。语予曰：'为国家必以孝。'今杀一人以戮不孝④，又舍之。"冉子以告⑤。孔子慨然叹曰:"呜呼!上失之,下杀之,其可乎!不教其民而听其狱,杀不辜也。三军大败,不可斩也;狱犴不治⑥,不可刑也,罪不在民故也。嫚令谨诛,贼也;今生也有时,敛也无时,暴也;不教而责成功,虐也。已此三者,然后刑可即也⑦。《书》曰:'义刑义杀,勿庸以即,予维曰未有顺事。'言先教也。"

注释

①**司寇**:官名,主管司法的最高官吏,孔子在鲁定公九年(前501)至鲁定公十四年(前496)期间曾任鲁国司寇。

②**季孙**:春秋后期鲁国掌握政权的贵族,是鲁桓公少子季友的后裔。此当指季桓子,即季孙斯,是鲁国定公、哀公时执政的卿。

③**说**:通"悦",喜悦。

④**戮**:通"僇",羞辱,耻辱。

⑤**冉子**:冉求,孔子的学生。

⑥**犴**:拘留所。

⑦**即**:就,靠近。

译文

孔子做鲁国的司法大臣,有父子俩打官司的,孔子拘留了儿子,三个月了还不加判决。他的父亲请求停止官司,孔子就释放了他的儿子。季桓子听说了这件事,很不高兴,说:"这位老先生欺骗我。他曾告诉我说:'一定要用孝道来治理国家。'现在只要杀掉一个人就可以警告所有的不孝之子,却又释放了他。"冉求把这番话告诉了孔子。孔子喟然叹息说:"哎呀!君主丧失了孝道,臣下把他们诛杀,这样做可以吗?不教育民众而只通过官司来处决他们,这等于是屠杀无罪的人。全军大败,不可以统统斩杀;法令不当,不可以刑罚于人,因为罪责不在民众身上啊。放松法令而惩处严苛,这是残害;人的生命有限,而征收赋税却没有限度,这是残暴;不进行教育却要求功绩,这是暴虐。停止这三种行为,然后才可以施加刑罚。《尚书》上说:'即使是正当的刑罚与诛杀，也不要立即执行，我们只能说：自己还没有慎重地处理好事情。'这是说要先进行教育啊。"

原 文

故先王既陈之以道，上先服之；若不可，尚贤以綦之①；若不可；废不能以单之②；綦三年而百姓从往矣③，邪民不从，然后俟之以刑，则民知罪矣。《诗》曰："尹氏大师④，维周之氐；秉国之均⑤，四方是维；天子是庳⑥，卑民不迷⑦。"是以威厉而不试，刑错而不用⑧，此之谓也。

注 释

① 綦：通"諆"，教导。
② 单：通"惮"，使忌惮，害怕。
③ 綦：极。
④ 大师：古与太傅、太保合称为三公，是辅助国君掌握军政大权的最高官员。
⑤ 均：通"钧"，喻指国政。
⑥ 庳：通"毗"，辅佐。
⑦ 卑：通"俾"，使。
⑧ 错：通"措"，置。

译 文

所以古代的圣王已经陈述了政治原则，君主就应先遵行它；如果不能实行，就应推崇贤德的人来劝说君主；如果还是不能实行，就罢黜无能的人来威慑君主；至多三年，百姓就都顺从圣王的政治原则了。若是奸邪的人不依从，就用刑罚来等待他们，这样人们就知道他们的罪过了。《诗经》云："尹太师啊，你是周室的根基；掌握国家的政权，四方靠你来维系；天子由你辅佐，普通民众不迷失。"因此刑罚虽然厉害却可以不用，刑罚可以搁置一边而不实施，说的就是这种道理啊。

原 文

今之世则不然：乱其教，繁其刑，其民迷惑而堕焉，则从而制之，是以刑弥繁而邪不胜。三尺之岸而虚车不能登也，百仞之山任负车登焉①，何则？陵迟故也。数仞之墙而民不逾也，百仞之山而竖子冯而游焉②，陵迟故也。今之世陵迟已久矣③，而能使民勿逾乎！《诗》曰："周道如砥，其直如矢。君子所履，小人所视。眷焉顾之，潸焉出涕。"岂不哀哉！

注释

①**仞**：古代测量高度或深度的单位，古以七尺为一仞。**任负**：负荷。
②**冯**：同"凭"，登。
③**陵迟**：坡度平缓，这里喻指政令刑法松弛缓和而不严厉肃杀。

译文

现在的社会就不是这样：教化混乱不堪，刑法五花八门，当民众迷惘疑惑而落入法网，紧接着就去制裁他们，因此刑罚越繁多而邪恶越不能被克服。三尺高的陡壁，就是空车也爬不上去；百丈的高山，载重的车也能拉上去，这是因为什么道理呢？是因为坡度平缓的缘故啊。几丈高的墙，人却不能越过，上百丈的高山，小孩却也能登上去游玩，这也是坡度平缓的缘故啊。现在政令教化松弛而刑罚繁多的现象已出现好久了，能使人不越轨吗！《诗经》云："大路平如磨刀石，它的笔直如箭杆。它是君子所行走，小人只能抬头看。留恋眷顾回头看，唰唰流泪糊了眼。"这难道不可悲吗？

原文

《诗》曰："瞻彼日月，悠悠我思。道之云远，曷云能来。"子曰：伊稽首不其有来乎①！

注释

①**不**：通"否"。

译文

《诗经》云："仰望明亮日月，深深思绪在我怀。道路又是那么遥远，他何时才能回来？"孔子说：若是施行教化，与民同道，即使道路十分遥远，人们又怎会不归来呢！

原文

孔子观于东流之水。子贡问于孔子曰:"君子之所以见大水必观焉者,是何?"孔子曰:"夫水,大遍与诸生而无为也,似德。其流也埤下①,裾拘必循其理②,似义。其洸洸乎不淈尽③,似道。若有决行之,其应佚若声响④,其赴百仞之谷不惧,似勇。主量必平⑤,似法。盈不求概⑥,似正。淖约微达⑦,似察。以出以入以就鲜絜⑧,似善化。其万折也必东,似志。是故见大水必观焉。"

注释

① 埤:通"卑",低下。
② 裾拘:通"倨勾",曲折。
③ 洸洸:通"滉滉""潢潢",水势浩大深广的样子。淈:通"屈",尽。
④ 佚:通"逸",奔跑。
⑤ 主:通"注",注入。
⑥ 概:古代量谷物时刮平斗斛的木板。
⑦ 淖约:柔弱。淖,通"绰"。
⑧ 絜:通"洁"。

译文

孔子观赏向东流去的河水。子贡问孔子说:"君子看见浩大的流水就必定要去观赏它,这是为什么?"孔子说:"水,普遍地施舍给各种生物而没有自己的目的,像德一样;它向着低下的地方流去,曲折而遵循那向下流动的规律,像义一样;它浩浩荡荡没有尽头,像道一样;如果有人掘开堵塞物任它通行,它随即奔腾向前,像回声应和响起,它奔赴百丈深的山谷而无所畏惧,像勇敢一样;它注入量器时一定是平的,像法度一样;它注满后不需拿刮板刮平,像公正一样;它柔软且无微不至,像明察一样;任何事物在水里出来进去地淘洗便鲜美洁净,像善于教化一样;它千曲万折而不改变地向东流去,像意志一样。所以君子看到浩大的流水一定要观赏它。"

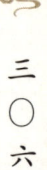

原　文

　　孔子曰："吾有耻也，吾有鄙也，吾有殆也①。幼不能强学，老无以教之，吾耻之。去其故乡，事君而达，卒遇故人②，曾无旧言，吾鄙之。与小人处者，吾殆之也。"

注　释

①**殆**：危险。
②**卒**：通"猝"，突然。

译　文

　　孔子说："我有认为是耻辱的事，我有认为是卑鄙的事，我有认为是危险的事。幼年时不能努力地学习，老了没有什么可以传授给别人，我以为这是耻辱。离开了故乡，侍奉君主而通达显贵了，突然碰到过去的朋友，竟然没有说说怀旧的话，我以为这是卑鄙。和小人混杂在一起，我以为这是危险的。"

原　文

　　孔子曰："如垤(dié)而进①，吾与之；如丘而止，吾已矣②。"今学曾未如肬赘(yóu zhuì)③，则具然欲为人师。

注　释

①**垤**：蚂蚁做窝时堆在穴口的小土堆。
②**已**：止，终止。
③**肬赘**：又作"赘肬""疣赘"，俗称瘊子，比喻多余无用的东西。

译　文

　　孔子说："学习就像蚂蚁洞口的小土堆一样，不断地向前进取，我就赞许这样的人；学习像丘陵一样大，有一点知识就不再进步，我就不赞许了。现在有些人学到的知识还不如个赘疣，却自我满足地想做别人的老师。"

原　文

　　孔子南适楚，厄于陈、蔡之间，七日不火食，藜羹不糁①，弟子皆有饥色。子路进而问之曰："由闻之：为善者天报之以福，为不善者天报之以祸，今夫子累德积义怀美，行之日久矣，奚居之隐也？"

孔子曰："由不识，吾语女。女以知者为必用邪？王子比干不见剖心乎！女以忠者为必用邪？关龙逄不见刑乎！女以谏者为必用邪？吴子胥不磔姑苏东门外乎②！夫遇不遇者，时也；贤不肖者，材也；君子博学深谋不遇时者多矣！由是观之，不遇世者众矣！何独丘也哉！"且夫芷兰生于深林③，非以无人而不芳。君子之学，非为通也，为穷而不困，忧而意不衰也，知祸福终始而心不惑也。夫贤不肖者，材也；为不为者，人也；遇不遇者，时也；死生者，命也。今有其人不遇其时，虽贤，其能行乎？苟遇其时，何难之有！故君子博学、深谋、修身、端行以俟其时。"

孔子曰："由！居！吾语女。昔晋公子重耳霸心生于曹。越王句践霸心生于会稽。齐桓公小白霸心生于莒。故居不隐者思不远，身不佚者志不广④；女庸安知吾不得之桑落之下⑤！"

注释

①藜：一种野菜，初生时可食。糂：同"糁"，把米掺入羹中。
②磔：古代一种酷刑，此指碎尸。
③芷：香草名，草本植物。
④佚：通"逸"，奔逃。
⑤庸安：怎么。桑落：叶子枯落的桑树，此处指困窘的处境。

● 关龙逄

译文

孔子向南到楚国去,被困在陈国与蔡国之间,七天没吃到熟食,野菜羹中一点米都不掺,学生们都面带饥色。子路上前问孔子说:"我听说:'行善的人上天会用幸福去报答他,作恶的人上天会用灾祸去报复他。'现在先生积累功德,奉行道义、怀有美德,行善的日子已经很久了,为什么处境还会这样窘迫呢?"

孔子说:"仲由你不懂,我告诉你吧。你以为有才智的人就一定会被任用吗?王子比干不是被挖心了吗!你以为忠诚的人就一定会被任用吗?关龙逢不是被杀了吗!你以为劝谏的人就一定会被任用吗?伍子胥不是在姑苏城的东门之外被肢解了吗!能不能得到君主的赏识,这要靠机遇;贤能还是不肖,这是各人的资质;君子中博学多识且深谋远虑,却没有遇到被重用时机的多着呢!由此看来,不被社会重用的人多的是!哪里只是我孔丘一人呢?况且白芷兰草生长在深山老林之中,不会因为无人赏识就不散发芬芳了。君子学习,并不是为了通达显贵,而是为了即使处境贫困也不至于困窘,遭遇忧患的时候意志不至于衰退,懂得祸福生死的道理而不感到迷惑。贤能还是不肖,在于资质;做还是不做,在于人;能不能得到赏识,在于时机;人的生死,在于命运。现在有了理想的人才却遇不到时机,即使贤能,他能有所作为吗?若是遇到了理想的时机,那又有什么困难呢?所以君子广博地学习,深谋远虑,修养身心,端正品行以等待时机。"

孔子又说:"仲由!坐下!我告诉你。从前晋公子重耳的称霸的雄心产生于他在曹国受困之时,越王勾践的称霸的雄心产生于他在会稽山被打败之时,齐桓公小白的称霸的雄心产生于他在莒国逃亡之时。所以处境不窘迫的人思考问题就不能看得远,自己没被逼逃亡过的人志向就不会广大,你如何知道我在这叶子枯落的桑树底下将来就不会得意呢?"

原文

子贡观于鲁庙之北堂①,出而问于孔子曰:"乡者赐观于太庙之北堂②,吾亦未辍,还复瞻被九盖皆继③,被有说邪?匠过绝邪?"孔子曰:"太庙之堂亦尝有说④,官致良工,因丽节文，非无良材也，盖曰贵文也。"

注释

①**鲁庙**：鲁国的宗庙，是鲁国国君祭祀祖先之地。

②**太庙**：天子的祖庙。

③**被**：通"彼"。**九盖**：九门。古代天子的庙堂设有九门，即南面三门，东、西、北面各二门。盖，通"阖"，门。

④**尝**：通"当"。

译文

子贡在鲁国宗庙的北堂参观，出来后问孔子说："刚才我参观了太庙的北堂，没停住脚步，回转去再观看北堂的那九扇门，都是一块块木头拼接而成的，那里面有什么讲究吗？是因为木匠的过失而弄断的吗？"孔子说："太庙的北堂当然是有讲究的，官府招来技艺精良的木匠，依靠木材本身加以装饰成文采，这并不是没有好的整段木头，大概是看重文采的缘故吧。"

● 子贡

子 道

题 解

本篇开始几段论及孝道,所以以"子道"为篇名。但本篇并不限于论述孝道,它也记载了孔子及其学生对其他方面的问题所发表的言论。

原文

入孝出弟①,人之小行也。上顺下笃,人之中行也。从道不从君,从义不从父,人之大行也。若夫志以礼安,言以类使②,则儒道毕矣;虽舜不能加毫末于是矣。

注释

① 弟:同"悌"。
② 类:法,规范。

译文

在家孝敬父母,在外敬爱兄长,这是人的最基本的德行。对上顺从,对下厚道,这是人中等的德行。顺从正道而不顺从君主,顺从道义而不顺从父亲,这是人最高尚的德行。至于那志向按照礼义来规范,说话按照法度来措辞,则儒道也就完备了;即使是舜也不能比这更加完美了。

原文

孝子所以不从命有三:从命则亲危,不从命则亲安,孝子不从命乃衷①;从命则亲辱,不从命则亲荣,孝子不从命乃义；从命则禽兽，不从命则修饰②，孝子不从命乃敬。故可以从而不从，是不子也；未可以从而从，是不衷也；明于从不从之义而能致恭敬、忠信、端悫以慎行之，则可谓大孝矣。传曰："从道不从君，从义不从父。"此之谓也。故劳苦彫萃而能无失其敬③，灾祸患难而能无失其义，则不幸不顺见恶而能无失其爱，非仁人莫能行。《诗》曰："孝子不匮。"此之谓也。

注释

① 衷：通"忠"。
② 饰：通"饬"。
③ 彫萃：通"凋悴"，憔悴。

译文

孝子不服从命令的原因有三种：服从命令父母亲就会危险；不服从命令父母亲就能平安；那么孝子不服从命令就是忠诚于父母。服从命令父母亲就会遭受耻辱；不服从命令父母亲就能获得光荣，那么孝子不服从命令就是合乎道义。服从命令行为就如禽兽一样野蛮，不服从命令富有修养而端正；那么孝子不服从命令就是敬重。所以可以服从而不服从，这不是做儿子应有的态度；不可以服从而服从，这是不忠于父母。明白了服从和不服从的道理，并且能做到恭敬尊重、忠诚守信、谨慎地实行它，就可以称之为大孝之人了。古书上说："服从正道而不服从君主，服从道义而不服从父亲。"说的就是这个道理。所以疲乏憔悴时能够不失掉对父母的恭敬，遭到灾难时能够不失掉对父母应尽的道义，即使不幸地因为和父母不顺而被父母憎恶时仍能不失掉对父母的爱，不是仁德之人是无法做到的。《诗经》云："孝子之孝永无穷尽。"说的就是这个道理。

原文

鲁哀公问于孔子曰："子从父命，孝乎？臣从君命，贞乎？"三问，孔子不对。孔子趋出，以语子贡曰："乡者，君问丘也，曰：'子从父命，孝乎？臣从君命，贞乎？'三问而丘不对，赐以为何如？"子贡曰："子从父命，孝矣；臣从君命，贞矣，夫子有奚对焉①。"孔子曰："小人哉，赐不识也！昔万乘之国有争臣四人②，则封疆不削；千乘之国有争臣三人，则社稷不危；百乘之家有争臣二人，则宗庙不毁。父有争子，不行无礼；士有争友，不为不义。故子从父，奚子孝？臣从君，奚臣贞？审其所以从之之谓孝、之谓贞也。"

注释

① **有**：通"又"。
② **争**：通"诤"。

译文

鲁哀公问孔子说："儿子服从父亲的命令，就可以说是孝顺吗？臣子服从君主的命令，就可以说是忠贞吗？"问了三次，孔子不回答。孔子小步快走而出，把这件事告诉给子贡说："刚才，国君问我，说：'儿子服从父亲的命令，就可以说是孝顺吗？臣子服从君主的命令，就可以说是忠贞吗？'问了三次而我不回答，你认为怎样？"子贡说："儿子服从父亲的命令，就可以说是孝顺了；臣子服从君主的命令，就可以说是忠贞了。先生又能怎样回答他呢？"孔子说："真是个小人，你不懂啊！过去拥有兵车万辆的大国设有诤谏之臣四个，那么疆界就牢固而不可侵犯；拥有兵车千辆的国家设有诤谏之臣三个，那么国家社稷就不会危险；拥有兵车百辆的大夫之家设有诤谏之臣两个，那么宗庙就不会被人毁坏。父亲有了诤谏的儿子，就不会做不合乎礼制的事；士人有了诤谏的朋友，就不会做不义的事。所以儿子一味听从父亲的命令，怎么能说这儿子是孝顺呢？臣子一味听从君主，怎么能说这臣子是忠贞呢？要考察听从的是什么样的情况才可以叫作孝顺和忠贞。"

原文

子路问于孔子曰："有人于此，夙兴夜寐，耕耘树艺，手足胼胝（pián zhī）①，以养其亲，然而无孝之名，何也？"孔子曰："意者身不敬与？辞不逊与？色不顺与？古之人有言曰：'衣与，缪与，不女聊。'今夙兴夜寐，耕耘树艺，手足胼胝以养其亲，无此三者，则何为而无孝之名也，意者所友非仁人邪！"孔子曰："由志之，吾语女。虽有国士之力不能自举其身；非无力也，势不可也。故入而行不修，身之罪也；出而名不章②，友之过也。故君子入则笃行，出则友贤，何为而无孝之名也。"

注释

①胼胝：手脚上的老茧。
②章：通"彰"，显著、明显。

译文

子路问孔子说："这里有这样一个人，早起晚睡，耕地锄草栽植播种庄稼，手掌和脚底都磨出了老茧，为的是赡养自己的父母，但是他却没有孝顺的名声，这是为什么呢？"孔子说："我猜想大概是他态度不恭敬吧？是他说话不谦逊吧？是他脸色不温和吧？古代的人有句话说：'给我穿啊给我吃啊，为我准备好一切，若是对我不恭敬，我还是不能依靠你。'现在这个人早起晚睡耕地锄草栽植播种庄稼，为了养活父母手掌和脚底都磨出了老茧，如果没有态度不恭敬、说话不谦逊、脸色不温和这三种行为，那怎么会没有孝顺的名声呢？我猜想大概是他所交的朋友不是拥有仁德的人吧？"孔子又说："仲由，你记住！我告诉你。虽然有了举国闻名的大力士的力气，也不能把自己的身体举起，这并不是没有力气，而是客观事实做不到。所以回到家中品德不端正，是自己的罪过；出外做官名声不显扬，是朋友的过错。所以君子在家中就使自己的品行笃实厚道，出外就和贤能的人做朋友，那么怎么会没有孝顺的名声呢？"

原文

子路问于孔子曰："鲁大夫练而床①，礼邪？"孔子曰："吾不知也。"子路出，谓子贡曰："吾以夫子为无所不知，夫子徒有所不知②。"子贡曰："女何问哉？"子路曰："由问：'鲁大夫练而床礼邪？'夫子曰：'吾不知也。'"子贡曰："吾将为女问之。"子贡问曰："练而床，礼邪？"孔子曰："非礼也。"子贡出，谓子路曰："女谓夫子为有所不知乎？夫子徒无所不知；女问非也。礼，居是邑不非其大夫。"

注释

①练：白色的熟绢，古人用作为丧服。
②徒：乃。

译文

子路问孔子说："鲁国的大夫在父母死后二十七个月的服丧练期睡在床上，这是合乎礼的吗？"孔子说："我不知道。"子路出来后，告诉子贡说："我以为先生没有什么是他所不知道的，可先生却有不知道的。"子贡说："你问了什么呢？"子路说："我问：'鲁国的大夫在父母死后二十七个月的服丧练期睡在床上，这是合乎礼的吗？'先生说：'我不知道。'"子贡说："我替你去问问这件事。"子贡问孔子说："服丧练期睡在床上，这是合乎礼的吗？"孔子说："不合乎礼。"子贡出来，告诉子路说："你说先生有不知道的事吗？先生是没有什么不知道的；是你问得不对啊。根据礼制的规定，住在这个城邑，就不能非议管辖这城邑的大夫。"

原文

子路盛服见孔子，孔子曰："由，是裾裾何也①？昔者江出于岷山，其始出也，其源可以滥觞，及其至江之津也，不放舟，不避风，则不可涉也，非维下流水多邪？今女衣服既盛，颜色充盈，天下且孰肯谏女矣！"子路趋而出，改服而入，盖犹若也。孔子曰："志之，吾语女，奋于言者华②，奋于行者伐。色知而有能者③，小人也。故君子知之曰知之，不知曰不知，言之要也；能之曰能之，不能曰不能，行之至也。言要则知，行至则仁。既知且仁，夫恶有不足矣哉！"

注 释

①裾裾：衣服的前襟。这里形容穿着整齐的样子。
②华：通"哗"，浮夸。
③色：脸色。

译 文

子路穿戴整齐后去见孔子，孔子说："仲由，你这样衣冠楚楚的，是为什么呢？过去长江发源于岷山，它开始流出之时，源头小得只能够浮起酒杯，等到它流到长江的渡口时，如果不把船并列在一起，不避开大风，就无法渡过河流，这不是因为下游水大的缘故吗？现在你穿着华丽，脸色又神气十足，那么天下将有谁愿意规劝你呢！"子路小步快步走出，改换了朴素的衣服进去，表示顺从。孔子说："仲由你记住！我告诉你，说话谨慎的人不随意讲话，行为谨慎的人不自我夸耀。把才能都显示在脸色上的，是小人啊。所以君子知道了就说知道，不知道的就说不知道，这是说话的要领；会做的就说会做，不会做的就说不会做，这是行动的准则。说话掌握了要领就是明智，行动掌握了准则就是仁德。既明智又有仁德，哪里还有不足之处呢！"

原 文

子路入。子曰："由，知者若何？仁者若何？"子路对曰："知者使人知己，仁者使人爱己。"子曰："可谓士矣。"子贡入。子曰："赐，知者若何？仁者若何。"子贡对曰："知者知人，仁者爱人。"子曰："可谓士君子矣①。"颜渊入。子曰："回，知者若何？仁者若何？"颜渊对曰："知者自知，仁者自爱。"子曰："可谓明君子矣。"

注 释

①士君子：有志操和学问的人。

译 文

　　子路进来。孔子问道:"仲由!你说明智的人是什么样的?仁德的人是什么样的?"子路回答说:"明智的人能使人了解自己,仁德的人能使人爱护自己。"孔子说:"你可以称为士人了。"子贡进来,孔子说:"端木赐,你说明智的人是什么样的?仁德的人是什么样的?"子贡回答说:"明智的人了解别人,仁德的人爱护别人。"孔子说:"你可以称为士君子了。"颜渊进来,孔子说:"颜回,你说明智的人是什么样的?仁德的人是什么样的?"颜渊回答说:"明智的人要有自知之明,仁德的人要能自尊自爱。"孔子说:"你可以称为贤明君子了。"

原 文

　　子路问于孔子曰:"君子亦有忧乎!"孔子曰:"君子,其未得也则乐其意;既已得之,又乐其:治。是以有终身之乐,无一日之忧。小人者,其未得也,则忧不得;既已得之,又恐失之。是以有终身之忧,无一日之乐也。"

译 文

　　子路问孔子说:"君子也有忧愁吗!"孔子说:"君子在他还没有得到职位时,会为自己的抱负而感到快乐;得到了职位之后,又会为自己做出的政绩而感到快乐。因此君子终身都会感到快乐,而没有一日的忧虑。小人,当他还没有得到职位的时候,就忧虑自己得不到;得到了职位之后,又害怕失去它。因此小人一辈子都有忧愁,而没有一日的快乐。"

法 行

题 解

作者认为本篇所叙述的言行都是值得效法的行为准则,开篇论礼,指出众人遵行礼而不理解礼的含义,圣人遵行礼并且知道礼的含义。文中还有曾子、子贡、孔子等人的言论记录。

原文

公输不能加于绳①,圣人莫能加于礼②。礼者,众人法而不知,圣人法而知之。

注释

①公输:公输般,又称鲁班,春秋时鲁国人,著名的巧匠。
②加:超越。

译文

公输班不能超越墨线,圣人不能超越礼制。礼制,众人遵循它却不懂它,圣人遵循它且能够理解它。

原文

曾子曰:"无内人之疏而外人之亲①,无身不善而怨人,无刑已至而呼天。内人之疏而外人之亲,不亦远乎!身不善而怨人,不亦反乎!刑已至而呼天,不亦晚乎!《诗》曰:'涓涓源水,不雝不塞②。毂已破碎③,乃大其辐④。事已败矣,乃重大息⑤。'其云益乎?"

注释

① 无：通"毋"，不要。
② 雝：通"壅"。
③ 毂：车轮中心的圆木，周围与车辐的一端相接，中有圆孔，可以插轴。
④ 辐：车轮中连接车毂和轮圈的一条条直木。
⑤ 大息：叹息。

译文

曾子说："不要疏远家人而亲近外人，不要自己不好而怨恨别人，不要刑罚到了才呼喊上天。疏远家人而亲近外人，这不是违背情理了吗！自己不好而埋怨别人，这不是舍近求远了吗！刑罚已经临头才呼喊上天，这不是悔之已晚了吗！《诗经》云：'涓涓细流源头水，不加堵截就不断绝。车毂已经支离破碎，才把那车辐加大。事情已经失败了，这才深深地长叹。'这样做又有什么用处呢？"

原文

曾子病，曾元持足①。曾子曰："元志之！吾语汝。夫鱼鳖鼋鼍犹以渊为浅而堀穴其中②，鹰鸢犹以山为卑而增巢其上③，及其得也，必以饵。故君子苟能无以利害义，则耻辱亦无由至矣。"

注释

① 曾元：曾子的儿子。
② 鼋：大鳖。鼍：鳄鱼的一种，俗称"猪婆龙"。堀：通"窟"，洞穴。
③ 增：通"橧"，聚木。

译文

曾子病重，儿子曾元抱着他的脚。曾子说："元，你要记住！我告诉你。那鱼鳖鼋鼍以为渊池还太浅，才在那里面打洞安身；鹰鸢以为山岭还太低，才在那上面筑巢栖息，它们还是被人所捕获，一定是被钓饵所诱。所以君子若是能够不因为财利而去伤害道义，那么耻辱也就没有理由到来了。"

原文

子贡问于孔子曰①："君子之所以贵玉而贱珉者②，何也？为夫玉之少而珉之多邪？"孔子曰："恶！赐，是何言也！夫君子岂多而贱之，少而贵之哉！夫玉者，君子比德焉。温润而泽，仁也；栗而理，知也；坚刚而不屈，义也；廉而不刿，行也；折而不挠，勇也；瑕适并见③，情也；扣之，其声清扬而远闻，其止辍然，辞也。故虽有珉之雕雕④，不若玉之章章。《诗》曰：'言念君子，温其如玉。'此之谓也。"

注释

①**子贡**：孔子的学生，以善辞令著称。
②**珉**：似玉的美石。
③**瑕**：玉上的瑕疵、斑点。
④**雕雕**：雕饰的文采。

译文

子贡问孔子："君子之所以珍视宝玉而轻视珉石，是为什么呢？是因为宝玉的数量少而珉石多吗？"孔子说："唉！赐啊！这是什么话啊！君子怎会因为数量多而轻视它，少了而重视它呢？这宝玉，君子用来比拟人的品德。它温润而富有光泽，好比仁；它坚硬而带有纹理，好比智慧；它刚强而不屈，好比义；它有棱角而不伤人，好比行；它即使被折断也不会弯曲，好比勇；它的斑点瑕疵都暴露在外面，好比诚实；敲击它，声音清越远扬，戛然而止，好比言辞。所以，即使珉石有着彩色的花纹，也比不上宝玉那样明亮洁白。《诗经》云：'我真思念君子，温润如宝玉一般。'说的就是这个意思。"

原文

曾子曰："同游而不见爱者，吾必不仁也；交而不见敬者，吾必不长也；临财而不见信者，吾必不信也。三者在身，曷怨人？怨人者穷，怨天者无识①。失之已而反诸人，岂不亦迂哉！"

注释

①无识：指不知天命。

译文

曾子说："一起出游却不被人喜爱，那肯定是自身缺乏仁爱；与人交往而不被尊敬，那必然是自己没有敬重别人；接近财物而不被信任，那肯定是自己没有信用。这三者的原因都在自身上，怎么能去埋怨别人呢？埋怨别人的人就会陷入穷困，埋怨上天的人就没有见识。过失在于自己反而责备别人，这不是太不符合实际了吗！"

原文

南郭惠子问于子贡曰："夫子之门，何其杂也？"子贡曰："君子正身以俟，欲来者不距①，欲去者不止。且夫良医之门多病人，櫽栝之侧多枉木。是以杂也。"

注释

①距：同"拒"，拒绝。

译文

南郭惠子问子贡说："孔夫子的门下，为什么那么混杂呢？"子贡说："君子端正自己的身心以等待求学者，想来的不拒绝，想走的不阻止。况且良医的门前病人很多，整形器的旁边弯木很多，所以孔子的门下鱼龙混杂啊。"

原文

孔子曰："君子有三恕①：有君不能事，有臣而求其使，非恕也；有亲不能报，有子而求其孝，非恕也；有兄不能敬，有弟而求其听令，非恕也。士明于此三恕，则可以端身矣。"

注释

①恕：用自己的心推想别人的心。

译 文

孔子说:"君子要有三种恕道:有了君主而不能侍奉,有了臣子却要指使他们,这与恕道不符;有了父母不能报答养育之恩,有了子女却要求他们孝顺,这与恕道不符;有了兄长不能敬重,有了弟弟却要求他们听话,这与恕道不符。读书人明白了这三种恕道,身心就可以端正了。"

原 文

孔子曰:"君子有三思,而不可不思也。少而不学,长无能也;老而不教,死无思也;有而不施,穷无与也。是故君子少思长则学;老思死则教;有思穷则施也。"

译 文

孔子说:"君子有三种考虑,是不能不考虑的。小的时候不学习,长大了就没有才能;老的时候不教育人,死后就没有人怀念;富贵时不施舍,贫穷了就没有人救济。因此君子小时候就能考虑到长大以后的事,就会学习;老了考虑到死后的情况,就会教育后人;富有时考虑到贫穷的处境,就会施舍。

哀 公

题 解

　　本篇取第一句中的两个字作为篇名，并无特殊含义。篇中主要记载了孔子与鲁哀公的对话，最后也收录了颜渊与鲁定公的对话，对话中所蕴含的意义也是儒家思想学说的展现。

原 文

　　鲁哀公问于孔子曰："吾欲论吾国之士与之治国①，敢问何如取之邪？"孔子对曰："生今之世，志古之道；居今之俗，服古之服；舍此而为非者，不亦鲜乎！"哀公曰："然则夫章甫、绚屦(qú)、绅而搢笏(jìn hù)者此贤乎？②"孔子对曰："不必然。夫端衣、玄裳、絻而乘路者③，志不在于食荤④；斩衰、菅屦、杖而啜粥者⑤，志不在于酒肉。生今之世，志古之道；居今之俗，服古之服；舍此而为非者，虽有不亦鲜乎！"哀公曰："善！"

注 释

　　①论：考究，探索。
　　②章甫：商代的一种礼帽，即缁布冠，行冠礼以后戴，用来表明成人男子的身份，故称章甫。绚屦：古代带有鞋带的鞋。绅：古代士大夫束在腰间、一头垂下的大带子。古代有身份的人才束绅。搢：插。笏：古时大臣朝见君主时手中所拿的记事用的手板。

③端衣：古代一种礼服。多用于丧祭场合。**玄裳**：祭祀时穿的黑色裙。**絻**：同"冕"，大夫以上的贵族所戴的礼帽。**路**：指大路。

④荤：荤菜。

⑤斩衰：古代最重的一种丧服，用粗麻布制成。**菅**：茅草。**歠粥**：吃粥。

译 文

鲁哀公问孔子说："我想选择我国的人才和他们一起治理国家，冒昧地问一下怎样去选取他们呢？"孔子回答说："生在当今的世上，牢记着古代的原则；处在当今的习俗中，穿着古代式样的服装；做到这样而为非作歹的人，不是很少的吗？"哀公说："这样的话，那么那些戴着商代式样的礼帽、穿着缚有鞋带的鞋子、束着宽大的腰带并在腰带上插着朝板的人，他们都贤能吗？"孔子回答说："不一定贤能。那些穿着祭祀礼服、黑色礼袍、戴着礼帽而乘坐祭天大车的人，他们的心思不在于吃荤；披麻戴孝、穿着茅草编成的鞋、撑着孝棍而吃薄粥的人，他们的心思不在于喝酒吃肉。生在当今的世上，牢记着古代的原则；处在当今的习俗中，穿着古代式样的服装；做到这样而为非作歹的人，即使有，不也很少吗？"哀公说："好！"

原 文

孔子曰："人有五仪①：有庸人，有士，有君子，有贤人，有大圣。"哀公曰："敢问何如斯可谓庸人矣？"孔子对曰："所谓庸人者，口不能道善言，心不知邑邑②，不知选贤人善士托其身焉以为己忧，动行不知所务，止立不知所定，日选择于物，不知所贵，从物如流，不知所归，五凿为正③，心从而坏，如此则可谓庸人矣。"哀公曰："善！敢问何如斯可谓士矣？"孔子对曰："所谓士者，虽不能尽道术，必有率也；虽不能遍美善，必有处也。是故知不务多，务审其所知；言不务多，务审其所谓；行不务多，务审其所由。故知既已知之矣，言既已谓之矣，行既已由之矣，则若性命肌肤之不可易也。故富贵不足以益也，卑贱不足以损也④，如此则可谓士矣。"哀公曰："善！敢问何如斯可谓之君子矣？"孔子对曰："所谓君子者，言忠信而心不德。仁义在身而色不伐，思虑明通而辞不争，故犹然如将可及者⑤，君子也。"哀公曰："善！敢问何如斯可谓贤人矣？"孔子对曰："所谓贤人者，行中规绳而不伤于本，言足法于天下而不伤于身，富有天下而无怨财⑥，布施天下而不病贫，如此则可谓贤人矣。"哀公曰："善！敢问何如斯可谓大圣矣？"孔子对曰："所谓大圣者，知通乎大道，应变而不穷，辨乎万物之情性者也。大道者，所以变化遂成万物也；情性者，所以理然不、取舍也⑦。是故其事大辨乎天地⑧，明察乎日月，总要万物于风雨，缪缪肫肫⑨，其事不可循，若天之嗣⑩，其事不可识，百姓浅然不识其邻，若此则可谓大圣矣。"哀公曰："善！"

注释

① **仪**：法式，典型。

② **邑邑**：通"悒悒"，忧郁不舒畅。

③ **五凿**：五窍，即耳、目、鼻、口、心等五种器官。一说指喜、怒、哀、乐、怨五情。**正**：通"政"。

④ **益**：增加。**损**：减少。

⑤ **犹然**：形容宽舒的样子。

⑥ **怨**：通"蕴"，蓄藏。

⑦ **不**：同"否"。

⑧ **辨**：通"遍"。

⑨ **缪缪**：通"穆穆"。**肫肫**：同"谆谆"，诚恳不倦的样子。

⑩ **嗣**：通"司"，主管，掌管。

译 文

孔子说："人有五种典型：有平庸的人，有士人，有君子，有贤人，有伟大的圣人。"哀公说："请问像怎样可以称之为平庸的人？"孔子回答说："所谓平庸的人，嘴里不能说出好话，心里也不知道忧愁，不知道考虑选用和依靠贤人善士；出动时不知道去干什么，立定时不知道立脚点在哪里；天天在各种事物中挑选，却不知道什么东西贵重；一味顺从外界的事情就像流水似的，不知道归宿在哪里；为耳、目、鼻、口、心的欲望所主宰，思想也就跟着变坏。像这样，就可以称之为平庸的人了。"哀公说："好！请问像怎样可以称之为士人？"孔子回答说："所谓士人，即使不能彻底掌握治国的原则和方法，也必定有所遵循；即使不能尽善尽美，也必定有所操守。所以他了解知识不求多，而务求审慎地对待自己的知识；说话不求多，而务求审慎地对待自己所说的话；做事不求多，而务求审慎地对待自己所经手的事。知识已经了解了，话已经说了，事已经做了，那就像自己的生命和肌肤一样不可能再加以改变了。所以富贵并不能使他增加些什么，卑贱并不能使他减少些什么。像这样，就可以称之为士人了。"哀公说："好！请问像怎样才可以称之为君子？"孔子回答说："所谓君子，就是说话忠诚守信而心里并不自认为有美德，仁义之道充满在身而脸上并不露出炫耀的神色，思考问题明白通达而说话却不与人争辩。所以洒脱舒缓好像快要被人赶上似的，就是君子了。"哀公说："好！请问像怎样才可以称之为贤人？'孔子回答说："所谓贤人，就是行为符合规矩法度而不伤害本身，言论能够被天下人取法而不伤害自己，富裕得拥有天下而没有私藏的财富，把财物施舍给天下人而不用担忧自己会贫穷。像这样，就可以称之为贤人了。"哀公说："好！请问像怎样才可以称之为伟大的圣人？"孔子回答说："所谓伟大的圣人，就是智慧能通晓大道、面对各种事变而不会穷于应付、能明辨万物性质的人。大道，是变化形成万物的根源；万物的性质，是处理是非、取舍的根据。所以圣人做的事情像天地一样广大普遍，像日月一样明白清楚，像风雨一样统辖万物，温温和和诚恳不倦。他做的事情不可能被沿袭，好像是上天主管的一样；他做的事情不可能被认识，老百姓浅陋得甚至不能认识和它相近的事情。像这样，就可以称之为伟大的圣人了。"哀公说："好！"

原文

鲁哀公问舜冠于孔子，孔子不对。三问，不对。哀公曰："寡人问舜冠于子，何以不言也？"孔子对曰："古之王者有务而拘领者矣①，其政好生而恶杀焉。是以凤在列树，麟在郊野，乌鹊之巢可俯而窥也。君不此问，而问舜冠，所以不对也。"

注释

①务：通"帽"，指便帽。**拘领**：圆领。

译文

鲁哀公向孔子打听舜所戴的礼帽，孔子不回答。哀公问了三次，孔子仍不回答。哀公说："我向您打听舜所戴的礼帽，您为什么不说话呢？"孔子回答说："古代的帝王中有戴便帽并穿圆领便服的，但他们的政治却是致力于使人生存而厌恶杀人。因此凤凰栖息在成行的树上，麒麟活动在国都的郊外，乌鸦、喜鹊的窝可以低头观察到。您不问这个，却问舜戴的礼帽，所以我不回答啊。"

原文

鲁哀公问于孔子曰："寡人生于深宫之中，长于妇人之手，寡人未尝知哀也，未尝知忧也，未尝知劳也，未尝知惧也，未尝知危也。"孔子曰："君之所问，圣君之问也，丘，小人也，何足以知之。"曰："非吾子无所闻之也。"孔子曰："君入庙门而右，登自阼阶①，仰视榱栋②，俯见几筵③，其器存，其人亡，君以此思哀，则哀将焉而不至矣！君昧爽而栉冠，平明而听朝，一物不应，乱之端也，君以此思忧，则忧将焉而不至矣！君平明而听朝，日昃而退④，诸侯之子孙必有在君之末庭者，君以此思劳，则劳将焉而不至矣！

君出鲁之四门以望鲁四郊，亡国之虚则必有数盖焉⑤，君以此思惧，则惧将焉而不至矣！且丘闻之：君者，舟也；庶人者，水也。水则载舟，水则覆舟。君以此思危，则危将焉而不至矣！"

注释

①阼阶：主人登堂的台阶。阼，通"阼"。
②榱：椽子。栋：屋中的正梁。
③俛：同"俯"。几筵：指灵座，即供奉神主、摆供品的桌子。
④日昃：太阳偏西，即下午两点左右。
⑤虚：同"墟"。

译文

鲁哀公问孔子说："我出生在深邃的后宫之中，在妇人的哺育下长大，我从来不知道什么是悲哀，从来不知道什么是忧愁，从来不知道什么是劳苦，从来不知道什么是恐惧，从来不知道什么是危险。"孔子说："您所问的，是圣明的君主所问的问题。我孔丘，是个小人啊，哪能知道这些？"哀公说："除了您，我没有地方可问啊。"孔子说："您走进宗庙的大门向右，从东边的台阶登堂，抬头看见椽子屋梁，低头看见灵位，那些器物还在，但那祖先已经没了，您从这些方面来想想悲哀，那么悲哀之情哪会不到来呢？您黎明就起来梳头戴帽，天亮时就上朝听政，如果一件事情处理不当，就会成为祸乱的发端，您从这些方面来想想忧愁，那么忧愁之情哪会不到来呢？您天亮时上朝处理政事，太阳偏西时退朝，而各国逃亡而来的诸侯的子孙一定有等在您那朝堂的远处来侍奉您的，您从这些方面来想想劳苦，那么劳苦的感觉哪会不到来呢？您走出鲁国国都的四方城门去瞭望鲁国的四郊，那些亡国的废墟中一定有几处茅屋，您从这些方面来想想恐惧，那么恐惧之情哪会不到来呢？而且我听说过这样的话：'君主，好比船；百姓，好比水。水能载船，水能翻船。'您从这个方面来想想危险，那么危险感哪会不到来呢？"

原文

鲁哀公问于孔子曰："绅、委、章甫有益于仁乎①？"孔子蹴然曰②："君胡然焉！资衰、苴杖者不听乐③，非耳不能闻也，服使然也。黼衣、黻裳者不茹荤④，非口不能味也，服使然也。且丘闻之，好肆不守折⑤，长者不为市，窃其有益与其无益，君其知之矣。"

注释

①委：委貌，周代的一种黑色礼帽，上朝时所戴。章甫：商代的一种礼帽。
②蹴然：惊恐不安的样子。
③苴杖：手杖。
④黼、黻：古代礼服。
⑤肆：市场。

译文

鲁哀公问孔子说："束宽大的腰带、戴周代式样的黑色丝绸礼帽和商代式样的成人礼帽，有益于仁吗？"孔子惊恐不安地说："您怎么这样问呢？穿着丧服、撑着孝棍的人不听音乐，并不是耳朵不能听见，而是身穿丧服使他们这样的。穿着祭祀礼服的人不吃荤菜，并不是嘴巴不能品味，而是身穿祭服使他们这样的。而且我听说过这样的话：'善于经商的人不使所守资财折耗，德高望重的长者不去市场做生意谋利。'束腰带、戴礼帽是有益于仁还是无益于仁，您大概知道了吧。"

原文

鲁哀公问于孔子曰："请问取人？"孔子对曰："无取健①，无取诐讦②，无取口啍③。健，贪也；讦，乱也；口啍，诞也。故弓调而后求劲焉，马服而后求良焉，士信慤而后求知能焉。士不信慤而有多知能，譬之其豺狼也，不可以身尔也④。语曰：'桓公用其贼，文公用其盗。'故明主任计不信怒，暗主信怒不任计。计胜怒则强，怒胜计则亡。"

注释

①健：强，指要强好胜的人。
②谄：通"拑""钳"，挟持，钳制。
③啍：同"谆"，指能说会道。
④尔：通"迩"，近。

译文

鲁哀公问孔子说："请问怎样选取人才？"孔子回答说："不要选取要强好胜的人，不要选取钳制别人的人，不要选取能说会道的人。要强好胜的人，往往贪得无厌；钳制别人的人，往往会犯上作乱；能说会道的人，往往会弄虚作假。所以弓首先要调好，然后才求其强劲；马首先要驯服，然后才求其成为良马；人才首先要忠诚老实，然后才求其聪明能干。一个人如果不忠诚老实却又非常聪明能干，打个比方，他就是豺狼啊，是不可以使自己靠近他的呀。俗话说：'齐桓公任用逆贼，晋文公任用强盗。'所以英明的君主根据利害得失来选用人而不凭感情用事，昏庸的君主凭感情来选用人而不根据利害得失。对利害得失的计较超过了感情用事就会强盛，感情用事超过了对利害得失的计较就会灭亡。"

原文

定公问于颜渊曰①："东野子之善驭乎②？"颜渊对曰："善则善矣！虽然，其马将失③。"定公不悦，入谓左右曰："君子固谗人乎！"三日而校来谒，曰："东野毕之马失。两骖列④，两服入厩。"定公越席而起曰："趋驾召颜渊⑤！"颜渊至。定公曰："前日寡人问吾子，吾子曰：'东野毕之驭善则善矣！虽然，其马将失。'不识吾子何以知之？"颜渊对曰："臣以政知之。昔舜巧于使民，而造父巧于使马⑥；舜不穷其民，造父不穷其马焉；是以舜无失民，造父无失马也。今东野毕之驭，上车执辔，衔体正矣；步骤驰骋，朝礼毕矣；历险致远，马力尽矣。然犹求马不已，是以知之也。"定公曰："善！可得少进乎？"颜渊对曰："臣闻之，鸟穷则啄，兽穷则攫，人穷则诈。自古及今，未有穷其下而能无危者也。"

注释

①**定公**：鲁定公，名宋。

②**东野子**：鲁定公时善于驯马驾车的人。

③**失**：通"逸"，奔逃。

④**骖**：古代用三匹马或四匹马拉车，两旁的马叫"骖"，中间的马叫"服"。**列**：同"裂"。

⑤**趋**：通"促"。

⑥**造父**：周穆王的车夫，善于驾驭车马。

译文

鲁定公问颜渊说："东野先生车驾得好吗？"颜渊回答说："好倒是好。虽然这样，他的马将要奔逃了。"定公很不高兴，进去对近臣说："君子原来是诽谤人的吗？"三天以后，养马的官员来拜见，说："东野毕的马逃跑了。两匹旁边的马挣断缰绳分别跑了，两匹中间的马回到了马棚中。"定公离开座席站起来说："赶快套车去召见颜渊！"颜渊来了。定公说："前天我问您，您说：'东野毕驾车，好倒是好。虽然这样，他的马将要奔逃了。'不知道您凭什么了解到这一点？"颜渊回答说："我是根据政治上的原则来了解到这一点的。从前舜善于役使民众，造父善于驱使马。舜不使他的民众走投无路，造父不使他的马走投无路，因此舜没有逃跑的民众，造父没有逃跑的马。现在东野毕驾车，登上车子手握缰绳，马嚼子和马身都端正了；慢走快跑驱赶奔驰，朝廷所规定的礼仪全部达到了；经历各种险阻而到达了远方，马的气力也就用光了。然而他还是要求马不停步，因此我知道他的马会逃跑。"定公说："好！您可以稍微再进一步说说吗？"颜渊回答说："我听说过这样的话：'鸟走投无路了就会乱啄，兽走投无路了就会乱抓，人走投无路了就会欺诈。'从古到今，还没有使臣民走投无路而能没有危险的君主啊。"

尧 问

题 解

本篇取开头两字作为篇名，并不是对全篇内容的概括。篇中记载甚杂，最后一节不是荀子所作，而是荀子学生对荀子的总评，它用韵文写成，与后世的"赞"体相似，相当于《汉书》纪、传之末的"赞"。

原文

尧问于舜曰："我欲致天下，为之奈何？"对曰："执一无失，行微无怠，忠信无倦，而天下自来。执一如天地，行微如日月，忠诚盛于内，贲于外①，形于四海，天下其在一隅邪②！夫有何足致也③！"

注释

① 贲：通"奋"，显露，发扬。
② 隅：角落。
③ 有：通"又"。

译文

尧问舜说："我想招揽天下的人，该怎么办？"舜回答说："主持政务专心一意而没有过失，做细小的事也不懈怠，忠诚守信而不厌倦，那么天下人自会归顺。主持政务天长地久一样专心一意，做细小的事像日月一样运行不息，忠诚充满内心，发扬在外面，显露在四海之内，那么天下人岂不就像在居室的角落一样！哪里还需要去招揽呢！"

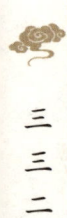

原　文

　　魏武侯谋事而当①，群臣莫能逮，退朝而有喜色。吴起进曰②："亦尝有以楚庄王之语闻于左右者乎③？"武侯曰："楚庄王之语何如！"吴起对曰："楚庄王谋事而当，群臣莫逮，退朝而有忧色。申公巫臣进问曰④：'王朝而有忧色，何也？'庄王曰：'不穀谋事而当⑤，群臣莫能逮，是以忧也。其在中蘬之言也⑥，曰："诸侯得师者王，得友者霸，得疑者存，自为谋而莫己若者亡。"今以不穀之不肖，而群臣莫吾逮，吾国几于亡乎！是以忧也。'楚庄王以忧，而君以憙⑦！"武侯逡巡再拜曰："天使夫子振寡人之过也。"

●吴起吮卒病疽

注　释

① **魏武侯**：魏文侯之子，名击，战国时魏国国君。
② **吴起**：战国时军事家，屡建战功。
③ **左右**：对对方的尊称。
④ **申公巫臣**：姓屈，字子灵，曾为楚国申县县尹。
⑤ **不穀**：君主自用的谦称。
⑥ **中蘬**：同"仲虺"，商汤的左相。
⑦ **憙**：通"喜"，欢喜。

译 文

魏武侯谋划政事很得当，大臣们没有谁能比得上他，退朝后他面有喜色。吴起上前说："曾经有人把楚庄王的话报告于您吗？"

武侯说："楚庄王的话怎么样？"吴起回答说："楚庄王谋划政事得当，大臣们都比不上他，退朝后他神色带着忧虑。大夫申公巫臣上前询问说：'大王被群臣朝见后面神色带着忧虑，为什么？'庄王说：'我谋划政事恰当，大臣们没有谁能比得上我，因此而忧虑。那忧虑的原因就在仲虺的话中，他说过："诸侯获得良师指点而称王天下，获得朋友的帮助而称霸诸侯，获得和自己才能相当的人辅助而国家就能保存，事事自行谋划而没有谁比得上自己，国家就要灭亡。"现在凭我这样的无能，而大臣们却都不如我，我的国家接近于灭亡啦！因此我感到十分忧虑啊。'楚庄王因此而忧虑，而您却因此而高兴！"武侯后退了一步接连拱手拜了两次说："是上天派先生来纠正我的过错啊。"

原 文

伯禽将归于鲁①，周公谓伯禽之傅曰："汝将行，盍志而子美德乎②？"对曰："其为人宽，好自用，以慎。此三者，其美德已。"周公曰："呜呼！以人恶为美德乎？君子好以道德，故其民归道。彼其宽也，出无辨矣③，女又美之！彼其好自用也，是所以窭(jù)小也④。君子力如牛，不与牛争力；走如马，不与马争走；知如士，不与士争知。彼争者均者之气也，女又美之！彼其慎也，是其所以浅也。闻之曰：'无越逾不见士⑤。'见士问曰：'无乃不察乎？'不闻即物少至⑥，少至则浅。彼浅者，贱人之道也，女又美之！吾语女：我，文王之为子，武王之为弟，成王之为叔父，吾于天下不贱矣，然而吾所执贽(zhì)而见者十人，还贽而相见者三十人⑦，貌执之士者百有余人，欲言而请毕事者千有余人，于是吾仅得三士焉，以正吾身，以定天下。吾所以得三士者，亡于十人与三十人中，乃在百人与千人之中。故上士吾薄为之貌，下士吾厚为之貌。人人皆以我为越逾好士，然、故士至，士至而后见物，见物然后知其是非之所在。戒之哉！女以鲁国骄人，几矣！夫仰禄之士犹可骄也，正身之士不可骄也。彼正身之士，舍贵而为贱，舍富而为贫，舍佚而为劳，颜色黎黑而不失其所，是以天下之纪不息，文章不废也。"

注释

①**伯禽**：周公旦的儿子。

②**盍**：何不。

③**出**：给予，指赏赐。

④**窭**：简陋贫穷，此指见识少。

⑤**越逾**：超越，过度。

⑥**闻**：通"问"。

⑦**贽**：初见尊长时所送的礼品。

译文

伯禽将要回到鲁国去，周公旦对伯禽的师傅说："你们就要走了，你为什么不讲讲你所辅导的这个人的美德呢？"伯禽的师傅回答说："他为人宽厚，喜欢靠自己的才智处理事情，而且很谨慎。这三个方面，就是他的美德。"周公说："哎呀！你把人家厌恶的当作美德了吗？君子喜欢按照道理去行事，所以他的民众也归顺正道。他对人一味宽大，那么赏赐就会不加分别了，你却还赞美它。他喜欢靠自己的才智行事，这是使他浅陋无知而胸怀狭窄的根源啊。君子气力像牛一样大，也不和牛较量气力以争胜；跑起来像马一样快，也不和马赛跑以争胜；智慧像士人一样渊博，也不和士人比聪明以争胜。那较量竞争，是势均力敌的人之间气量狭小的意气之争，你却还赞美它。他的谨慎，是因为他孤陋寡闻。我听别人说：'不要怕降低自己身份而不会见士人。'见到士人就要问：'莫非我办事有不明察的地方？'不善于询问，那么事情就认识得少，了解得少就浅陋了。浅陋是道德下贱之人的为人之道，你却还赞美它。"周公对伯禽说："我告诉你：我作为文王的儿子，武王的弟弟，成王的叔父，我在天下不算低贱的了，然而我拿着礼物去拜见的尊长不下十个，还礼会见的平辈不下三十个，用礼貌去接待的士人有一百多个，想要提意见而我请他把事情说完的人有一千多个，在这些人之中我只得到三个贤士，靠他们来端正我的品行，来帮助我安定天下。我得到三个贤士的办法，不是在那十个人和三十个人之中挑选，而是在那上百人和上千人之中挑选。所以对于地位高的士人，我对他们的礼貌轻一些；对于地位低的士人，我对他们的礼貌隆重一些。人人都认为我不怕降低身份而尊重士人，所以士人都到我这来了；士人到我这来了，然后我才能认清事物；认清了事物，然后才能知道它们的是非所在。要谨慎啊！你如果凭借鲁国高傲地对待人，那就危险了！那些依赖俸禄生活的士人还可以骄傲地对待，而端正身心的士人是不可以骄傲地对待的。那些品行端正的士人，舍弃高贵的地位而甘居卑贱，舍弃富足的待遇而甘愿贫穷，舍弃安逸而甘心劳苦，脸色黝黑也不放弃自己的志向，因此天下的治国纲领能流传千古，古代的典章制度能经久不废啊。"

原文

语曰：缯丘之封人见楚相孙叔敖曰①："吾闻之也：'处官久者士妒之，禄厚者民怨之，位尊者君恨之。今相国有此三者而不得罪楚之士民，何也？'"孙叔敖曰："吾三相楚而心愈卑，每益禄而施愈博，位滋尊而礼愈恭，是以不得罪于楚之士民也。"

注释

①缯：通"曾""鄫"，古国名，故地在今湖北随州。**丘**：废墟。**封人**：官名，掌管防守边疆。**孙叔敖**：春秋时楚庄王的宰相，辅助楚庄王建成了霸业。

● 孙叔敖

译 文

民间传说有云：缯丘的封人看到楚国丞相孙叔敖说："我听说过这样的话：'做官时间长久的人，士人嫉妒他；俸禄多的人，百姓怨恨他；地位尊贵的人，君主憎恨他。'现在相国具备了这三种情况却没有得罪楚国的士人与百姓，为什么呢？"孙叔敖说："我三次任楚国相国而心里愈加谦逊，每次增加俸禄而施舍愈加广泛，地位越尊贵而礼节愈加恭敬，因此没有得罪楚国的士人与百姓啊。"

原 文

子贡问于孔子曰："赐为人下而未知也。"孔子曰："为人下者乎？其犹土也？深抇之而得甘泉焉①，树之而五谷蕃焉，草木殖焉，禽兽育焉；生则立焉，死则入焉；多其功而不得②。为人下者其犹土也？"

注 释

① 抇：通"掘"，挖掘。
② 得：通"德"。

译 文

子贡问孔子说："我想对人谦虚但还不知道应当怎样做。"孔子说："对人谦虚吗？那就要像土地一样吧？深深地挖掘它就能得到甘甜的泉水，在它上面种植则五谷就繁茂地生长；草木在它上面繁殖，禽兽在它上面繁育；活着就立在它的上面，死了就埋在它的下面；它有很多的功劳却不自以为有功德。对人谦虚嘛，那就应当像土地一样吧？"

原 文

昔虞不用宫之奇而晋并之①，莱不用子马而齐并之②，纣刳王子比干而武王得之。不亲贤用知，故身死国亡也。

注 释

① 虞：周文王时建立的诸侯国，姬姓，位于今山西平陆县北，公元前655年被晋国所灭。**宫之奇**：虞国大夫。

②莱：古莱国，在今山东黄县东南有莱子城。公元前567年为齐国所灭。**子马**：莱国贤臣。

译 文

从前虞国不用大夫宫之奇，结果晋国吞并了它，莱国不用子马，结果齐国吞并了它，商纣王将王子比干剖腹挖心，结果周武王夺取了他的政权。君主不亲近贤人任用智者，所以会遭到身死国亡啊。

原 文

为说者曰："孙卿不及孔子。"是不然：孙卿迫于乱世，鳅于严刑①，上无贤主，下遇暴秦，礼义不行，教化不成，仁者绌约，天下冥冥，行全刺之，诸侯大倾。当是时也，知者不得虑，能者不得治，贤者不得使。故君上蔽而无睹，贤人距而不受。然则孙卿怀将圣之心②，蒙佯狂之色，视天下以愚③。《诗》曰："既明且哲，以保其身。"此之谓也。是其所以名声不白，徒与不众，光辉不博也。今之学者，得孙卿之遗言余教，足以为天下法式表仪。所存者神，所过者化。观其善行，孔子弗过，世不详察，云非圣人，奈何！天下不治，孙卿不遇时也。德若尧、禹，世少知之；方术不用，为人所疑；其知至明，循道正行，足以为纪纲。呜呼！贤哉！宜为帝王。天地不知，善桀、纣，杀贤良。比干剖心，孔子拘匡，接舆避世④，箕子佯狂，田常为乱⑤，阖闾擅强。为恶得福，善者有殃。今为说者，又不察其实，乃信其名；时世不同，誉何由生；不得为政，功安能成。志修德厚，孰谓不贤乎！

【注释】

① 鰌：通"遒"，逼迫。
② 将圣：大圣。
③ 视：通"示"。
④ 接舆：春秋时楚国的隐士，装疯避世。
⑤ 田常：即田成子，也作田恒、陈恒、陈成子，春秋时齐国大臣。

【译文】

　　持有这种说法的人说："荀卿不及孔子。"这是不对的。荀卿不得已处在乱世，身受严酷的刑罚钳制；上没有贤德的君主，下碰上暴虐的秦国；礼制道义不能施行，教化不能实现；仁人遭到罢免而处境穷困，天下黑暗昏昏沉沉，德行完美反而受到讥讽，诸侯大肆相互倾轧。在这样的时代啊，有智慧的人不能参与谋划政事，有能力的人不能参与治理国家，贤良的人不能得到任用。所以君主受到蒙蔽而看不清楚，贤良之人遭到拒绝而不被接纳。既然这样，即使荀卿抱着崇高的圣人的志向，也只好假装狂人的神色，向天下人显示自己的愚昧。《诗经》云："既明智又聪慧，以此保全他自身。"说的就是这种人啊。正因如此，所以他名声不显赫、门徒不众多、光辉传播得不广。现在的学者得到荀卿遗留下来的学说与教导，也完全可以用作为天下的榜样与准则。他所在的地方就能得到全面的治理，他经过的地方社会就能发生变化。看看他那善良的行为，即使是孔子也不能超过。世人不加详细考察，说他不是圣人，有什么办法呢？天下不能治理好，是因为荀卿没有遇到时机啊。他的德行像尧、禹一样，世人却很少知道这一点；他的治国方略不被采用，反被人们所怀疑。他的智力极其通达，他遵循正道、端正德行，足以成为人们行为的准则。哎呀！贤明啊！他应该成为帝王。天地不知区分善恶，竟然赞美桀纣，杀害贤良。比干被剖腹挖心，孔子被围困在匡地，接舆逃避社会，箕子装疯，田常兴兵作乱，阖闾专横霸道。作恶的能得到幸福，行善的却遭祸殃。现在那些立说的人不考察实际情况，竟然相信那些虚名；他所处的时代不同，名誉从什么地方产生？他不能执政，功业如何能建成？志向美好、道德敦厚，谁说荀卿没有德才呢！